DA EXCITAÇÃO À PULSÃO

Blucher

DA EXCITAÇÃO À PULSÃO

Organizadoras

Cândida Sé Holovko

Eliana Rache

Da excitação à pulsão

Editora Edgard Blücher Ltda.

Série Psicanálise Contemporânea
Coordenador da série Flávio Ferraz
Publisher Edgard Blücher
Editores Eduardo Blücher e Jonatas Eliakim
Coordenação editorial Andressa Lira
Produção editorial Ariana Corrêa
Preparação de texto Ana Maria Fiorini
Diagramação Negrito Produção Editorial
Revisão de texto MPMB
Capa Laércio Flenic
Imagem da capa Study for the Libyan Sibyl (1511),
de Michelangelo Buonarroti, via Wikimedia Commons

Blucher

Rua Pedroso Alvarenga, 1245, 4º andar
04531-934 – São Paulo – SP – Brasil
Tel.: 55 11 3078-5366
contato@blucher.com.br
www.blucher.com.br

Segundo o Novo Acordo Ortográfico, conforme 6. ed. do *Vocabulário Ortográfico da Língua Portuguesa*, Academia Brasileira de Letras, julho de 2021.

Dados Internacionais de Catalogação na Publicação (CIP)
Angélica Ilacqua CRB-8/7057

Da excitação à pulsão / organizado por Cândida Sé Holovko, Eliana Rache. – São Paulo : Blucher, 2023.
280 p. (Série Psicanálise Contemporânea / coord. de Flávio Ferraz)

Bibliografia
ISBN 978-65-5506-651-7

1. Psicanálise I. Holovko, Cândida Sé II. Rache, Eliana III. Ferraz, Flávio Carvalho

23-3883 CDD 150.195

Índice para catálogo sistemático:
1. Psicanálise

Conteúdo

Introdução

Da excitação à pulsão

O caminho de transformação do corpo biológico em um corpo erótico depende essencialmente de um encontro sintônico do universo pulsional dos objetos cuidadores com o campo das excitações de origem somática do Ser cuidado. Lacunas nesses processos de transformação somatopsíquica deixam falhas no tecido psíquico e na constituição do corpo erótico, dando às excitações somáticas livre curso e abrindo brechas à somatização. O equilíbrio psicossomático dos primórdios e ao longo de toda a vida dependerá das possibilidades de cada um em assegurar esses processos transformacionais somatopsíquicos. Freud apreendeu no corpo erótico a fala recalcada da histérica: assim nasceu a psicanálise. A psicossomática apreende no corpo somático sintomas que remetem a uma história traumática cujo efeito é a negativização das cadeias associativas psíquicas daquele que somatiza: assim nasceu a Escola de Paris de Psicossomática Psicanalítica.

A metapsicologia psicanalítica é, assim, chamada a trabalhar nas trincheiras das experiências traumáticas. O ponto de vista econômico e o da segunda teoria pulsional de Freud, alicerces do corpo teórico-clínico da psicossomática, mobilizam o conceito de excitação no seu caminho de pulsionalização, na apreciação de suas rupturas e de seus efeitos mortíferos. Daí o título deste livro.

Nosso propósito será o de ressaltar, por meio de casos clínicos, a organização psíquica inerente ao desencadeamento do sofrimento plasmado no corpo, que se manifesta mediante regressões somáticas como alergias, polimialgias, enxaquecas etc. ou desorganizações somáticas graves como câncer e doenças autoimunes, que põem à prova o homem diante de sua dor e o analista diante de seu método.

A maioria dos textos contidos neste livro foram apresentados na Jornada de Psicossomática Psicanalítica da Escola de Paris "Da excitação à Pulsão", por nós organizada na Sociedade Brasileira de Psicanálise de São Paulo em parceria com a Diretoria de Atendimento à Comunidade (DAC/SBPSP 2021). Contamos com o apoio inestimável de Diana Tabacof, que, de Paris, deu grande impulso a essa Jornada e a inumeráveis outros encontros, contribuindo para o interesse crescente da teoria e clínica da Escola de Psicossomática de Paris nas Sociedades Psicanalíticas do Brasil.

Esta publicação é dedicada à memória do psicanalista Dr. Gérard Szwec, da segunda geração da Escola de Psicossomática de Paris. Renomado psicanalista francês, concebeu com Claude Smadja um conceito novo, o dos "procedimentos autocalmantes", que lançou luz a muitas situações da clínica psicossomática. Dois textos – "Psicossomática da criança ao adulto, rigor e paixão: legado de Gérard Szwec (1947-2021)", de Cândida Sé Holovko, e "Como nascem as fantasias?", de Anne Maupas – prestam tributo a esse profícuo psicanalista. As experiências clínicas com Rocky e com um homem a quem Szwec denominou "galeriano da ejaculação", no seu texto "Sex machine", são exemplos do arguto e sensível psicanalista. Anne Maupas nos apresenta um material de uma criança de 3 anos com um caso grave de eczema purulento. Por meio da terapia conjunta mãe-criança, Maupas, ao mostrar que o coçar compulsivo de Luc expressava um comportamento autocalmante, permite com tempo o acesso a um rico universo fantasmático.

Uma tradução inédita e muito abrangente do conceito de procedimentos autocalmantes é oferecida neste livro ao leitor, como uma das grandes contribuições que Szwec ofereceu à expansão e à difusão desses saberes para além das fronteiras francesas.

No primeiro capítulo do livro, "Clínica da excitação, destinos pulsionais e transtornos somáticos", somos introduzidos por Diana Tabacof à clínica da excitação por meio de seu relato prenhe de conceitos *à la lettre* da Escola de Psicossomática de Paris. Tabacof, em sua apresentação, nos traz pacientes que apresentam falhas nos processos de *pulsionalização* das excitações, o que os torna vulneráveis ao desencadeamento de transtornos somáticos. Ainda, o texto é ilustrado por duas vinhetas clínicas, por intermédio das quais a abordagem técnica sensível da psicanalista psicossomaticista se faz presente.

Claude Smadja, na qualidade de um dos mestres do pensamento vivo da Escola Psicossomática de Paris, lança em seu texto uma pergunta fundamental: qual é a maneira de nosso psiquismo vir à luz? Seu apoio sobre nosso físico é uma noção tácita? Segundo seu instigante título, "O salto misterioso do neural ao mental", somos convidados ao longo do texto a atenuar o salto vertiginoso à medida que Smadja nos alimenta com seus conhecimentos. Ele nos conduz através de sua minuciosa investigação tanto no campo da biologia/neurobiologia como no da psicanálise. Lembra-nos

Freud, neurofisiólogo que era, que o psíquico se assenta sobre o neuronal, mas não se reduz a ele. E nessa batuta do pesquisador, Smadja, ao encontrar operadores, nos leva a concluir que existem diferenças nas áreas do fenomenal e também do lado científico entre o neural e o mental. Assim, no âmbito da biologia, enfatiza os conceitos de *íntegrons* culturais, de plasticidade cerebral e de reentrada. No âmbito da psicanálise, a centralidade será colocada no conceito de pulsão. Cabe ressaltar que esse é um artigo inédito de Claude Smadja em português.

No capítulo "Gritos do corpo no silêncio da voz: da dor somática à constituição de uma história", de Cândida Sé Holovko, é possível seguir de perto o desenrolar de um processo, quase didático, com pacientes cujas somatizações tomam quase todo o campo da clínica. A autora traz o relato de uma analisanda com um quadro de desorganização somática, com sintomas de doença autoimune e poliamialgias incapacitantes. O funcionamento operatório da analisanda no início, trabalhado por meio dos impactos contratransferenciais, vai evidenciando processos de subjetivação, com expansão do universo psíquico. O conceito de histerização de um sintoma é aqui claramente abordado.

A clínica do infantil também se faz presente na escrita de Eliana Rache, "Uma enigmática solução: somatose ou psicose". Trata-se de uma construção *après-coup* de um caso no qual a história da protagonista, uma menina de 7 anos, é trazida à baila e serve de exemplo vivo a um conceito fundamental e caro à Escola de Psicossomática de Paris: a "censura da amante". O trabalho nos leva a refletir por qual razão alguns casos seguem o caminho da psicose e outros o caminho da somatose.

Também como contribuição à teoria e à clínica em psicossomática, este livro apresenta uma tradução apurada para o português do texto de Claude Smadja "Luto, melancolia e somatização", que lança novas perspectivas para a clínica contemporânea do luto. De fundamental importância, esse texto teórico representa um marco no conhecimento da psicossomática e convoca a somatização a ser um destino a mais para o luto, além do próprio luto e da melancolia.

Em sua prosa poética sobre a pedra/perda de Carlos Drummond de Andrade, Volich tece ligações entre as neuroses atuais e todo o percurso inovador da Escola de Paris. Entrelaça ideias centrais do pensamento freudiano com os achados da teoria e clínica desta Escola de Psicossomática, em um belo bordado cuidadosamente traçado, que vai dos pioneiros dessa escola até os pensadores atuais. Neste texto sensível e delicado, Rubens nos dá uma verdadeira aula sobre psicossomática.

Diana Tabacof nos brinda com mais um capítulo, "A função do objeto na regulação da economia psicossomática", e nos contempla com uma noção absolutamente indiscutível quanto a seu valor para a psicossomática. Como o próprio título indica, a relação de objeto no corpo teórico-clínico da psicossomática é concebida por meio da fecunda noção de função materna. Após algumas notas acerca do objeto em Freud, Green e Marty, e por meio de uma sequência clínica, são declinados nesse texto aspectos essenciais e constitutivos da função materna: de escudo protetor (paraexcitação) e de agente de transformação pulsional.

Margaret W. Binder, em seu trabalho "Cheiros, memórias e elaborações", nos oferece um comovente relato de uma longa psicoterapia, numa descrição encarnada na teoria psicossomática e na relação amorosa com Rosa, que apresentava no início dos encontros um caso grave de hipertensão arterial com frequentes internações em pronto-socorro cardiológico e que aos poucos foi desvelando uma surpreendente trajetória de expansão libidinal. A autora, numa exposição primorosa do trabalho de psicosssomatista, faz apelo ao sensório – no caso, os cheiros –, ao usá-los como disparadores para que o trabalho de elaboração pudesse acontecer.

Gley Costa, em seu instigante capítulo "Ouvir o silêncio", convoca quatro analistas de épocas diferentes da psicanálise, com experiência no tratamento de pacientes difíceis e aponta semelhanças na observação que fazem dos fatos psicossomáticos. São eles: Karen Horney, nos anos 1950; Joyce McDougall, nos anos 1990; David Maldavsky, anos 1990 a 2007, e Diana Tabacof, na atualidade. O quadro referencial teórico-clínico dos quatro autores se aproxima no que se refere à abordagem do corpo como meio de expressão do não dito e do não pensado. Gley traz à luz conceitos propostos por estes autores, entre eles "depressão sem consciência", "sonho falho", "um corpo para dois", "erogeneidade intrassomática", como contribuições importantes a esse complexo universo da teoria e clínica psicossomática. Ressalta que o analista deve estar atento ao silencio na escuta para não correr o risco da surdez contratranferencial.

Em "Ação do masoquismo mortífero: somatização em um caso clínico", Eliana Rache acompanha na clínica sua paciente com poliartrite reumatoide e psoríase e desvenda um curioso jogo escoptofílico que se dava no pântano do masoquismo. É um momento profícuo da autora, que, munida de conceitos de Benno Rosenberg, faz um estudo teórico-clínico apurado, no estilo da psicossomática da Escola de Paris.

Os textos deste volume se baseiam no consistente estudo de conceitos como vida operatória, depressão essencial, procedimentos autocalmantes, masoquismo guardião de vida e na vivacidade da clínica da criança e do adulto. O propósito é o de sensibilizar o leitor ao corpo teórico-clínico da psicossomática e aos remanejamentos necessários do enquadre psicanalítico no tratamento dos pacientes portadores de transtornos somáticos. De forma mais ampla, os conceitos da Escola de Paris de Psicossomática representam operadores de inteligibilidade da clínica contemporânea e dos limites do analisável, aportando uma contribuição de inominável importância à comunidade psicanalítica em geral.

Cândida Sé Holovko e Eliana Rache

1. Clínica da excitação, destinos pulsionais e transtornos somáticos

Diana Tabacof

Para introduzir o vasto espectro do que chamo de clínica da excitação, pareceu-me útil recorrer aos pacientes que atendo semanalmente no Instituto de Psicossomática de Paris (Ipso-P. Marty), recapitulando o que os trouxe à consulta. Cardiopatia, reumatismo, endometriose, cefaleia, enfisema pulmonar, câncer de mama, herpes, fibromialgia, retocolite ulcerativa foram algumas patologias que repertoriei dentre meus pacientes, assinalando que frequentemente os quadros clínicos se compõem de sintomas de múltiplas origens que se entrelaçam. A diversidade das somatizações oscila entre as doenças funcionais, de gravidade variável, que se manifestam por meio de crises e são da ordem do que chamamos, a partir de P. Marty (1976), de *regressões*, a quadros lesionais graves que podem ser letais, como as doenças degenerativas, que chamamos de *desorganizações*.

Que vem fazer um psicanalista diante de tais pacientes? Devo dizer que não é habitual nos referirmos a eles a partir de suas doenças orgânicas, justamente. Isso é favorecido inclusive pelo próprio dispositivo institucional no qual os recebemos. Quando damos início a uma psicoterapia psicanalítica no Ipso, o paciente já terá sido recebido pelo analista-consultante, e passado pela *investigação psicossomática*, que precede as indicações de tratamento. Junto aos aspectos psicodinâmicos e anamnésicos mobilizados nessa primeira entrevista, os aspectos médicos são detalhados e redigidos num relatório, que constará do arquivo do paciente, do qual fazem parte também sua carta de apresentação explicitando as razões de sua demanda, a carta do médico que o encaminhou, assim como eventuais exames e relatórios hospitalares que tenha trazido.

A garantia de que o paciente dispõe de uma equipe médica de referência, junto à qual o colega consultante possa, se necessário, intervir, representando no plano da realidade externa ao enquadre analítico uma *instância terceira*, entre analista e paciente, assegura o lugar do psicanalista psicossomaticista e constitui uma especificidade dessa clínica.

Pois nosso objeto, uma vez o trabalho analítico iniciado, não é a doença orgânica e o corpo biológico. Somos formados para apreender a organização psicossomática global do paciente, com seus aspectos econômicos e psicodinâmicos, à luz da estruturação tópica de seu aparelho psíquico. A descoberta pela Escola de Paris das particularidades do *funcionamento mental do paciente*, inerentes aos processos de somatização, ou seja, dos seus "*disfuncionamentos*", que nos permitem dizer que um *sintoma somático* é *o negativo de um sintoma psíquico*, restitui ao psicanalista sua vocação primordial: a de mobilização daquilo que se encontra, como numa fotografia à moda antiga, à espera de revelação.

Isso não quer dizer, muito pelo contrário, que a patologia somática não está presente na sessão. Para o paciente, frequentemente, este é *o seu objeto* preferencial. Aquele que os nossos pioneiros chamaram de "objeto somático", ao qual o paciente se agarra e que mais o mobiliza, principalmente no começo do seu trabalho analítico. Muitas vezes não cessará de convocá-lo, situando-o no centro da sua existência, descrevendo suas implicações nos mínimos detalhes, começando invariavelmente sua sessão com relatos repetitivos, fatuais, de tipo operatório, relativos a "ele", seu sofrimento somático.

Poderíamos então dizer que toda a sua libido se concentra nesse adoecer? Estaríamos nesse caso numa lógica hipocondríaca, ou de exibição histérica, ou mesmo de uma expressão masoquista que fizesse desse sofrer uma fonte de misterioso prazer. Talvez fosse mais o caso de perguntar-nos *como* se distribui sua libido ao seio do seu próprio eu, onde ela foi parar; qual a natureza dos objetos às quais está ligada, internos ou externos, totais ou parciais, mais radicalmente ainda, perguntar-nos se sua libido, a energia de *Eros*, índice da pulsão de vida e grande aliada de Psiquê, teria habitado perenemente seu Eu, e animado seus objetos. A ação insidiosa da *pulsão de destruição*, rompendo trajetórias pulsionais e suas ligações intraegoicas e interobjetais, paira sobre esses tratamentos. O investimento do objeto-analista e a constância do enquadre representam um indispensável aporte em energia libidinal, impulsionando as trajetórias pulsionais interrompidas e reatando ligações entre afetos e representações.

O psicossomaticista põe assim à prova a sua arte de se descentrar do corpo anatomofisiológico doente que se impõe diante de si, oferecendo uma superfície de forças vivas, na qual o paciente possa se mirar. A escuta analítica vem assim acoplada da visão e de uma percepção global, numa apreensão que podemos chamar de *multissensorial*, daquilo que vai se expressar por vias bastante heterogêneas, nesse face a face que caracteriza o *setting* que aqui descrevemos. A *organização psicossomática*, segundo a equação proposta por Marty, vai se manifestar por meio dos sintomas somáticos, visíveis ou invisíveis, mas de forma igualmente importante pelos gestos e comportamentos expressos pela via da sensório-motricidade e de todas as manifestações da esfera psicoafetiva, organizadas pela linguagem verbal ou não. O indivíduo diante do analista constitui, assim, uma organização complexa, que ele vai poder apreciar e com a qual tentará entrar em relação mediante os diversos estratos de seu funcionamento. E de uma narrativa objetiva e opaca, referida a uma experiência material do corpo e de seus transtornos, uma história vai emergir, o drama vai se desenrolar, tingido pelos matizes subjetivos que o investimento do analista vai mobilizar.

Ilustração clínica

Assim, minha paciente Jane começa sua sessão evocando suas dores menstruais lancinantes, sua noite maldormida e as decisões que devem ser tomadas no tratamento de sua endometriose, pois um meningioma cerebral impede a hormonoterapia: "parece que vão ter que abrir o meu crânio", me diz. Perto dos 35 anos, seu desespero de não poder ter filhos é secundário a um outro ainda maior: considera sua vida afetiva um fracasso, os namorados não ficam, ela duvida de sua capacidade, ou, mais essencialmente ainda, de seu direito de amar. Pelo menos, se consola Jane, no trabalho é bem-sucedida, mas deu tudo dela para tal: um "*burn out*" a obrigou recentemente a cessar toda atividade, foi assim que veio a se consultar.

A economia psicossomática dessa paciente é de forma prevalente marcada pelo *excesso*, um excesso de excitações somáticas que se encontram mal-integradas pelo seu aparelho psíquico e exercem uma pressão interna constante: toda sua musculatura está a serviço de defesas psíquicas que não exercem seu papel; suas defesas são somáticas, conforme nos ensinou Marty. Jane me fala nessa sessão de sua sensação de ter construído uma armadura de proteção. Contra o quê? Ela não sabe, por momentos é como se fosse invadida por um tsunami. Armadura, tsunami: imagens vão aos poucos se formando e sendo associadas às suas sensações corporais. O processo associativo da analista pode assim se desencadear, permitindo-lhe sair da angústia que o desespero da paciente produz: sim, sei o quanto Jane necessita que eu me preocupe por ela, sinto o caráter febril do seu apelo desde sua primeira sessão, quando cravou seus olhos nos meus; sua mãe, uma mulher muito doente, só pôde ocupar-se de si própria. O núcleo do abandono em Jane é excruciante.

Uma dose equilibrada da frustração do paciente pelo analista é convocada continuamente nesses casos, segundo a lição ferencziana. Estar ali verdadeiramente presente para Jane, mas analisar todo movimento contratransferencial de comiseração e qualquer veleidade de reparação, é de regra. Tsunami? É uma sensação de opressão, diz Jane, cerrando os punhos: do ponto de vista de sua economia psicossomática, a sensação de opressão de Jane é uma experiência energética, quantitativa, massiva. Juntas vamos tentar fracioná-la, discriminá-la e qualificá-la por meio dos representantes de afeto e de representação, que vão aos poucos emergindo. Na sequência da sessão, ela nomeia o afeto que a invade, que a submerge como uma onda de sensações físicas que peço que me descreva: diz sentir a garganta fechar, a respiração bloquear, o ventre se contrair. O que sinto é muita raiva dentro de mim, diz Jane com as mãos sobre o ventre, como uma massa de raiva; vivíamos fechadas dentro de casa, meu pai não nos deixava sair, eu e minha irmã tínhamos que ser performativas, eficientes, as melhores da classe, acho que por isso preciso de validação constante dos outros e não posso relaxar.

Identificar o pai algoz, acusá-lo de vaidoso e egoísta, de "perverso narcisista", como está na moda se dizer, não é tão difícil para Jane. Falar a partir do seu Eu-ideal, da busca de retorno de sua imagem positiva para se sentir existir é relativamente fácil, mas o uso da intelectualização é enganoso. As profundas raízes do seu frágil narcisismo se encontram soterradas em camadas bem mais inacessíveis. Uma doença sanguínea incurável e contagiosa havia feito da gravidez e do parto de sua mãe uma experiência que implicava risco vital para as duas; o corpo materno nunca fora um porto seguro para Jane. As fronteiras entre mãe e filha se mantiveram porosas, e uma carga de destrutividade imensa, circulando permanentemente entre elas, manifestou-se vida afora em Jane, por meio de crises de angústia difusas, transtornos somáticos diversos com níveis de gravidade crescentes.

Quanto ao seu pai, "Éramos *coisas* dele", segundo me disse, e estar "nas suas garras" não teria sido somente uma metáfora: submissa intelectualmente, procurou ser excelente aluna e profissional, e qualquer deslize nesse sentido desencadeava o furor do pai, que urrava, paralisando-a de pavor. Porém uma submissão de outra natureza chamou atenção: o que seu pai gostava igualmente de praticar era agarrar as filhas para verdadeiras sessões de cócegas, a perder o fôlego, somadas a lambidas nas orelhas e outros que tais. Sua irmã abominava esses momentos, empurrava o pai, e vivia isso, segundo ela, como um verdadeiro estupro. Jane por sua vez, perdia o fôlego, mas pedia mais, pois eram os únicos momentos, segundo ela, de trocas com o pai.

Para a psicossomaticista que sou, essa nota me punha na pista dos *tsunamis* de Jane, e as sensações desencadeadas no corpo a corpo com o pai, de natureza ultraexcitante, interpelavam sua capacidade de integração das massas de descargas endossomáticas ali mobilizadas, visto a fragilidade do seu paraexcitação, o filtro protetor construído no seio das relações primárias. Esses momentos de clímax de cócegas não teriam deixado rasgos no seu envelope somatopsíquico, traços de uma irrupção de excitações para além do princípio do prazer?

Poderíamos então perguntar *de que corpo estaríamos falando*, esse que fazia a menina se retorcer de gargalhar, nas garras do pai. Enquanto os sensores fisiológicos desencadeavam suas transbordantes sensações, o corpo que estaria sendo mobilizado, nesses anos de "pseudolatência", seria o que poderíamos chamar de *corpo pulsional,* segundo o modelo proposto pela Escola de Paris (Smadja, 2014; Tabacof, 2021) a partir de P. Marty (1976) e M. Fain (1991) e dos aportes à psicossomática de A. Green (2007). No que se refere às questões relativas à erogeneização dos fenômenos somáticos, aqui delineadas, a referência a C. Dejours é determinante. Desde o final dos anos 1980, esse autor introduziu, a partir da noção freudiana de apoio (*Anlehnung*; *étayage* em francês) a ideia da formação de um "segundo corpo" a partir do "corpo biológico", ao qual ele deu o nome de "corpo erótico", inscrito no contexto da *teoria da sedução generalizada* proposta por J. Laplanche, revista por Dejours à luz de seu próprio corpo teórico e da clínica psicossomática (Dejours, 1986, 2001).

Construção e marcas do corpo pulsional

Experiências como essa citada por Jane de transbordamento pulsional nos conduziriam, a meu ver, ao cerne do que devemos mobilizar nesses tratamentos, ou seja, os elementos que nos permitem circunscrever as singularidades da construção do corpo pulsional do nosso paciente, do ponto de vista da economia da excitação e de suas vicissitudes. Podemos assim apreciar as condições de que dispunha nos momentos críticos da vida, permitindo, ou não, a transformação das descargas somáticas, automáticas, reflexas, em uma experiência libidinal temperada, fracionável em pequenas quantidades, apta a ser ligada aos representantes de afeto e de representação, e integradas num corpo vivo, somatopsíquico, um *corpo pulsional*. Lembremos: a pulsão se define como exigência de trabalho imposta ao psiquismo em consequência de sua ligação com o corporal.

Precoces ou tardios, esses momentos críticos da vida, de tonalidade afetiva e de intensidade variáveis, implicam sempre interações corpo a corpo, mesclando libido do ego e libido objetal. Interações das mais precoces, no seio do que chamamos no corpo teórico-clínico da Escola de Paris de "função materna", às mais diversas relações objetais, fortuitas ou duradouras, que ocorrem ao longo da vida. Interações que produzem efeitos endógenos e exógenos, autoplásticos e aloplásticos, segundo os termos de Ferenczi (1932), e que podem vir a veicular uma força traumática, sexual ou agressiva, pontual ou cumulativa, abrindo brechas no tecido psíquico, e impactando a *modelagem* do corpo pulsional.

O papel do objeto como vetor de pulsionalização sabemos que é central; da rede de objetos, no plural, daí o interesse, a meu ver, em utilizarmos o conceito de função materna, que concebe *o materno como função*, melhor dizendo, como um conjunto de funções. Estas asseguram, no sujeito em construção, tanto sua sobrevivência, desencadeando seu instinto de *autoconservação*, como sua *libidinização*, desencadeando suas pulsões autoeróticas. Conforme M. Fain e D. Braunschweig (1975) nos ensinaram, no cerne da função materna está incluída a sexualidade adulta, ou seja, a figura da mãe-mulher, da mãe-amante, inscrita numa rede erótica, muito além da relação terna com seu bebê; condição aliás necessária para que essa ternura seja bem temperada. Do ponto de vista da instalação dos destinos pulsionais, essa triangulação erótica precoce é central. Falhas severas nesses destinos, particularmente na organização do *duplo retorno pulsional* (um dos eixos da metapsicologia fundada em 1915) e do acesso à *posição passiva*, determinando o que M. Fain (1991) chamou de "destino pulsional inacabado", deixam marcas decisivas, *fixações* talvez definitivas no devir do sujeito e na sua organização psicossomática. Marty introduziu inclusive a noção de inorganização, em casos de interações traumáticas severas.

O elo essencial do encadeamento do duplo retorno pulsional é a instalação do tempo de "reflexão" sobre a própria pessoa daquilo que vem do objeto, na origem da chamada "reflexividade" psíquica (Roussillon, 2002; Ody, 2012), que corresponde finalmente ao processo de incorporação-introjeção.

Na perspectiva de A. Green (1995), da qualidade do encontro com os primeiros objetos, da criação do que ele chamou de estrutura enquadrante, dependerá a instalação da própria *função objetalizante*, ou seja, da capacidade do sujeito de criar novos objetos a partir de uma matriz que se tornará interna. Objetos materiais ou imateriais, que permitirão a ele ligar sua libido, garantir a coesão do seu narcisismo e dar sentido à sua vida. Função objetalizante que vai vetorizar a força de Eros, a pulsão de vida, ligando as forças destrutivas inerentes ao aparelho psíquico, do ponto de vista do dualismo pulsional freudiano. Forças destrutivas que emanam das raízes somáticas quando estas se encontram desintricadas, desobjetalizadas, desmentalizadas, e que, como fios desencapados, mantêm um risco elevado de curto-circuito e, por consequência, de desorganização psicossomática.

* * *

O núcleo traumático que emergiu no trabalho com Jane, desdobrado durante semanas, meses, podendo ainda durar anos, como ocorre muitas vezes nesse tipo de tratamento, visto que o processo analítico é sinuoso, o paciente avança e recua, vislumbra e apaga em seguida o que viu, em suma, o núcleo perlaborativo em Jane se referia, muito sucintamente, às *condições de ligação psíquica* de que dispunha na adolescência, no período de desenvolvimento do seu aparelho genital-reprodutivo e do complexo sistema hormonal, perante o drama de sua existência. Jane descreveu uma verdadeira "detestação dela mesma" (nas suas próprias palavras) nos anos de escola, seu corpo era como inexistente, objeto de vergonha e sentimento de humilhação, enquanto sua mente era brilhante. Certamente, os caminhos eróticos de sua feminilidade psíquica e seu processo biológico pubertário se descompassaram. Um dos mais recentes capítulos do seu trabalho analítico se refere às amantes do seu pai durante esse período e a ausência de vida sexual entre ele e sua mãe, expostos por seu pai sem pudor. Muito foi necessário para que pudéssemos levantar esse véu; mecanismos de defesa múltiplos e de diversos estratos – como evitamento, negação, recalque e, mais radicalmente, supressão – se combinavam entre si para isolar esse material explosivo relativo à sexualidade de seus pais.

Porém, uma vez atingido esse ponto evolutivo e organizador de "atração edípica" (segundo a noção de M. Ody [2010]) que punha em jogo a triangulação entre ela e seus pais, o estrato traumático subjacente se apresentava como um abismo a ser enfrentado. Um lugar aonde as palavras não chegam e a memória é amnésica (Green), onde um material psiquicamente informe se concentra, referente às interações precoces ou mesmo as tardias, entre ela e sua mãe, impregnadas de destrutividade. Experiências que constituem aquilo que M. Fain chamou de "zonas de sensibilidade do inconsciente", relicários de experiências traumáticas e porta de entrada (ou de saída) do inconsciente clivado, chamado por Dejours (2001) de inconsciente "*amencial*", para diferenciá-lo, de maneira muito pertinente, do inconsciente sexual recalcado. Ali se concentra um material "*informe*" (Press, 2010) que somente pode se manifestar, do ponto de vista psicossomático, no caso de Jane, por meio da doença orgânica uterina, das suas constantes dores no baixo ventre, do seu frágil terreno imunológico, deixando-a vulnerável a faringites graves e repetitivas, a crises de herpes e doenças sexualmente transmitidas, e à reação inflamatória a qualquer vírus que pegue.

Para avançarmos na compreensão do processo de constituição da organização psicossomática, e de suas falhas, notemos que este é consubstancial à evolução da psicossexualidade, logo, dos destinos das pulsões. Podíamos falar então da *genealogia do corpo pulsional*. Esse processo evolutivo, sabemos, passa por etapas definidas que respondem a uma maturação e a uma cronologia progressivas. Nos *Três ensaios sobre a teoria da sexualidade* (Freud, 1905/1972), foram lançadas as bases de compreensão da evolução dos estádios libidinais e de como as grandes funções orgânicas se põem, etapa por etapa, a serviço da sexualidade. A erotização das funções de autoconservação se desenrola graças à magia da "sedução", a sedução materna originária, poção indispensável ao processo de pulsionalização. É nesse texto que Freud introduz o termo *Trieb*, a pulsão, diferenciando-a de *Instinkt*, apesar das ambiguidades induzidas pelas diversas traduções. Longe de ser um fenômeno endógeno, autogerado e inato, *o devir da pulsão*, como não cessamos de indicar, tem uma origem *exógena*, ou pelo menos esse é o ponto de vista que defendo, apesar das hesitações deixadas por Freud ao longo de sua obra. Enraizada no soma, a fonte de excitação da pulsão se torna psiquicamente ativa graças à intervenção do objeto externo, como se lê na definição de Freud (1932/2010). A operação de *apoio* da pulsão sobre a função orgânica, *étayage* (Laplanche & Pontalis, 1967) em francês (do alemão *Anlehnung*), introduzida nos *Ensaios* de 1905, fenômeno que se dá por meio das relações corpo a corpo entre o bebê e seus primeiros objetos, tornou-se o modelo da autonomização da ordem erótica e de seu descolamento da ordem biológica. No clássico exemplo da função alimentar e da necessidade de comer, emerge gradativamente o desejo de reencontrar o objeto de satisfação e o desencadeamento do próprio *apetite de viver* (segundo os desdobramentos de Green [1995] sobre a oralidade). A boca, lábios, dentes, língua, garganta, e por que não o esôfago e o estômago, são fontes de contínuas sensações que vão sendo tingidas (*colonizadas*, ou ainda *subvertidas*, na linguagem de Dejours), passando por operações de qualificações múltiplas, que percorrem uma vastíssima gama de experiências que vão do prazer ao desprazer, e, o que é o mais importante – e isso não estava ainda no Freud de 1905 –, que podem se desenrolar numa zona "para além do princípio de prazer".

Assim foram sucessivamente descritas as zonas erógenas, fontes das pulsões parciais, e ressalvo aqui com muita insistência que a cada zona ligada a uma função orgânica estão relacionados, para além dos orifícios e mucosas, muitos órgãos e sistemas funcionais, que direta ou indiretamente participam dessas trocas entre o dentro e o fora, entre o serzinho em construção e seus objetos. No começo da vida, claro, mas não somente, pois a *história das funções corporais*, e, se me permito aqui avançar, a *plasticidade do corpo pulsional* que lhe é correlato, continua se escrevendo vida afora.

Se pensarmos naquilo que vai se tornar a zona erógena anal, por exemplo – ou será que podemos chamá-la de zona intestino--anal, a exemplo de A. Garma (1958/2004), que falava por extensão de uma organização digestivo-oral –, a complexidade dessa *cartografia* é grande. Acerca da zona uretral, quantos não são os orifícios que estão interligados, que se ligam, por sua vez, a múltiplos órgãos, constituindo redes sensíveis e conectadas entre elas? E quanto à pele, esse órgão de sensibilidade extrema? Ou a respiração, caixa de ressonância de tudo que ocorre no humano? Acerca da zona erógena genital, que vem coroar a evolução psicossexual com seus dois tempos – o estádio fálico-genital e a puberdade –, por que não adicionar um terceiro tempo, o estádio da menopausa, ou da andropausa, com suas transformações somatopsíquicas tardias? O corpo pulsional, apoiado no corpo biológico, se modifica ao longo da vida, sofrendo *remanejamentos* constantes em função das experiências vividas, muitas vezes produzindo efeitos deletérios, momentos de desintricação pulsional, que rompem o equilíbrio psicossomático.

O compêndio de psicossomática da primeira infância *A criança e seu corpo*, redigido nos anos 1970 por um pediatra, um psicanalista de criança e outro de adulto (Kreisler, Soulé & Fain, 1974), é um inesgotável tesouro acerca dos destinos da pulsão e de suas falhas, que as patologias somáticas infantis revelam. Baseados na teoria do apoio (*étayage*), os autores explicam uma boa parte dos sintomas funcionais pelo desvio, ou, no termo deles, pela *desintricação do apoio da libido das funções fisiológicas*, ou seja, um *desapoio* do psíquico que deixa o somático sem cobertura, a vivo. São ali declinados inúmeros casos de cólicas, insônia, anorexia, vômitos, espasmos do soluço, asma, analisados à luz das distorções da função materna, por excesso ou insuficiência, e inadequações de toda ordem. Os transtornos dos investimentos objetais primários impactam o *mosaico primário* (Marty) das funções somatopsíquicas, alterando seus destinos. O estado de desamparo descrito pela *Hilflosigkeit* desde 1895, o choro sem acalento, a fome insatisfeita, o medo, a dor, os abusos de toda ordem, sexuais ou agressivos, morais ou físicos, geram um estado de transbordamento crônico de excitações desintricadas, sobrecarregam os aparelhos fisiológicos e desviam as funções do seu curso natural. "Toda e qualquer função fisiológica só pode absorver uma quantidade limitada de excitações", sustenta Marty (1984), senão estas se desorganizam (a qualquer momento da vida). A infiltração bem temperada da função orgânica pelo Eros objetal não é um luxo, mas uma necessidade vital; na psicossomática do bebê, a desintricação pulsional e a liberação da destrutividade e de risco mortal não são apenas conceitos, mas uma realidade tangível.

Mecanismos de *defesa precoces* foram observados e descritos nesta clínica, e podemos supor que deixem traços que se perenizam vida afora. Estes se instalam nesses momentos críticos, e utilizam o automatismo de repetição como tentativa de controle da situação; reconhecemos aí, na repetição compulsiva, a característica principal da pulsão de morte e sua destrutividade. Os *procedimentos autocalmantes* o ilustram de maneira eloquente.

Do ponto de vista dessas defesas somáticas vitais, uma primeira ordem de mecanismos reflexos ultraprecoces foi descrita por Spitz (1958/1964), identificados como *protótipos fisiológicos dos mecanismos de defesa do Ego*, que, em condições evolutivas normais, vão se desenvolver e se tornar mecanismos puramente psíquicos. Spitz situou, por exemplo, na regurgitação e nos vômitos recorrentes uma pré-forma somática de rejeição do objeto (ainda não constituído como tal e formando parte ainda do eu em formação), excorporação de um objeto ressentido como tóxico. Esse reflexo fisiológico seria o protótipo no seu curso evolutivo do mecanismo mental de projeção-introjeção. Nessa mesma linha de ideias, já haviam sido descritos por Abraham (1924/1989) os mecanismos de retenção-expulsão das fezes próprios ao estado anal, como pré-formas somáticas dos mecanismos de controle-ataque do objeto. No caso da organização da oralidade, exemplos de desvios patológicos são dados pelos autores de *A criança e seu corpo*: o pequeno mericista, por exemplo, que devolve o bolo alimentar à boca e num movimento de ruminação "faz ir e voltar o objeto", tentaria obter por meio de movimentos fisiológicos o que, do ponto de vista psíquico e do jogo (como o "*fort-da*"), ele não conseguiria realizar, "*pervertendo*" *assim a autoconservação* e pondo em risco sua vida; como pode ocorrer igualmente na anorexia mental precoce, nos refluxos graves, nos vômitos psicogênicos etc. No caso de um transtorno de expressão anal, como a encopresia, a perda involuntária (ou voluntária) das fezes mediante uma utilização inadequada dos esfíncteres denotaria um modo desviado de autoerotismo e um fracasso da organização psíquica do mecanismo de expulsão-retenção objetal, com consequências no nível da formação de estruturas psíquicas essenciais, como o sadomasoquismo, e da organização da pulsão agressiva em geral.

Apresento esses exemplos pois eles nos põem na pista que nos interessa aqui, ou seja, dos *obstáculos* e das falhas que podem se instalar na passagem do registro biológico da autoconservação ao registro da pulsionalidade sexual, deixando suas marcas no corpo pulsional, fragilizando o equilíbrio psicossomático ao longo da vida. A noção de "*acidentes da sedução*" desenvolvida por C. Dejours (2001) é uma referência nesse sentido, apesar de esse autor partir de referências teóricas próprias.

Não podemos perder de vista igualmente que a construção do aparelho psíquico está em jogo nesse processo evolutivo dos primeiros anos. Os fenômenos de *psiquização dos mecanismos orgânicos ou das defesas fisiológicas* estariam, por conseguinte, podemos aventar, na base da construção do Ego. Instância puramente psíquica, "o Ego é antes de tudo um Ego-corporal, projeção mental de uma superfície" (Freud, 1923/1969). O psiquismo nascente, na perspectiva de Freud em 1923, vai se plasmar numa topografia, imprimindo-se numa tela subjetiva, uma superfície mental da experiência corporal (das sensações corporais, segundo o texto freudiano, principalmente da superfície do corpo, de onde podem partir ao mesmo tempo as percepções internas e externas). O Ego que, como sabemos, se forma a partir do *Id*, "a mais antiga das províncias", constituído justamente pelas forças que emanam da organização somática inata (Freud, 1938/1997). O Ego que terá sua história e seus percalços, que, por sua vez, contará como instância reguladora o *Superego*, cuja função é antes de tudo a de ligar e temperar o risco de desencadeamento da destrutividade, por meio dos mecanismos de censura, retenção, inibição das forças pulsionais que ameaçam sua coesão.

De acordo com Brauschweig (1993), ainda que Freud tenha concebido a segunda tópica depois da primeira, do ponto de vista evolutivo podemos imaginar que esta se instale em primeiro lugar. Ou seja, que a dimensão energética descrita na segunda tópica, de transformação excitação-pulsão e de tensão entre pulsão de vida e pulsão de morte, necessite, no limiar da vida, ser regulada e contida. Somente assim então, uma vez o campo energético "controlado", a primeira tópica (o sistema percepção-consciência, o pré-consciente e o inconsciente), com seus conteúdos representacionais, poderá ser concebida. Certamente, trata-se de processos simultâneos, ou conexos (a construção das duas tópicas), porém considero importante ressaltar a importância do *campo de forças* que foi descrito com a segunda tópica, e do risco da excitação desintricada e da destrutividade liberada (pulsão de morte). Esse campo energético deve ser domado para que a vida psíquica possa nascer, ou sobreviver. A clínica psicossomática, verdadeira clínica da excitação "à solta", oferece ilustrações flagrantes da dimensão mortífera da desintricação pulsional, e sabemos que isso dependerá do nível de solidez do Ego, da funcionalidade do Superego e da regulação da força do Id.

Avançando um pouco mais nessa proposição acerca de uma "*cartografia do corpo pulsional*", podemos assim dizer, prolongando a perspectiva há pouco descrita, segundo as especulações de Marty, que crises somáticas repetitivas (digestivas, respiratórias, alérgicas, dolorosas etc.), durante a infância ou a qualquer momento, fazem parte da vida e da dinâmica psicossomática de cada um. Os retornos regressivos reiterados aos sistemas fisiológicos em causa nessas crises criariam progressivamente *pontos de fixação*. Foram assim definidas as fixações *somáticas* por Marty (1976) como uma extensão da noção freudiana de traços mnésicos, mas podendo se inscrever ao nível somático. Essas fixações funcionais, a exemplo das fixações libidinais classicamente descritas (orais, anais etc.) que correspondem a particularidades psíquicas do indivíduo, constituiriam um *mapeamento de suas particularidades orgânicas* (inclusive do ponto de vista pré-natal, epigenético, imunológico etc., intuído por Marty e que vem sendo, devemos assinalar, corroborado pela ciência contemporânea). Os *retornos regressivos* a tais pontos de fixação teriam um potencial defensivo e reorganizador. Assim, diante de fatores de diversas ordens, internos e/ou externos, produzindo um efeito perturbador na economia pulsional do sujeito, um movimento de regressão a esses pontos de fixação somática que desencadeasse, por exemplo, uma baixa do sistema imunológico, ou outro processo fisiológico (sanguíneo, endocrinológico, metabólico etc.), permitiria uma regulação pontual da organização psicossomática global do sujeito. Esse *sistema de fixação-regressão*, que corresponde em termos concretos a certas modalidades de somatização, (em geral sintomas funcionais e doenças que se manifestam em crises), comportaria um potencial defensivo da economia psicossomática, pela absorção do quantum de excitação em suspens*ão* (podemos dizer, desintricado) que seria assim "esponjado". As regressões somáticas poderiam representar, então, uma *solução* diante dos impasses criados nos momentos críticos da vida, na ausência de soluções de ordem mental.

Voltemos à clínica com um outro exemplo para dar corpo a essas reflexões.

Cora necessita de pelo menos três horas de preparação toda manhã antes de sair de casa. Seu medo do desencadeamento de violentas diarreias e sangramentos retais durante o trajeto ao trabalho lhe impõe vários procedimentos (comer, digerir, evacuar) até sentir-se pronta para sair. Ocorre regularmente de acordar com dores violentas, tendo que esperar que os remédios façam efeito, muitas vezes precisando ficar acamada. Sua vida se organiza em torno do seu intestino. "Tenho que me ocupar dele", me diz sorrindo, personificando seu ventre, pondo as mãos sobre ele. Sua vida é muito limitada: escritório, casa, ver séries e ler *mangás*. Viaja somente com sua mãe, devido a toda essa problemática. Cora tem quase 40 anos, já teve dois namorados, tem belos olhos verdes e covinhas quando sorri. Visivelmente, uma "sombra caiu sobre seu Ego". Ela, porém, não manifesta um estado melancólico clássico. É eficaz e rigorosa, e não se sente triste. Sente-se "cansada". Aos 22 anos, encontrou o pai morto ao voltar para casa, perdendo com ele o seu tônus vital já vacilante. Os elementos de uma vida operatória estão presentes, e sua depressão é de tipo essencial. Filha única, seu pai, gêmeo de uma irmã muito bem-sucedida e preferida pelos avós, havia se tornado drogadicto durante a infância de Cora. Desde o início de sua adolescência, ela sentiu-se responsável pelo pai. Suas primeiras crises intestinais se desencadearam em torno dos seus 15 anos, e, após vários tratamentos infrutíferos, uma colite ulcerativa foi diagnosticada, deixando Cora aliviada por ter algo concreto a que se apegar. Sentia-se desamparada e culpada diante da resposta médica até então: "é o estresse, pratique esportes". Lembra de suas dores enquanto, dentro de casa, na companhia da mãe, aguardava ansiosa notícias do pai, que sumia por muitas horas, às vezes dias. Sua angústia era controlada, ao que parece, não somente por meio de suas colites, que substituíam a preocupação com o pai, mas ouvindo *heavy metal* fechada no quarto, a todo volume, ensurdecida às queixas da mãe e neutralizando por meio da sensorialidade a emergência de afetos ou pensamentos insuportáveis. Tinha poucas lembranças de momentos serenos, apesar de dizer ter tido com o pai uma relação "simbiótica". As brigas em casa a paralisavam. Uma lembrança dela criança, sentada e encolhida no chão contra a porta da sala, tornou-se uma referência para nós: a *mise-en-scène* desse quadro era exatamente a mesma de quando Cora evocava seu corpo retorcido de dor no baixo ventre.

No material clínico atual de Cora, um aspecto do funcionamento materno desponta e abre uma nova porta de compreensão de sua frágil neurose infantil, na origem talvez de suas fixações somáticas anal-intestinais. A perspectiva da venda do apartamento onde moraram com o pai fez com que ela se deparasse com uma incapacidade patológica da mãe em se desfazer de quase tudo que toca sua infância. Retenção, acúmulo, controle, intrusão: o vocabulário da analidade indicando uma neurose obsessiva materna invade seu discurso, caracterizando o modo de vinculação de sua mãe a ela, a seu corpo e mais precisamente à sua higiene íntima, à desordem do seu quarto, das suas gavetas, seus espaços íntimos etc.

As falhas do paraexcitação materno e sua ansiedade de separação da filha, por um lado, e, por outro, as descargas de excitações ligadas ao pai (medo coexistindo com sua misteriosa sensação de fusão a este, quando vivo), nos levariam a formular a seguinte questão: os procedimentos mórbidos de Cora e suas lavagens anais toda manhã, ditas preventivas, e outras práticas consideradas por ela como vergonhosas, poderiam representar uma ocasião *em ato* de entreter sua relação ao pai morto? Poderíamos considerar que tais práticas, associadas à sua doença, estariam impregnadas de um *masoquismo mortífero*, um masoquismo moral, mobilizando descargas de excitação na zona anal, desapoiadas, porém, de sua dimensão erótica e carentes de coloração fantasmática. Alimentada psiquicamente por essas questões, vou costurando, cocosturando com Cora, como se faz com uma renda, as lacunas, as marcas de tempos passados, os *fueros*, dizia Freud, de sua história infantil.

Uma patologia do luto vai enfim se decantar nesse processo e um sentido metafórico vai emergir: a expressão de Cora "tenho que me ocupar do meu ventre" vindo a tornar-se equivalente a "tenho que me ocupar do meu pai". Ainda longe de podermos adicionar outros termos a essa equação simbólica, da série fezes, pênis, bebê, por exemplo, o trabalho de psiquização do "*objeto somático*" de Cora avança. Um "*objeto psíquico*" pode começar a circular: fora, dentro; presente, ausente; vivo, morto.

Questão: essas novas ligações afetivo-representacionais, emergências do processo analítico sustentadas pela relação transfero-contratransferencial, terão um impacto perene sobre sua colite ulcerativa?

O que sabemos é que suas dores e hemorragias abandonaram o terreno puramente somático, transformando-se em eventos inscritos na sua história, ganhando sentido para ela e podendo então vir a se integrar ao seu *corpo pulsional*. A relação de Cora com suas endopercepções, e sua imediata tradução em termos de dor ou vontade de evacuar, vem se modificando e abre alas a uma nova capacidade de simbolização. Em uma sessão recente, Cora descreveu quanto pôr o pé fora de casa representava um risco para ela: a imagem da porta de casa como um esfíncter emergiu entre nós, o que causou um certo desconcerto, e amenizamos pelo humor essa visão escatológica do corpo inteiro representado como uma massa fecal.

Em suma, o trabalho de luto do pai poderá engendrar em Cora uma nova relação com a vida, permitindo a dissolução de padrões autopunitivos inconscientes de isolamento e uma nova distribuição dos investimentos libidinais egoicos e objetais. Pois acordar de manhã para a vida não é o mesmo que acordar em meio aos seus mortos.

E quanto à endometriose de Jane? Que destino terá? Situemos a questão de outro jeito: a destrutividade pulsional em Jane poderá estancar?

Neste momento do seu tratamento, em plena eclosão de uma transferência negativa terrível, utilizo meu paraexcitação teórico para poder prosseguir.

Jane: "Estou triste por estar feliz... Várias coisas positivas ocorreram nesse final de semana. Encontrei um rapaz, transamos, ele preparou um chocolate quente para mim, e enquanto dávamos uma volta na sua moto, me senti leve, mas vi uma nuvem escura no céu e pensei no drama da minha mãe, era como uma massa negra pairando sobre mim".

Falamos então do seu direito, mas também de seu sentimento de culpa, de viver sua própria vida, deixando a mãe para trás. A clivagem entre um ódio não representado do objeto falho e um imenso apego a esse mesmo objeto do qual ela espera ainda atenção se descortinou. A emergência de um conflito psíquico apontou no horizonte.

Quinze dias depois, Jane: "Estou cada dia pior, tive muita dor, me senti muito mal durante a semana, não acho que essa terapia esteja adiantando, queria lhe perguntar se não podíamos fazer as sessões a partir de temas específicos, de maneira mais estruturada, desse jeito não vou avançar". Respondo da forma mais clássica possível: "Difícil ter confiança em que eu possa lhe ajudar, não? Visto sua constante decepção sempre que precisou de ajuda".

A interpretação em nada aliviou. Jane continuou sua provocação. Uma violência tremenda começa a crescer dentro de mim, uma vontade de bater nela que controlo dizendo: "Você deve estar com muita raiva de mim". Ela responde: "Não, sou contra seu método, eu preciso de linearidade, senão me perco". "Tente talvez retomar o que falávamos na última sessão", concedo.

Jane me diz ter olhado no dicionário justamente o que a palavra ódio, que eu havia enunciado na outra sessão, queria dizer: e não era o que sentia, "o sentido das palavras é importante", me explica. Recorre frequentemente ao dicionário para ter certeza do que está sentindo...

Em suma, o tema da pulsionalidade agressiva continuou a ser elaborado: raiva, cólera, ódio, eu precisava saber que existem nuances, explica minha paciente, testando minha capacidade de suportar sua agressividade. As diferenças entre a nuance semântica da qual ela fala e a nuance na qualidade do seu sentir não pareciam, portanto, ainda poder se juntar. Em certo momento, como minha irritação física não tinha mais por onde sair, evoquei o "braço de ferro" que ela jogava comigo. Isso levou à seguinte lembrança de Jane: "Quando eu era pequena", me conta, "devia ter uns 3 anos, eu batia com a cabeça no chão, chegando a me machucar. Era para chamar a atenção dos meus pais, me lembro bem. Eles perguntaram ao pediatra o que fazer" – com o que parece ter sido um tipo de "*head banging*", que podemos considerar também na sua função autocalmante – "e o pediatra disse: 'Nada. Esperar que isso passe'".

De fato, excelente recomendação a seguir. Esperar. Sobreviver aos ataques de Jane. Deixar o seu autossadismo (no caso aqui, "estou cada dia pior, tive muita dor" etc.) se objetalizar e se projetar ativamente contra mim na transferência. Deixá-la gozar sadicamente, desqualificando minha competência como analista. Filtrar minha contratransferência. Triangular com a teoria, com B. Rosenberg (1999) em mente, por exemplo. Mensurar a carga de destrutividade em jogo. Ficar firme, não ceder, segurar com o olhar, suportar corporalmente as moções pulsionais. Conter-me, contê-la. Quem sabe ela poderá se identificar com os meus movimentos psíquicos (sensório-motores também) e retornar na direção dela própria a pulsão transformada, e de forma passiva introjetá-la. Reconhecemos aí o encadeamento do duplo retorno, destino pulsional essencial. Poderá talvez se instaurar assim um masoquismo erógeno de melhor qualidade, por meio da intricação de sua destrutividade ao Eros objetal da analista... Nessa sessão Jane chorou muito. A reflexividade pulsional, quando alcançada, é mobilizadora de afeto e matriz de representações mentais. O movimento autorreflexivo está na base dos tão indispensáveis autoerotismos, movimentos libidinais irrigadores do ego-corporal e do narcisismo de vida.

Para concluir: uma *remodelagem* do corpo pulsional seria a imodesta ambição nessa clínica da excitação? Gostaria de defender a existência de uma relativa *plasticidade pulsional* que o trabalho analítico e os investimentos recíprocos transfero-contra-transferenciais permitem.

Se uma *potencialidade traumática* existe em cada um, interrompendo os trajetos pulsionais e desencadeando somatizações de toda ordem, uma *potencialidade histerógena* existe igualmente, podendo ser mobilizada, remanejando e reorganizando a unidade psicossomática, refundando a ordem do sentido sob a égide de Eros e liberando o livre fluxo das pulsões.

Referências

Abraham, K. (1989). *Œuvres complètes* (Vol. 2). Payot. (Trabalho original de 1924)

Braunschweig, D. (1993). Implications techniques de la théorie en psychosomatique. *Revue Française de Psychosomatique, 3*.

Braunschweig, D., & Fain, M. (1975). *La nuit, le jour: Essai psychanalytique sur le fonctionnement mental.* PUF.

Dejours, C. (1986). *Le corps entre biologie et psychanalyse: Essai d'interprétation comparée.* Payot.

Dejours, C. (2001). *Le corps, d'abord: Corps biologique, corps érotique et sens moral.* Payot.

Donabédian, D., & Fain, M. (1995). Psychosomatique et pulsions. *Revue Française de Psychosomatique, 7*, 141-152.

Fain, M. (1991). Préambule à une étude métapsychologie de la vie opératoire. *Revue Française de Psychosomatique, 1*, 59-79.

Ferenczi, S. (1932). *Journal clinique, janvier-octobre 1932.* Payot.

Freud, S. (1969). O ego e o id. In S. Freud, *Edição standard brasileira das obras psicológicas completas de Sigmund Freud.* Imago. (Trabalho original de 1923)

Freud, S. (1972). Três ensaios sobre a teoria da sexualidade. In *Edição standard brasileira das obras psicológicas completas de Sigmund Freud* (Vol. XII). Imago. (Trabalho original de 1905)

Freud, S. (1997). *Abrégé de Psychanalyse.* PUF. (Trabalho original de 1938)

Freud, S. (2010). *Nouvelle suite des leçons d'introduction à la psychanalyse.* PUF. (Trabalho original de 1932)

Garma, A. (2004). Les images inconscientes dans la genèse de l'ulcère peptique. *Revue Française de Psychosomatique, 26*, 7-17. (Trabalho original de 1958)

Green, A. (1995). L'objet et la fonction objectalisante. In A. Green, *Propédeutique: La Métapsychologie révisitée* (pp. 229-266). Champ Vallon. (Trabalho original de 1984)

Green, A. (2007). Pulsions de destruction et maladies somatiques. *Revue Française de Psychosomatique, 32*, 45-70.

Kreisler, L., Fain, M., & Soulé, M. (1974). *L'Enfant et son corps.* PUF.

Laplanche, J., & Pontalis, J. B. (1967). *Vocabulaire de Psychanalyse*, PUF.

Marty, P. (1976). *Les mouvements individuels de vie et de mort: Essai d'économie psychosomatique.* Payot.

Marty, P. (1984). Des processus de somatisation. In M. Fain & C. Dejours (Eds.), *Corps malade et corps érotique.* Masson.

Ody, M. (2010). L'Oedipe comme attracteur. *Revue Française de Psychanalyse, Textes 1954-2009*, 189-198. (Trabalho original de 1990)

Ody, M. (2012). La psychanalyse, la réfléxivité et l'enfant. *Revue Française de Psychanalyse, 76*(3), 649-664.

Press, J. (2010). *La construction du sens*. PUF.

Rosenberg, B. (1999). Masochisme mortifère et masochisme gardien de la vie. In *Monographies de psychanalyse*. PUF.

Roussillon, R. (2002). Agonie, clivage et symbolisation. *Revue Française de Psychanalyse, 66*(1), 265-269.

Smadja, C. (2001). *Vie opératoire: Études psychanalytiques*. PUF.

Smadja, C. (2014). Le modèle pulsionnel de la psychosomatique. *Revue française de psychosomatique, 45*(1), 11-30.

Spitz, R. (1964). Quelques prototypes precoces de défense du Moi. *Revue Française de Psychanalyse, 28*(2), 185-215. (Trabalho original de 1958)

Tabacof, D. (2021). *Clínica da excitação: psicossomática e traumatismo*. Blucher.

2. O salto misterioso do neural ao mental[1]

Claude Smadja

No que concerne à análise de pacientes histéricos, Freud se questionou sobre o salto misterioso do anímico ao corporal. Cinquenta anos mais tarde, Marty se questionava, acerca de pacientes somáticos, sobre o enigma da passagem do afetivo ao somático, afirmando que esta permanecia um enigma nos processos psicossomáticos. Essa questão despertou o interesse, após Freud, dos psicanalistas e, em particular, dos psicossomatistas. Por outro lado, uma outra questão, correlacionada a esta, é a do salto misterioso do neural ao mental. Contudo, ao mesmo tempo que essa questão desperta o interesse dos psicanalistas, ela foi alvo de um constante interesse no campo da biologia, sendo tema de diversos trabalhos durante as últimas décadas. Estudaremos esse salto ou essa passagem do neural ao mental em uma abordagem, de um lado, biológica e neurobiológica, e, de outro, psicanalítica. Antes de mais nada, começaremos por situar o posicionamento de Freud no que concerne a

1 Trabalho apresentado na Jornada de Psicossomática Psicanalítica, em novembro de 2021, na Sociedade Brasileira de Psicanálise de São Paulo. Tradução Vanise Dresch.

essa questão científica e epistemológica como ele a desenvolveu em toda sua obra.

Há um fato inquestionável, no pensamento de Freud, ele mesmo pesquisador no campo da neurofisiologia, antes de descobrir a psicanálise. Esse fato pode ser resumido na afirmação de que o anímico ou o psíquico se assenta no neuronal ou cerebral, mas ao mesmo tempo não se reduz a ele. Portanto, Freud fundamenta o psíquico no neuronal sem reduzi-lo a isso. Nesse sentido, Freud escreve, em sua "24ª Conferência Introdutória à Psicanálise", (1916-1917/2014b) que "o edifício que erguemos da teoria psicanalítica é, na realidade, uma superestrutura, que um dia deverá ser assentado sobre o seu fundamento orgânico; mas este ainda não conhecemos" (p. 418). Assim, Freud concebe as relações do psíquico com o neural de uma forma que podemos considerar complexa e que se baseia em uma dupla dimensão: a da continuidade e a da ruptura ou da descontinuidade. Ao mesmo tempo que reconhece essa filiação complexa entre psíquico e neural, Freud afirma sua diferenciação específica.

Assim ele escreve, em *Compêndio de psicanálise* (1938/2014a):

> *A Psicanálise parte de um pressuposto básico, cuja discussão permanece reservada ao pensamento filosófico e cuja justificação está contida em seus resultados. Do que denominamos nossa psique (vida anímica), duas coisas nos são conhecidas: primeiramente o órgão corporal e cenário da mesma, o cérebro (sistema nervoso); em segundo lugar, nossos atos conscientes, que estão ao nosso alcance imediato e que não podem se tornar mais acessíveis por nenhuma outra forma de descrição. Tudo o que se encontra entre eles nos é desconhecido; não há uma relação direta entre esses pontos limite de nosso saber. Caso ela existisse, nos forneceria no máximo uma*

> *localização exata dos processos da consciência, o que em nada contribuiria para seu entendimento. (Freud, 1938/2014a, p. 75)*

Esse texto, que inicia o *Compêndio*, mostra claramente onde se situa, para Freud, a diferença fundamental entre neural e mental: a atribuição de sentido ao fenômeno psíquico. A questão do sentido é primordial para a introdução aos fatos psíquicos e à psicanálise. Lembremo-nos de que Freud começou suas *Conferências introdutórias à psicanálise* não pelo estudo do sonho ou das neuroses, mas pela observação e análise das operações falhas. Tratava-se, para ele, de apresentar os fatos psíquicos mais simples e comuns e de revelar seu sentido inconsciente. E esse sentido se inscreve em uma série – uma série psíquica –, e apenas adquire seu valor na relação entre os diferentes elementos dessa série.

Examinemos mais detidamente a abordagem epistemológica de Freud e a questão crucial da passagem do neural ao mental. Essa abordagem se baseia em um modelo que ele desenvolveu muito cedo, em 1892, em seus *Estudos sobre a afasia*, e que chamou de *paralelismo psicofisiológico*. Naquele fim do século XIX, a tradição neurofisiológica concebia o fenômeno mental em continuidade direta com o nervoso. Assim, para Meynert, a excitação nervosa prosseguia até o corpo celular dos neurônios e ali se transformava em representação mental. Rompendo com essa concepção neurofisiológica, Freud propôs um modelo de acordo com o qual a excitação nervosa, quando atinge um determinado limiar, faz emergir um fenômeno de outra natureza, o fenômeno anímico ou psíquico. A partir disso, os dois processos, nervosos e psíquicos, prosseguem sua trajetória própria paralelamente um ao outro. É esse conceito que Freud denominou paralelismo psicofisiológico. Esse modelo é, na verdade, revolucionário para a época. Ele se baseia em um duplo movimento de pensamento, associando dois movimentos de natureza contrária e unificando-os: um movimento em direção ao conhecido e antigo e outro movimento em direção ao desconhecido e novo.

Nas primeiras páginas de suas *Conferências introdutórias à psicanálise*, Freud (1916-1917/2014b) explicita sua concepção do paralelismo de uma maneira muito sugestiva:

> *Tudo aquilo que se pode observar na vida psíquica será ocasionalmente caracterizado como fenômeno psíquico. Logo, a questão passará a ser se uma manifestação psíquica resulta da influência direta de fatores físicos, orgânicos, materiais – caso em que seu estudo não caberá à psicologia – ou se ela deriva primeiramente de outros processos psíquicos, por trás dos quais tem início, em alguma parte, a série de influências orgânicas. É esse último caso que temos em vista quando caracterizamos um fenômeno como um processo psíquico. (p. 64)*

Essa citação freudiana justifica algumas observações, pois se encontra no cerne da concepção epistemológica desenvolvida por Freud. Primeiramente, Freud postula a existência de duas concepções teóricas do fenômeno psíquico. A primeira o situa em uma continuidade direta com o fenômeno orgânico – isto é, neurofisiológico. Trata-se da concepção clássica desenvolvida por neurofisiologistas e neurologistas de sua época. São também aquelas que as neurociências cognitivas contemporâneas desenvolvem. Efetivamente, essas concepções estão baseadas na premissa de que as informações transmitidas aos neurônios são, em última instância, transformadas em representações mentais. Para as neurosciências cognitivas, não há outro nível fenomenal a não ser o do funcionamento cerebral. De maneira oposta a essa concepção, Freud desenvolve o modelo de acordo com o qual o fenômeno psíquico pertence a um outro nível fenomenal que deriva do nível de funcionamento cerebral. Assim, para ele, os fenômenos psíquicos ou anímicos dependem de outros fenômenos psíquicos ou anímicos. Essa nova ideia inaugura o que denominamos *causalidade psíquica*. Do ponto de vista epistemológico, a problemática assim posta é a dos pontos de contato entre os diferentes níveis, cerebral e psíquico, ou os lugares de passagem entre esses diferentes níveis fenomenais.

Após essa apreciação do posicionamento epistemológico de Freud no que concerne à questão do salto misterioso do neural ao mental, concluímos que, para ele, existe uma continuidade do neural ao mental e, ao mesmo tempo, uma ruptura entre os dois níveis. Em consequência à existência desses dois níveis diferentes do ponto de vista fenomenal, pode-se pensar na possibilidade de se desenvolverem dois campos de pesquisa: um neural e outro mental, com seus respectivos objetos específicos, suas metodologias e conceitos próprios. No entanto, para Freud e sua época, esse salto do neural ao mental permanecia inexplicado. Foi preciso esperar a segunda metade do século XX que hipóteses fossem propostas e experimentadas.

Presentemente, selecionarei alguns conceitos operadores que permitem, atualmente, compreender a passagem do neural ao mental, tanto no âmbito da biologia como no âmbito da psicanálise.

No âmbito da biologia

Todo processo vivo se insere em um espaço com três dimensões: sua estrutura, sua função e sua história. Estrutura e função representam um plano de análise que pode ser qualificado como horizontal. A história, a perspectiva do longo prazo, representa um plano de análise que pode ser qualificado como vertical. A história é o que dá sentido e significado ao processo vivo. Para François Jacob, biólogo e vencedor do Prêmio Nobel de Medicina, a análise de todo processo vivo está baseada em alguns princípios fundamentais: a consideração da seleção natural, o equilíbrio termodinâmico, a autorregulação e sua arquitetura hierárquica. Este último princípio está assentado em uma sucessão de níveis de organização diferentes e de complexidade progressiva. Em seu livro *La logique du vivant* [A lógica da vida], François Jacob (1970) afirma:

> *Elementos similares se reúnem em um elemento intermediário. Diversos desses elementos se associam, então, para constituir um conjunto de nível superior e assim por diante. É, portanto, pela combinação de elementos cada vez mais elaborados, por uma articulação de estruturas subordinadas umas às outras, que nasce a complexidade dos sistemas vivos. A cada nível, unidades de dimensão relativamente bem definida e estruturas quase idênticas se reúnem para formar uma unidade na escala seguinte. Cada uma dessas unidades constituídas pela integração de subunidades pode ser designada pelo termo geral de íntegron. Um íntegron se forma pela composição de íntegrons de nível inferior; ele participa da formação de um íntegron de nível superior. (tradução nossa)*

Essa concepção desenvolvida por François Jacob é de natureza integracionista. Ela se opõe a uma concepção de natureza reducionista, que busca limitar ou reduzir todo processo vivo a um nível físico-químico. Vê-se claramente que uma concepção integracionista do vivente reconhece a filiação ou a continuidade entre os diferentes níveis de organização, mas reconhece, concomitantemente, sua dimensão de ruptura ou de descontinuidade de um nível a outro. O vivente é, assim, feito de continuidade e descontinuidade, de homogeneidade e heterogeneidade. Depreende-se dessa concepção, aqui desenvolvida por François Jacob, um primeiro conceito operador, o do íntegron. É assim que, durante a evolução de nossa espécie – *Homo sapiens* –, desenvolvem-se íntegrons de uma outra natureza, que virão a especificar o vivente que somos: *os íntegrons culturais*.

> *Nos íntegrons culturais e sociais, surgem novos objetos. Estes últimos funcionam de acordo com princípios desconhecidos nos níveis inferiores . . . pois, com seus códigos, suas regulações e suas interações, os objetos que constituem os íntegrons culturais e sociais excedem os esquemas explicativos da biologia. (Jacob, 1970, tradução nossa)*

O que François Jacob postula é a ideia de que, durante a evolução da nossa espécie, novos modos de organização exclusivamente culturais emergiram e se integraram a um conjunto de íntegrons de natureza exclusivamente orgânica. Chegamos, aqui, aos limites daquilo que do somático ou do orgânico dará à luz o psíquico ou o anímico. Essa passagem ou salto se baseia em um incremento da complexidade dos íntegrons culturais e em uma abertura do genoma que permite, por sua vez, um crescimento das potencialidades em termos de informações de mensagens e de comunicação no indivíduo e entre os indivíduos de nossa espécie *Sapiens*.

A neurobiologia fez imensos progressos no século XX e no início do século XXI. O conhecimento a respeito do cérebro e do funcionamento neuronal teria despertado grande interesse em Freud e, parece-me, não anula sua concepção científica e epistemológica das relações do neural com o mental. Dessas pesquisas contemporâneas em neurobiologia, podemos depreender dois novos conceitos operadores que nos permitem avançar na compreensão das relações entre o funcionamento neuronal e a atividade anímica.

O primeiro conceito é o de *plasticidade cerebral*; o segundo, o de *reentrada*. Façamos uma incursão pela paleoantropologia para abordar alguns dados modernos. O ser humano é um primata. Ele é primo dos chimpanzés e dos bonobos. Sua ancestralidade comum, segundo as datações modernas, remonta a 7-8 milhões de anos. O gênero *Homo* surgiu há cerca de 2,5 milhões de anos. Diversas espécies do gênero *Homo* coexistiram e se sucederam durante centenas de milhares de anos: *Homo habilis*, *Homo ergaster*, *Homo erectus*, homem de Neandertal, hominídeo de Denisova e, por fim, *Homo sapiens*. Os primeiros vestígios de *Sapiens* datam de 200 mil anos, na África. Por fim, há 30 mil anos todas as espécies do gênero *Homo* foram extintas e somente o *Sapiens* sobreviveu em toda a face da Terra.

Durante essa longa evolução, o cérebro aumentou em volume, passando de 500 cm^3 no chimpanzé a 1.400 cm^3 no *Sapiens*. Assim, o coeficiente de encefalização que traduz a relação entre a massa do cérebro e a massa do corpo confere ao *Homo sapiens*, o homem de hoje, 900 cm^3 suplementares de massa cerebral. Esse aumento do volume cerebral é fruto de uma evolução genética cuja duração é de milhões de anos. No entanto, o *Sapiens* de 30 mil anos atrás e o homem de hoje possuem o mesmo cérebro no que diz respeito ao volume, à estrutura e à arquitetura geral. As mudanças prodigiosas que constatamos em 30 mil anos são fruto de uma evolução não genética, mas antes nervosa e cultural, que advém da atividade do cérebro e cujo principal agente é a plasticidade neuronal. Esta última pode ser definida como a capacidade do cérebro de se adaptar às mudanças pelo aumento da densidade de suas conexões sinápticas.

Assim, o ser humano de hoje provém de uma dupla evolução: genética (isto é, distante) e cultural (recente). O aumento do volume do cérebro humano tem as mais determinantes consequências no que concerne ao seu destino, pois o filhote do ser humano nasce em um estado de prematuridade. Ele nasce com 10% de seu cérebro final e o desenvolve ao longo de seus primeiros vinte anos de vida – é o que chamamos de neotenia, ou seja, o retardamento do desenvolvimento. Isso significa que 90% do desenvolvimento cerebral ocorre após o nascimento, no espaço cultural e social. Essa descoberta recente referente à evolução do *Homo sapiens* nos faz pensar que ele se tornou, em alguns milhares de anos, um ser quase exclusivamente de ordem cultural.

Destacar alguns dados elementares da evolução do ser humano de hoje nos conduz a fazer algumas observações gerais. A primeira é a distinção entre dois tipos de memória: uma memória genética, inscrita no tempo longo e responsável pela macroestrutura cerebral, e uma memória nervosa, inscrita no tempo curto e intimamente relacionada com as aquisições culturais da humanidade. A segunda observação é a constatação de que as conexões cerebrais e a conectividade neuronal ao nível das sinapses se estabelecem essencialmente no bebê e durante a infância. Como vimos, esse desenvolvimento se situa no âmbito cultural e social e nas relações da criança com o mundo adulto. Seu agente principal é a plasticidade cerebral e seu determinismo é, principalmente, de ordem epigenética.

Uma terceira observação nos leva a associar essas considerações neurobiológicas à convicção, sempre sustentada por Freud em toda sua obra, de que o desenvolvimento psíquico individual do ser humano reflete o desenvolvimento da família humana. Essa dimensão filogenética é em Freud, como se sabe, uma das raízes de sua concepção psicanalítica da vida anímica.

Da pesquisa em neurobiologia nasceu um novo conceito operador, o qual devemos aos trabalhos de Gérald Edelman, imunologista, neurobiologista e vencedor do prêmio Nobel de Medicina. Esse conceito é particularmente heurístico e deveria, de acordo com Edelman, constituir uma ponte entre a fisiologia e a psicologia. Ele se insere em uma teoria original do autor: a teoria da seleção dos grupos neuronais (TSGN). De acordo com essa teoria, o funcionamento neuronal está baseado em uma hierarquia de mapas cerebrais interconectados em função da seleção, a cada segundo, de populações ou grupos neuronais. Esse conjunto funcional cuja variabilidade é permanente obedece a três princípios: o primeiro é o de um funcionamento da conectividade dentro de um repertório tido como primário, que associa os mapas que constituem a macroestrutura cerebral; o segundo é o de um funcionamento da conectividade dentro de um repertório tido como secundário, constituído pelas conexões sinápticas. Por fim, o terceiro princípio é o da *reentrada*. Edelman define a reentrada como a troca recursiva e permanente entre grupos de neurônios do repertório primário e outros do repertório secundário no espaço e no tempo. A novidade é que esses circuitos de reentrada não possuem apenas um papel de ligação, mas, também, fundamentalmente, de transformação do que ligam. Eles criam, assim, novos objetos na atividade cerebral e fazem do funcionamento neuronal sua própria atividade. É como se o cérebro falasse consigo mesmo. Esses novos objetos, resultados da reentrada, fazem com que a excitação neuronal primária passe a um outro plano de complexidade. Assim se formam, no funcionamento neuronal, estruturas de ordenamento da excitação neuronal que são denominadas categoria ou esquema. Essas novas formas ou figuras neurais carregam consigo um novo grau de abstração e de complexidade, e provêm, graças ao processo de reentrada, de um nível inferior do funcionamento neuronal.

As neurociências cognitivas abordam a passagem do neural ao mental de uma maneira totalmente diferente. Para elas, não existe salto entre um plano fenomenal e outro plano emergente. Sua proposta consiste em considerar que as representações mentais se inscrevem na continuidade do funcionamento neuronal. É interessante considerar a maneira como Stanislas Dehaene, neuropsicólogo e professor no Collège de France, coloca o problema dessa passagem e como procura resolvê-lo. Em seu livro *Code de la conscience* [Código da consciência], no que concerne ao funcionamento da consciência, o autor indaga:

> *Por que uma atividade tardia do contexto pré-frontal, um crescimento cortical ou uma sincronização à longa distância deveriam significar uma mudança de estado mental? Como esses eventos biológicos, por mais complexos que sejam, geram um pensamento? . . . Ainda que as neurociências tenham identificado empiricamente diversas correspondências entre a atividade cerebral e a vida mental, um abismo conceitual parece ainda separar os estados do cérebro daqueles da mente . . . O que nos falta é um quadro teórico que englobe os dois fenômenos, uma série de leis que explique como, passo a passo, as atividades do cérebro produzem estados mentais. (Dehaene, 2014, tradução nossa)*

Certamente, o autor coloca de maneira apropriada o problema, diferenciando o plano neural do plano mental, mas a solução buscada está inserida em uma concepção reducionista do mental. Lembremos do famoso aforismo do médico Cabanis no início do século XIX, que afirmava que o cérebro produz o pensamento como o fígado produz a bile. Na lógica dessa concepção reducionista, as neurociências desenvolveram um conceito que permite situar as representações mentais na continuidade das informações neuronais, evitando, assim, recorrer à noção de emergência de um novo plano fenomenal. Esse novo conceito é o *código neural.* O código neural é concebido como um código genético. Cada estado mental, pensamento, afeto, lembrança, experiência vivida, imaginação é codificado por um conjunto de neurônios particular e específico. Assim o autor escreve:

> *como um conjunto de neurônios consegue codificar tal diversidade de estados mentais? Qual é o código neural da consciência e como ele nos dá acesso a um número infinito de pensamentos? Cada um de nossos estados mentais deve ser alocado a uma dessas configurações (conjunto de neurônios), e esta deve ser bem diferenciada das outras para evitar qualquer confusão. (Dehaene, 2014, tradução nossa)*

O código neural remete, então, à ideia de um determinismo análogo ao genético. Essa concepção, como se pode verificar, opõe-se à desenvolvida por Gérald Edelman, uma concepção selecionista segundo a qual, a cada instante, novos grupos neuronais são selecionados para fins de um projeto definido pela organização neuronal do cérebro.

Ao fim desse percurso pelos meandros da biologia, duas concepções se opõem quanto ao salto misterioso do neural ao mental. Uma delas consiste na negação desse salto, visto que recusa que uma nova realidade simultaneamente fenomenal e científica, a realidade mental, possa emergir a partir da realidade neuronal. Trata-se de uma concepção reducionista, da qual acabamos de falar. A outra concepção postula a existência de sistemas que derivam uns dos outros e estão integrados em um conjunto vivo unitário. Essa segunda concepção é a da *auto-organização* e de seus efeitos de *emergência*. A auto-organização é um conceito que surgiu nos anos 1970 e que, pouco a pouco, substituiu a doutrina segundo a qual tudo é genético. Ela admite a formação de sistemas novos a partir de sistemas anteriores cuja complexidade atingiu um determinado limiar. Em outras palavras, a partir de um limiar de complexidade dos sistemas neurais, novos sistemas de ordem psíquica se auto-organizam e emergem, assim, a partir do plano neural. Encontramos aqui, sob uma forma moderna, o modelo do paralelismo psicofisiológico desenvolvido por Freud, já em 1892, em seus *Estudos sobre a afasia*. O que caracteriza os sistemas originados por auto-organização é o fato de serem dotados de propriedades novas e de serem, ao mesmo tempo, não preditivos e contingentes. Na verdade, quanto mais complexo é um sistema, mais se originará, nele, um processo de auto-organização. Atualmente, quando consideramos a questão do salto misterioso do neural ao mental, não encontramos explicação científica mais pertinente e mais heurística do que a da auto-organização e de seus respectivos efeitos de emergência. A partir dessa hipótese, porém, o salto perde sua qualidade misteriosa, visto que ele é a própria definição da emergência.

Esse enigma que procuramos analisar no âmbito da biologia nos remete a um outro enigma: o da passagem do funcionamento quântico ao funcionamento físico macroscópico. Sabemos, de fato, que os objetos físicos que nos cercam são compostos, em última instância, de partículas elementares em interação umas com as outras. Como passamos desse funcionamento quântico à estrutura dos objetos físicos que nos cercam? Uma teoria física foi proposta a fim de explicar esse salto misterioso: a teoria da descoerência. De acordo com essa teoria, os objetos físicos macroscópicos emergiriam de uma realidade quântica por ocasião da eliminação das propriedades físicas quânticas. Por analogia, não poderíamos pensar que a emergência do psíquico sucederia concomitantemente ao recuo das propriedades neurais subjacentes?

No âmbito psicanalítico

A doutrina psicanalítica da vida anímica baseia-se, em Freud, em dois fundamentos principais: um biológico e outro filogenético. O psíquico, de fato, teve de ser concebido como originando-se a partir de algum lugar. Na epistemologia freudiana, a origem e o desenvolvimento dos conceitos se apoiam em um diálogo permanente entre determinadas ideias tomadas aqui ou ali e a experiência clínica. Foi apenas após uma longa evolução que os conceitos puderam ser delimitados em definições. Ainda assim, afirma Freud, eles estão sempre sujeitos à correção e à evolução. Para Freud, então, o biológico e o filogenético participaram, conceitualmente, do nascimento do psíquico. A partir de então, nascem dois grandes conceitos da psicanálise: a *pulsão* e o *supereu*, aos quais podemos recorrer para dar conta da questão enigmática do salto do neural ao mental. Na sequência, analisarei o conceito de pulsão, deixando para outro estudo o conceito de supereu. Antes de abordar a questão do salto do neural ao mental a partir da pulsão, todavia, farei uma incursão por uma entidade clínica muito cedo descrita por Freud e que foi objeto de uma teorização original: a neurose atual.

A neurose atual foi descrita e teorizada por Freud em 1895, em um texto intitulado *Sobre os fundamentos para destacar da neurastenia uma síndrome específica denominada neurose de angústia*. O interesse da neurose atual reside no fato de que representa um exemplo em negativo de um funcionamento mental baseado em um mecanismo psíquico, dado que se caracteriza, fundamentalmente, por uma falta. Uma falta de quê? Uma falta de mecanismo psíquico, de processo de simbolização, de processo de mentalização, como afirmaram, mais tarde, os psicossomatistas da Escola de Paris. Eis como Freud a descreveu de um ponto de vista teórico-clínico:

> *Todas essas indicações – ou seja, de que se trata de um acúmulo de excitação, de que a angústia que corresponde provavelmente a essa excitação acumulada é de origem somática, de modo que é a excitação somática que é acumulada, e, além disso, de que essa excitação somática é de natureza sexual e acompanhada por uma diminuição da participação psíquica no processo sexual – todas essas indicações, afirmo, levam-nos a esperar que o mecanismo da neurose de angústia deva ser buscado numa deflexão da excitação sexual somática da esfera psíquica e no consequente emprego anormal dessa excitação. (Freud, 1895/2010b, tradução nossa)*

Nessa passagem, Freud afirma, com nitidez e concisão notáveis, o que representa o núcleo da neurose atual – a saber, um curto-circuito no funcionamento mental e, mais precisamente, no funcionamento do sistema pré-consciente. Consequentemente, a excitação sexual, órfã de suas ligações psíquicas, faz estase no somático, e compreendemos, assim, os efeitos que essa situação pode produzir em termos de sintomas somáticos.

Em sua "24ª Conferência Introdutória à Psicanálise", que trata da neurose comum, Freud apresenta uma formulação teórica que podemos considerar a base do psíquico: "Uma pessoa só adoece de neurose quando seu Eu perde a capacidade de acomodar de alguma maneira a libido" (Freud, 1917/2014, p. 416). Essa afirmação define o mecanismo psíquico, e, portanto, o psíquico na sua textura fundamental, como o produto da ligação da libido com representações mentais. Compreende-se, aqui, que todo rompimento entre a libido e as representações mentais conduz a uma degradação da qualidade do psíquico. Por fim, a neurose atual nos fornece, ainda, um outro ensinamento: ela só pode ser concebida em suas relações recíprocas com o processo psiconeurótico. Freud formulou essas relações em uma célebre metáfora: a do grão de areia e da pérola. Essa coexistência de um funcionamento atual e de um funcionamento psiconeurótico é a evidência, em cada indivíduo e a qualquer momento, da intricação, ou até mesmo da sucessão, de momentos de ligação e momentos de desligamento.

Retornemos à pulsão – ou melhor, ao conceito de pulsão. Etapa por etapa, seguiremos e comentaremos as primeiras páginas de *As pulsões e seus destinos* na metapsicologia de 1915.

Esse texto se insere na primeira tópica e na primeira teoria das pulsões, mas contém uma definição do conceito de pulsão em um quadro epistemológico mais abrangente. Nele, Freud inscreve a pulsão em seus fundamentos biológicos e filogenéticos. Desse texto fundamental, para fins da relação do corporal com o anímico, destacarei cinco ideias orientadoras.

Primeira ideia orientadora:

> *Como se relaciona, então, a pulsão com o estímulo? Nada nos impede de subsumir o conceito de pulsão no de estímulo: a pulsão seria um estímulo para o psíquico. Entretanto, logo somos advertidos quanto a fazer equivaler pulsão e estímulo psíquico. Claramente existem outros estímulos para o psiquismo além dos pulsionais; aqueles que se comportam de modo muito mais semelhante aos estímulos fisiológicos. (Freud, 1915/2013, p. 28)*

Freud considera dois tipos de estímulos que chegam ao psíquico: aqueles que provêm diretamente das pulsões, pelas vias endógenas, como denominadas no *Projeto para uma psicologia científica*; e aqueles que chegam ao psíquico de maneira indireta, fazendo uma escala no sistema nervoso, os denominados estímulos fisiológicos. Nossa primeira ideia orientadora, conforme nos mostra Freud, é a da predominância, para a pulsão, da relação com o corpo sobre a relação com a percepção.

Segunda ideia orientadora:

> *Os estímulos pulsionais que surgem no interior do organismo não podem ser desfeitos por esse mecanismo [o arco reflexo]. Eles colocam, portanto, exigências muito mais elevadas ao sistema nervoso, induzem-no a atividades complicadas e intricadas entre si, as quais modificam sobremaneira o mundo externo, que oferece a satisfação à fonte interna estimuladora, e, sobretudo, obrigam o sistema nervoso a abdicar de sua intenção ideal de conservar afastados os estímulos distantes, pois mantêm um inevitável e contínuo afluxo de estímulos. Poderíamos concluir, pois, que são as pulsões, e não os estímulos externos, os verdadeiros motores dos progressos que conduziram o sistema nervoso, com sua infindável capacidade de realização, ao seu tão elevado patamar atual de desenvolvimento. (Freud, 1915/2013, p. 29)*

Para Freud, está claro que a pulsão é o fator da evolução do neural ao mental no ser humano. Essa afirmação teórica está baseada na pressuposição da existência de um princípio de inércia no organismo vivo e, em particular, no funcionamento do sistema nervoso. Mas o funcionamento pulsional não pode obedecer a esse princípio ideal. Formulamos a hipótese – impossível na época de Freud devido ao estado dos conhecimentos científicos – de que o nível mais elevado de complexidade da pulsão é a causa de um processo de auto-organização que faz com que ela seja responsável pela passagem a um nível mais elevado de organização: o psíquico. Essa é a segunda ideia orientadora.

Terceira ideia orientadora: "Certamente, nada nos impede de supor que as pulsões mesmas sejam, ao menos em parte, precipitados[2] dos efeitos de estímulos externos que, no decurso da filogênese, atuaram de forma transformadora sobre a substância viva" (Freud, 1915/2013, p. 29). Esse excerto inscreve a pulsão na evolução antropológica recente do ser humano atual e o associa à pré-história da família humana. Até então, a pulsão era concebida por Freud a partir de sua base biológica. Aqui, nós o vemos abordar a pulsão a partir de sua base filogenética. Se acompanharmos Freud e prestarmos atenção ao que ele afirma, somos levados a considerar a pulsão, do ponto de vista filogenético, como um precipitado. Esse termo nos conduz, porém, por associação, a outro texto da mesma época, *O Homem dos Lobos*. Nesse texto, Freud introduz a noção de esquemas filogenéticos e os associa a precipitados da história cultural humana. Cito-o:

> *O primeiro diz respeito aos esquemas filogeneticamente herdados, que, à maneira de "categorias" filosóficas, tratam da colocação das impressões recebidas na vida. Inclino-me a sustentar a concepção de que constituem precipitados da história da cultura humana. O complexo de Édipo, que compreende a relação da criança*

2 *Niederschläge*: mesmo termo utilizado na química para descrever o material não solúvel que se deposita ao fundo do recipiente em uma mistura não homogênea [N.T.].

> *com os pais, está incluído entre eles, é mesmo o exemplo mais conhecido dessa espécie. Quando as vivências não se encaixam no esquema hereditário, sucede uma remodelação delas na fantasia, cuja obra seria certamente útil acompanhar em detalhe. Precisamente esses casos são adequados para nos demonstrar a existência autônoma do esquema. (Freud, 1918/2009, p. 105, tradução nossa)*

Se relacionarmos esses dois textos articulados em torno do termo *precipitado*, devemos concordar com Freud que a pulsão sofreu uma transformação, a partir de seu estado de excitação endossomática, em direção a uma forma mais complexa, o esquema, durante a evolução do *Homo sapiens*. Esses esquemas pulsionais, de origem filogenética, foram concebidos por Freud como a base instintiva do ser humano.

> *É difícil afastar a concepção de que uma espécie de saber dificilmente definível, algo como uma preparação à compreensão, também age na criança. Em quê pode consistir isso é algo que escapa à imaginação; dispomos apenas de uma única e excelente analogia, aquela com o vasto saber instintivo* [instinktiv] *dos animais. (Freud, 1918/2010a, p. 106)*

Ainda, mais adiante, Freud concebe essa base instintiva como o núcleo do inconsciente.

> *Havendo um tal patrimônio instintivo também no homem, não seria de espantar se ele atingisse particularmente os processos da vida sexual, embora não possa de maneira alguma limitar-se a eles. Esse elemento*

> *instintivo seria o âmago do inconsciente, uma primitiva atividade do espírito, que posteriormente é destronada e recoberta pela razão humana que se vem a adquirir, mas com muita frequência, talvez sempre, mantém a força para fazer baixar até si os processos anímicos mais elevados. (Freud, 1918/2010a, p. 106)*

Uma outra inferência é inevitável se considerarmos a pulsão como um precipitado da ação dos estímulos externos: trata-se da ideia de que o precipitado supõe aquela de um processo de incorporação. Trata-se, também, da ideia da passagem do exterior ao interior. Nessa trajetória evolutiva da pulsão, abandonamos o tempo simples da excitação endossomática e, por intermédio do esquema pulsional, alcançamos uma nova realidade, a de um objeto interno. Passamos, assim, da ordem da excitação à ordem da representação. Essa é a nossa terceira ideia orientadora.

Quarta ideia orientadora: estamos, agora, preparados para prosseguir com a definição clássica da pulsão, conforme elaborada por Freud.

> *Voltando-nos agora do lado biológico à observação a partir da vida anímica, então nos aparece a "pulsão" como um conceito fronteiriço entre o anímico e o somático, como representante psíquico dos estímulos oriundos do interior do corpo que alcançam a alma, como uma medida da exigência de trabalho imposta ao anímico em decorrência de sua relação com o corporal. (Freud, 1915/2013, p. 30)*

O ponto fundamental aqui é a pulsão definida de acordo com a dimensão de *representância*. Entretanto, devemos acrescentar, entre a origem somática da pulsão e a sua dimensão de representante psíquico, a noção de esquema, ou seja, de estrutura de recepção de impressões da vida, conforme formulado por Freud. Podemos estabelecer um paralelo entre essas estruturas de recepção e a noção de estrutura enquadrante, definida por A. Green como um enquadre anterior à constituição e ao desenvolvimento das representações mentais. Essa é a nossa quarta ideia orientadora.

Quinta ideia orientadora: na linha evolutiva que aqui traçamos, que vai da excitação endossomática ao esquema filogenético da pulsão, e deste à representação mental, situamos um processo necessário para que ocorra essa evolução pulsional: o processo de incorporação/introjeção. Esse processo está na origem das transformações pulsionais ou, como afirma Freud, dos destinos da pulsão.

> *Podemos decompor a vida de cada pulsão em ondas singulares, cronologicamente isoladas, sendo cada uma delas homogênea no interior de um período de tempo, seja qual for sua duração, e que se comportam entre si de modo comparável a sucessivas erupções de lava. Podemos, então, de certo modo, imaginar que a primeira e mais original erupção pulsional prossiga de forma imutável, sem experimentar nenhum tipo de desenvolvimento. Uma onda posterior experimentaria, desde o início, uma alteração, tal como a passagem para a passividade, juntando-se com esse novo caráter à erupção anterior, e assim por diante. Se olharmos de forma global a moção pulsional, desde seu início até certo ponto, a sucessão de ondas descritas deve nos fornecer a imagem de um claro desenvolvimento da pulsão. O fato de que nesse período ulterior de desenvolvimento pode se observar, junto a uma moção pulsional, o seu oposto (passivo), merece ser destacado mediante a tão*

> *adequada denominação introduzida por Bleuler: ambivalência. (Freud, 1915/2013, p. 37)*

O que Freud introduz aqui, no desenvolvimento da pulsão, é o processo fundador da dupla inversão pulsional. Esse processo é, na verdade, a solução psíquica mais bem adaptada ao tratamento da ausência do objeto. Ele é fundador por ser, concomitantemente, criador dos objetos internos, das representações e das fantasias. Em suma, ele é criador da vida psíquica, da realidade psíquica. Michel Fain fez da dupla inversão pulsional um conceito fronteiriço entre o que denominou acabamento pulsional e inacabamento pulsional. Assim, por intermédio da dupla inversão, destino fundamental da pulsão, encontramos o processo de incorporação/introjeção do qual falamos, bem como seu poder criador de representação mental. Essa é a nossa quinta ideia orientadora.

Como conclusão desse estudo sobre o salto misterioso do neural ao mental, destacamos alguns conceitos operadores que permitem evidenciar diferenças significativas tanto no âmbito fenomenal como no âmbito científico entre o nível neural e o nível mental. Assim, no âmbito da biologia, os conceitos de *íntegrons* culturais, de plasticidade cerebral e de reentrada; no âmbito da psicanálise, o conceito de pulsão. Também formulamos uma hipótese referente a essa passagem, em conformidade com o posicionamento epistemológico de Freud: o da existência de um processo de auto-organização a partir de um limiar de complexidade do funcionamento neuronal e seus efeitos de emergência do psíquico. Mas esse estudo está incompleto: falta a ele uma peça-chave nessa evolução do neural ao mental. E essa peça é o desenvolvimento da linguagem articulada no *Homo sapiens*. Nesse sentido, Henri Atlan propôs dividir essa evolução do neural ao mental em dois subtempos: a passagem do neural à linguagem e a passagem da linguagem ao mental. Sabe-se da importância significativa e determinante que a linguagem tem no desenvolvimento da pulsão e do papel das representações de palavras em suas ligações com as representações de coisas para a vida anímica. Todavia, essa parte do estudo ficará para mais tarde. Fizemos questão de nos atermos aos aspectos mais originários dessa passagem, reconhecendo, ao mesmo tempo, a incompletude do presente estudo.

Referências

Dehaene, S. (2014). *Le code de la conscience.* Odile Jacob.

Edelman, G. (1992). *Biologie de la conscience.* Odile Jacob.

Freud, S. (2009). *L'homme aux loups* (J. Altounian & P. Cotet, Trad.). PUF. (Trabalho original de 1918)

Freud, S. (2010a). História de uma neurose infantil ("O Homem dos Lobos"). In S. Freud, *Obras completas* (Vol. 14; P. C. de Souza, Trad.). Cia. das Letras. (Trabalho original de 1918)

Freud, S. (2010b). *Du bien fondé à séparer de la neurasthénie un complexe de symptômes déterminés en tant que «névrose d'angoisse». La première théorie des névroses* (J. Altounian & A. Bourguignon, Trad.). PUF. (Trabalho original de 1895)

Freud, S. (2010c). *Leçons d'introduction à la psychanalyse* (A. Bourguignon, J.-G. Delarbre, D. Hartmann, F. Robert, J. Altounian & P. Cotet, Trad.). PUF. (Trabalho original de 1916-1917)

Freud, S. (2012). *Abrégé de Psychanalyse* (J. Altounian, Trad.). PUF. (Trabalho original de 1938)

Freud, S. (2013). *As pulsões e seus destinos* (P. H. Tavares, Trad.). Autêntica. (Trabalho original de 1915)

Freud, S. (2014a). Compêndio de psicanálise. In S. Freud, *Compêndio de psicanálise e outros escritos inacabados.* (P. H. Tavares, Trad.). Autêntica. (Trabalho original de 1938)

Freud, S. (2014b). Conferências introdutórias à psicanálise. In S. Freud, *Obras completas* (Vol. 13). Companhia das Letras. (Trabalho original de 1916-1917)

Freud, S. (2018). Pulsions et destins des pulsions. In S. Freud, *La métapsychologie* (J. Altounian, A. Bourguignon, P. Cotet, J. Laplanche & A. Rauzy). PUF. (Trabalho original de 1915)

Jacob, F. (1970). *La logique du vivant.* Gallimard.

Jacob, F. (2008). *A lógica da vida.* Paz e Terra. (Trabalho original de 1970)

3. Gritos do corpo no silêncio da voz: da dor somática à constituição de uma história[1]

Cândida Sé Holovko

> *O corpo em que a vida se revela em si mesma, o corpo em que advém a subjetividade não é o corpo fisiológico. É o corpo que habito, o corpo que experimento . . ., mas cabe ainda assinalar que esse corpo vivido é experimentado primeiro como um corpo erógeno, para o psicanalista, afetividade e erogeneidade são indissociáveis.*
>
> Christophe Dejours (2019)

Acredito que a noção da unidade somatopsíquica já presente em Freud é hoje a base essencial para toda abordagem psicanalítica contemporânea. Chegar a possuir um corpo integrado psicossomaticamente, porém, banhado pelas experiências intercorpóreas sensuais e afetivas, é uma conquista. Conquista que só é possível alcançar pela participação de um outro ser humano, que o tenha sustentado e investido libidinalmente em seu narcisismo constitutivo,

1 Trabalho apresentado no VIII Colloque International da AIPPM, "Crises de la vie et somatisation", Aix-en-Provence, França, fev. 2015.

durante um tempo considerável de trocas emocionais-afetivas ritmadas e contínuas.

Desde Freud observamos referências ao corpo no desenvolvimento do pensamento psicanalítico. Seus primeiros casos clínicos com histéricas já apresentam uma exuberante sintomatologia corporal. Na histeria o corpo personalizado não é um corpo biológico, é um corpo que fala e fornece metáforas da relação com o outro, um corpo que expressa sentidos simbólicos inconscientes. Entretanto, na clínica dos fenômenos psicossomáticos uma outra ordem de funcionamento psíquico está em ação, há a necessidade de construir metáforas onde elas não existem, buscar um sentido que se perdeu ou ainda não se constituiu, conviver com zonas de vazios representacionais que buscam expressão.

No texto "O Ego e o Id", de 1923, Freud já aponta a possibilidade de oscilação e transformação dinâmica de um polo físico (sensório-emocional-motor) para um polo pensante, afirmando que onde estava o *Id* deve surgir o *Eu*, sendo este, antes de tudo, um *Eu* corporal.

Nesta escrita, gostaria de refletir sobre o funcionamento psíquico de uma analisanda, a quem chamarei Violeta, que apresentava um quadro de desorganização progressiva, com sintomas de doença autoimune, especificamente reumatismo infeccioso e polimialgia. Gostaria de enfatizar principalmente os momentos em que a experiência somática é transformada em vivência psíquica, ou seja, os momentos em que aparecem lembranças carregadas de afetos e a dor física pode ceder lugar à constituição de uma história e deixar de ser o recurso defensivo prevalente da analisanda.

Poderíamos questionar que fatores propiciam essa passagem do somático ao psíquico e, inversamente, que fatores influenciam a regressão do funcionamento psíquico para fenômenos corporais, para doenças orgânicas. Que condições favorecem a integração somatopsíquica na clínica psicanalítica? Estamos nós, psicanalistas, preparados para olhar o que não pode ser visto, escutar o que não é dito, o que é inaudível? Será a contratransferência nessas situações a nossa ferramenta privilegiada?

Evidentemente, de alguma forma, a contratransferência com as experiências corporais sensório-motoras, afetivas, imaginativas, simbólicas do analista na relação com seu paciente atua em todas as análises, mas, em pacientes com forte tendência à somatização, penso que a presença do analista vai ser requerida de maneira muito mais premente. Como poderemos constatar, no material clínico que apresentarei a seguir, será no corpo a corpo da experiência analítica que o processo vai se desenrolar e a analista será convocada a entrar na relação de "corp'alma", com os impactos em seu corpo e em seu psiquismo. A tarefa fundamental de restabelecer um narcisismo positivo, de construir ligações do que foi suprimido ou clivado e ficou sem sentido, parece ser a base para que algo de novo possa germinar, sair da compulsão à repetição, da imobilidade e do congelamento psíquico.

Contribuições da Escola de Paris

Os fundadores da Escola de Psicossomática de Paris, Pierre Marty, Michel Fain, Michel de M'Uzan, Christian David, psicanalistas pertencentes à Sociedade de Psicanálise de Paris e médicos ligados a serviços hospitalares no final dos anos 1950, marcam uma ruptura com o pensamento da medicina psicossomática da época, centrando sua atenção e pesquisa no funcionamento psíquico de pacientes com forte tendência à somatização. Segundo Szwec (2017), "face a qualquer que seja o sintoma somático, os psicanalistas da Escola de Paris não se comportam mais como médicos, mas como psicanalistas" (p. 13). No campo da psicossomática esses pesquisadores recusam a concepção dualista vigente mente-corpo, reconduzindo os estudos da psicossomática às suas raízes psicanalíticas.

Segundo Smadja (2022), é com o conceito de pulsão que essa concepção monista vai ganhar inteligibilidade. Diz ele: "É assim que a pulsão vai se tornar o conceito operador primordial ao fundamento de uma nova disciplina psicanalítica: a psicossomática. Porque a característica específica da pulsão reside no fato marcante de que ela atravessa toda a unidade psicossomática individual desde suas fontes somáticas até sua aquisição na ordem psíquica, onde ela realiza seu objetivo a partir dos objetos aos quais ela se liga".

Os psicanalistas da Escola de Paris dão grande ênfase ao funcionamento econômico do aparelho mental dos enfermos, acentuando o valor do objeto como transformador da excitação somática em pulsão. A enorme contribuição de Freud para o conhecimento das neuroses atuais e das neuroses traumáticas, além dos conceitos de narcisismo e de todas as perspectivas abertas pela segunda teoria freudiana das pulsões – com os movimentos de intricação e desintricação pulsional – lançou luz sobre este campo complexo das somatizações, alargando as fronteiras da clínica psicanalítica.

Nesta clínica, a atenção é voltada às situações traumáticas que poderiam ter excedido a possibilidade de o aparato psíquico conter e ligar as excitações delas originadas e, por consequência, de representá-las. É frequente encontramos lutos intermináveis cuja impossibilidade de elaboração expressa o valor narcísico da perda. Ressalta-se que a experiência que não encontra uma via de expressão pelo psiquismo, nem pela descarga comportamental, pode se expressar via fenômenos somáticos. Importância fundamental também é dada à constituição do narcisismo primário, sua fragilidade ou sua força, e às soluções com menor ou maior valor patológico.

O desenvolvimento da noção de "funcionamento operatório", proposta por Marty e M'Uzan (1963), enriqueceu a compreensão de situações presentes na clínica psicossomática. Eles verificaram que alguns pacientes com doenças físicas graves, como doenças autoimunes, câncer, cardiopatias graves etc., apresentavam geralmente ansiedades difusas. Muitos se mostravam sensatos, racionais, com pouca demonstração emocional, como se a vida pulsional/afetiva estivesse congelada ou suprimida, apegada às experiências concretas e atuais. Nessa época postularam o conceito de "*pensamento operatório*" (Marty & M'Uzan, 1963) para descrever um modo de funcionamento defensivo, antitraumático, em indivíduos que apresentam uma aparente ausência de fantasias, uma forma de viver apoiada na realidade concreta, conformista aos padrões do coletivo, com pobreza ou falta de simbolização, que é frequentemente associada a distúrbios somáticos.

Tabacof (2021) afirma, com muita propriedade, que a abordagem da Escola de Paris, centrada no estudo da evolução psicossexual e nas falhas no trabalho de "pulsionalização", pode ajudar a compreender como as vicissitudes nas relações objetais podem gerar falta de sustentação das qualidades erógenas das funções corporais, deixando marcas que propiciam somatizações duradouras ou passageiras: "A concepção de uma organização psicossomática regida pelo princípio econômico permitiria pensar a somatização, manifesta nos mais diversos quadros psicopatológicos, como um recurso, ou uma 'saída', na medida que o tratamento psíquico (e/ou comportamental) das excitações (geradas nos momentos críticos da vida) viria a falhar (ou se esgotar)" (p. 191).

Com relação à técnica na abordagem de pacientes com somatizações graves, no início da análise é proposta uma abordagem face a face, com um número menor de sessões, com um analista que investe libidinalmente seu analisando e evita longos silêncios, nesta arte da conversação que vai em busca da construção de sentidos. Alerta frequente é dado para a prudência do analista, como aconselhava Marty, nesta clínica tão delicada das somatizações, lembrando que deveríamos funcionar como os "desativadores de minas explosivas", cuidando para não retraumatizar o paciente, que está muito desamparado psiquicamente, com grandes déficits na constituição do narcisismo de vida. Como muitas vezes a associação de ideias é precária, o analista vai estar muito atendo à expressividade associativa, como tom de voz, ritmo, mímica facial, movimentos do corpo, rupturas nos relatos etc.

Pierre Marty descreveu dois grandes processos de somatizações, que podemos encontrar na clínica e que foram revisitados e expandidos por Smadja: as *regressões somáticas* e as *desorganizações somáticas progressivas.*

Quando indivíduos enfrentam situações que tocam em núcleos traumáticos, uma regressão pode ocorrer para zonas do psiquismo que funcionam como pontos de fixação e uma doença somática passageira pode aparecer: é o que denominam *regressão somática.* Essa regressão somática leva a enfermidades funcionais, que podem se tornar crônicas, mas que têm um papel reorganizador do equilíbrio psicossomático. Nesses momentos pode se manifestar, por exemplo, uma gastrite, hipertensão arterial, dermatites, enxaquecas, infecções do aparelho respiratório, urinário etc. Essa regressão somática é provocada por uma perda de libido objetal no seio do pré-consciente e consciência que regride para fontes somáticas. Segundo Smadja (2001), determinados órgãos do corpo podem ser afetados pela maior quantidade de libido neles concentrada, com seu consequente desfuncionamento fisiológico: "Nesta conjuntura a libido objetal não utilizada no plano psíquico vai fazer uma volta às suas fontes somáticas, é o que chamamos regressão somática" (p. 38). Nas regressões somáticas, que se manifestam frequentemente sob a forma de crises, a brevidade do movimento de regressão permite aos investimentos libidinais não somente se conservarem, mas também se restaurarem. Smadja propõe que o processo de somatização por regressão é conservador da libido. Essas somatizações propiciam a retomada do equilíbrio somatopsíquico e podem favorecer uma expansão no plano psíquico.

No caso do processo de somatização descrito como *desorganização progressiva*, como é a situação da analisanda que irei abordar, a desintricação pulsional predomina, com liberação da pulsão de morte que corre solta e silenciosa e que ataca e destrói conexões entre representações, gerando vazios em um aparelho psíquico fragilizado pelo narcisismo constitutivo deficitário. Nesses momentos, a falha na elaboração de conflitos pode fazer desaparecer o colorido afetivo e progredir de maneira violenta para doenças graves, mesmo mortais, como doenças autoimunes, vários tipos de câncer, acidentes vasculares cerebrais, cardiopatias graves etc.

Smadja (2001) enfatiza que os rudimentos dos transtornos somáticos graves podem ser encontrados em um registro traumático de um tempo precoce do desenvolvimento pulsional e psíquico – tempo no qual ainda não havia ocorrido a criação de uma pele psíquica, ou seja, terminado a diferenciação entre o eu e o não-eu, entre corpo materno e corpo do bebê. "O corolário deste enunciado é que toda perda objetal nesta conjuntura precoce se inscreve como uma perda narcísica" (Smadja, 2001).

Escutar o inaudível: material clínico

Meu corpo apaga a lembrança que
eu tinha de minha mente.

Inocula-me seu pathos, me ataca, fere e
condena por crimes não cometidos.

O seu ardil mais diabólico está em fazer-se doente.

Joga-me o peso dos males que ele tece a
cada instante e me passa em revulsão.

Carlos Drummond de Andrade (1984/2015)

Violeta foi-me encaminhada por um psiquiatra que diagnosticou problemas psicossomáticos: um quadro de reumatismo com dores generalizadas pelo corpo. Ela vem quase paralisada pelas dores, mal consegue sentar-se, levantar-se, andar. É uma bela mulher de 45 anos, com um corpo esculpido por intermináveis sessões de ginástica e pelos diferentes esportes que praticou desde pequena. Vive há 25 anos com seu companheiro e tem uma filha de 23 anos. Competente na área de arquitetura de interiores e muito requisitada, Violeta sofre há quinze anos de dores musculares – dores que começaram na época da morte do pai –, e ela as encobre com corticoides para poder continuar a praticar seus esportes e intensos treinos de musculação. Dores cervicais, nos quadris, nos joelhos, nas pernas, que ela suporta sem se queixar e mesmo com uma certa indiferença e orgulho, não fosse a irritação que sente por não poder fazer todos seus exercícios cotidianamente. Essa necessidade imperiosa de fazer fortes treinos apesar das dores musculares, e mesmo agravando-as, me faz lembrar os procedimentos autocalmantes, descritos por Szwec (1998). Esse autor propõe que o procedimento consiste em repetir um comportamento motor que só proporciona uma calma muito efêmera, mas jamais a satisfação, em um círculo vicioso compulsivo que visa evitar contato com áreas traumatizadas.

No primeiro ano de análise de Violeta, a tônica dos nossos encontros centra-se nos padecimentos somáticos. Intermináveis sequências de sessões dedicadas à descrição minuciosa de suas dores, das medicações que provocam efeitos colaterais, da romaria aos médicos, fisioterapeutas, massagistas, que buscam incansavelmente libertá-la dessa couraça muscular dolorosa que teima em recrudescer tão logo o corpo começa a relaxar. Violeta não faz relação alguma de suas dores corporais com qualquer experiência de vida emocional e relacional. Desde o princípio fica em evidência a cisão que ocorre entre esse corpo dolorido e compulsivamente trabalhado e todo um universo de afetos, representações, simbolizações, recordações que não podem ser vivenciadas. Eu, na contratransferência, sou continuamente impactada pela falta de vínculos e associações, o que faz pensar que está em ação um funcionamento operatório, que a leva a manter-se no factual, no presente, no concreto, como medida de proteção da emergência de algo traumático, barrando assim o contato dela com sua subjetividade.

Um dia, por exemplo, ela me conta que acordou indisposta, mais cansada e com uma intensa dor na escápula que vinha melhorando muito até então. Ao falar sobre acontecimentos de sua vida diária, da administração e controle das tarefas rotineiras do trabalho e da casa, diz em um tom quase indiferente: "*Ah! Esqueci de dizer que o Francisco faleceu!*". Imediatamente sinto como se eu tivesse levado um soco no estômago, e uma grande tristeza me inunda. Francisco foi uma das raras pessoas com quem Violeta manteve por um tempo uma relação de afeto. Agora parecia que tudo havia desaparecido, em uma ligação indiferente com esse homem. Ao conversarmos sobre a relação possível entre a sensação de fadiga, o incremento da dor no corpo e a perda afetiva, Violeta se surpreende... não tinha a mínima consciência dessa relação, mas a associação proposta fez sentido! Aqui, como analista, recebo os impactos das excitações não ligadas psiquicamente e ofereço um espaço para a representação mediado pela minha transformação interna, corporal e psíquica.

Durante todo um ano, nosso trabalho centra-se nos impactos contratransferenciais e nas possiblidades de vincular sua fala e suas dores a uma narrativa que faça algum sentido. Os psicanalistas da Escola de Psicossomática de Paris chamam essa tarefa analítica de empréstimo do pré-consciente da analista, que, ao sofrer os impactos provenientes das excitações não ligadas psiquicamente, contribui para a construção das relações ausentes. Isso propicia a criação de uma "maior espessura do pré-consciente", ampliando a rede associativa da paciente e possibilitando um incremento da simbolização.

Aos poucos, processos de subjetivação se põem em movimento, e Violeta começa a ser tocada pelos sonhos, que vão emergindo em grande profusão. As imagens desses primeiros sonhos evocam angústia no contato com corpos mutilados, retorcidos, deficientes. Por exemplo, sonha que está em uma casa onde vê uma criança em uma cadeira de rodas com paralisia cerebral, ao lado de uma adolescente sem braços e sem pernas apoiada em um sofá.

Sonhos que a fazem acordar com sentimentos de angústia difusa e não cumprem a função de guardiões do sono. Miedzyrzecki (2015, p. 118) refere-se a sonhos crus, com trabalho de elaboração insuficiente, com pouco disfarce, próximos da crueldade, o que nos leva ao nível da carne. Segundo esse autor, esses sonhos são muito frequentes em pacientes que apresentam forte somatização. Sua evocação na sessão é possível graças ao vínculo transferencial, quando a analista já pode ser um objeto bom e confiável.

Seriam essas primeiras imagens figurações das partes faltantes do corpo verdadeiros buracos na representação de sua imagem corporal, que não foram trabalhados pelas "elaborações imaginativas" (Winnicott, 1988/1993) de seus objetos primários, dificultando a construção do corpo pulsional?

Por vários meses vínhamos trabalhando com a expressão de irritação advinda de feridas narcísicas produzidas em situações em que Violeta não se sentia olhada, percebida, e que a faziam sentir-se desvalorizada. As queixas mais frequentes eram dirigidas ao marido, que a excluía de muitas de suas atividades rotineiras, e produziam nela descargas agressivas de raiva. Havia muito ressentimento na relação com ele, o que me fazia pensar na relação que Violeta manteve com a mãe da primeira infância. A sequência do material clínico fortalece a hipótese de uma relação dificultosa com uma mãe que não a investiu suficientemente.

Nessa época, apesar das intensas dores, decide diminuir consideravelmente os corticoides e revela uma sensação nova de algo firme dentro dela, sensação quase física, que renova suas esperanças de alívio. Violeta diz: "*Senti que tinha algo firme dentro de mim. Foi algo forte, e quando eu disse para a fisioterapeuta, ela me disse que essa sensação era algo mais psíquico, como se eu estivesse retomando algo do passado*". Curiosamente, na consulta médica de rotina com seu reumatologista, descobre que os exames clínicos estão normalizados.

Creio que, nesse ponto da relação analítica, Violeta expressa que já pode sentir que tem um interior, talvez a expressão clínica de uma base mais firme para o narcisismo de vida e de uma identidade em construção. Violeta, nessa época, diminui consideravelmente os exercícios físicos (procedimentos autocalmantes), cuidando para que ela mesma não se machuque, e diz que prefere ir devagar e não encobrir mais a dor.

O trabalho contínuo de vincular afetos e emoções com as correspondentes expressões somáticas faz emergir em uma sessão a recordação de um acontecimento traumático de sua vida infantil, evidenciando o processo de transformação psíquica em curso. Violeta relata que, aos 2 anos de idade, sofreu uma intervenção cirúrgica por causa de uma obstrução gástrica. Complicações advindas de infecções hospitalares lançaram-na em um sofrimento físico interminável e uma romaria a vários hospitais. Fisicamente foi enfraquecendo, pois não conseguia reter nenhum alimento que ingeria, chegando quase à inanição após um ano da operação. O quadro clínico complicou-se terrivelmente, e os pais foram comunicados de que a pequena Violeta iria falecer. Nessa época, esquálida e sem energia, é acolhida por seu pai, que está determinado a não a deixar partir. Com infinita paciência, esse pai passa horas tentando fazer com que Violeta se alimente, até que, em um determinado momento, o processo vai se revertendo e ela passa a reter mínimas quantidades de alimento, conseguindo recuperar-se totalmente após um ano de ferrenha batalha pela vida. Descubro nesse momento que Violeta é uma sobrevivente, que o monitoramento contínuo do seu corpo tem a função de afastá-la de terrores sem nome, e que o envelope muscular, sua sustentação vital, lhe dá uma identidade: a "Violeta dolorosa". Violeta tem imensa gratidão por esse pai amoroso e dedicado que não desistiu dela, ao contrário de todos ao seu redor. O pai transforma-se desde aí naquele que dará suporte narcísico à sua existência. Nenhuma palavra sobre sua mãe nessa época. Construções posteriores nos remetem a uma mãe distante, que talvez não tenha suportado o contato com tamanha fragilidade da pequena filha e que talvez não tenha criado as bases para um funcionamento integrado somatopsíquico. O falecimento do pai quando Violeta tinha 30 anos joga-a no risco das agonias impensáveis, e a couraça muscular dolorosa transforma-se em tábua de salvação, à qual se agarra para não naufragar no terror da perda de si. A morte do pai é traumática duplamente, pois, além de privá-la de sua presença, desaparece como objeto de suporte narcísico e evoca o retorno a um estado de desamparo do segundo ano de vida. A perda do pai remete a um retorno para o corpo, tomado agora como objeto de atenção, uma proteção contra o desinvestimento mortífero. Diz Miedzyrzecki (2015, p. 123): "Com efeito, como dizia Freud, a dor tenta circunscrever uma hemorragia devido a uma ferida narcisista maior". A dor aparece, então, como concretização no corpo dos afetos insuportáveis do luto que não está em condições de elaborar psiquicamente. O investimento no corpo toma o lugar do investimento doloroso de objeto. Na sequência de sessões após o relato dessa memória infantil, Violeta relata situações que a deixaram perplexa.

Na sexta-feira, antes de dormir, reparou que o corpo tinha vários focos de rigidez e que doía mais que de costume. Nessa noite teve um sonho: estava andando em uma floresta quando, de repente, um cavalo em disparada, com armaduras como aquelas medievais, a atinge e a arremessa ao espaço. Acordou angustiada e com dores ainda mais intensas, fortes como nas grandes crises. Associou o cavalo com algo monstruoso que a jogou para bem longe, relacionando-o ao companheiro que a exclui muitas vezes de experiências de sua vida, deixando-a em muitas ocasiões desamparada. Curiosamente, no dia seguinte ao sonho, Violeta resolve olhar o celular do companheiro e descobre um nome de mulher que desperta nela um grande ódio. Sente imediatamente o corpo todo tremendo de ódio e as dores aumentam de maneira insuportável. (Aqui, corpo e afeto estão unidos de maneira muito evidente e inédita!) Decide fazer as obrigações do dia e conter aquela emoção até que possa encontrar o companheiro à noite. De maneira pouco usual e firme, diferentemente de outras vezes, enumera para o companheiro as diversas situações em que se sentiu traída, desamparada e excluída da vida dele. Enfatiza que prefere a solidão a essa presença/ausência que a atormenta. Sente orgulho de si mesma por falar com firmeza, precisão e controle. Pela primeira vez sente que o companheiro a escuta com consideração e respeito. Depois dessa conversa, Violeta repara que todas as dores do corpo tinham desaparecido! Foi dormir e acordou perplexa, sem sentir nenhuma dor. Conversamos sobre a possibilidade inédita que descobria de expressar seu ódio de maneira eficiente, de pensar o que vivia, de experimentar dor psíquica no lugar de dor física. Sua postura de autoafirmação e queixa expressa uma relação libidinal consigo mesma e objetalização em curso. Nesse momento, a dor física deixa de ser necessária como couraça. Nesse ponto, segundo Tabacof (comunicação pessoal), relembrando o princípio de equivalência energética, podemos supor que a mesma energia, a excitação que nasce no corpo, fez um trajeto que passou pelo objeto (vínculo com a analista) e se transformou em pulsão; o objeto propiciou a transformação da excitação em libido, energia psíquica. Violeta, ao conversar com o companheiro, falou de um lugar onde podia afirmar seu valor, a partir de um narcisismo mais fortalecido... Na noite seguinte sonhou com várias casas e com crianças ao colo, o que descortinou na sessão uma rede de associações com lembranças infantis. Acordou com certa angústia e resolveu ir fazer ginástica. Perplexa, dizia que, se contasse para outras pessoas, estas não iriam acreditar que não tinha mais dores, que só eu podia entender. Aqui fica evidente a transferência positiva, nascida de uma relação de confiabilidade. Procurou por meses as dores que "misteriosamente" tinham desaparecido.

A sessão do sonho do cavalo com armadura, que a joga violentamente ao espaço sem limites, nos apresenta de maneira lindamente figurada as agonias impensáveis que evitou sistematicamente por meio de sua armadura muscular dolorosa, por não ter uma pele psíquica com recursos de representação e simbolização ao alcance para lidar com as experiências traumáticas vividas. Esse momento analítico é um marco na maneira de processar as pulsões (amorosas e agressivas) que invadem o psiquismo agora ampliado da analisanda. Começam a aparecer nas sessões relatos de situações em que os ciúmes emergem como um afeto ligado a experiências com o marido, amigas, outros analisandos etc. Sua capacidade expandida de pensar e expressar emoções surge no lugar das sensações e da concretude do pensamento que predominavam. Há um controle maior da excitação e um processar em forma psíquica: elaborações oníricas, afetos ligados, expressões pulsionais, lembranças infantis construindo uma narrativa. O relato vai apontando para triangulações, curiosidade investigativa, sentimentos ambivalentes que expressam um processo analítico em movimento e não mais paralisado pelas defesas somáticas. O corpo vai criando contornos de uma maior elaboração psíquica, uma pele psíquica vai substituindo a pele couraça/dor que lhe dava uma identidade e uma unidade precária de existência.

Neste ponto me vem à mente o conceito de histerização do sintoma somático, proposto por Denise Braunschweig e citado por Tabacof (2021):

> *Um trabalho de transformação é exigido para que as excitações venham a tornar-se a energia psíquica que chamamos pulsão, apta a produzir os sintomas da esfera psicossexual como a conversão na histeria . . . Assim, nas suas primeiras manifestações os sintomas corresponderiam a uma pura expressão fisiológica de estados de transbordamento de excitações, vindo a tornar-se simbólicos em função dos investimentos objetais e seus retornos narcísicos e por consequência da mobilização do sistema representação-afeto produtor de sentido, realizando assim um "salto psíquico". (p 192)*

Podemos supor que o caminho da dor somática, em Violeta, já havia deixado uma via expressiva aberta para a histerização do sintoma somático, agora mais carregado de representações psíquicas e conteúdos afetivos. A dor ainda se expressava no corpo mesmo após a normalização dos indicadores físicos de reumatismo. Na continuidade do processo analítico, vemos a analisanda mais livre para experimentar dores psíquicas de angústia, desamparo, ciúme, ódio – inclusive em sonhos posteriores com maior elaboração psíquica (condensação, deslocamento, figurabilidade).

Tentativas de libidinização dos vínculos e de seu corpo vão tomando forma. Em sessões subsequentes revela que fez amor com o companheiro e não só sexo, e descreve situações em que o corpo é vivido como fonte de prazer. Em uma viagem à praia experimenta uma vivência autoerótica que se diferencia muito dos exercícios com função autocalmante: "*Nadando no mar, senti um prazer imenso de estar deslizando na água...*".

O envelope doloroso muscular foi utilizado por Violeta para sua sobrevivência, numa solução desesperada para escapar da agonia de desaparecer no espaço sem fim, de não ter contornos próprios, de não poder confiar nos objetos. A situação de quase morte no seu segundo ano de vida retornará em várias sessões de sua análise, numa tentativa de colocá-la em uma narrativa. Em momentos de maior angústia, regressões somáticas passageiras (dermatites) aparecerão lado a lado com expressões de afeto mais depressivo. Violeta, no decorrer de sua análise, revela uma florescente curiosidade pelo seu funcionamento psíquico. Frequentemente sai revigorada da sessão, iluminada pela sua capacidade conquistada de criar metáforas e pelo trabalho associativo de seu universo onírico.

Referências

Andrade, C. D. de (2015). *O corpo*. Companhia das Letras. (Trabalho original de 1984)

Dejours, C. (2019). *Primeiro, o corpo: corpo biológico, corpo erótico e senso moral* (V. Dresch, Trad.). Dublinense.

Freud, S. (1969). O ego e o id. In S. Freud, *Edição standard brasileira das obras psicológicas completas de Sigmund Freud*. Imago. (Trabalho original de 1923)

Marty, P., & M'Uzan, M. (1963). La pensée operatoire. *Revue Française de Psychanalyse*, *27*, 345-356.

Miedzyrzecki, J. (2015). La coraza y el cuerpo del rinoceronte. Discusión del texto de Cândida Sé Holovko. *Iberoamericana*, (14), 115-123.

Smadja, C. (2001). *La vie opératoire: Études psychanalytiques*. PUF.

Smadja, C. (2022) *Os primórdios da psicossomática na obra de Freud*. Curso ministrado no Centro de Estudos Psicanalíticos da SBPRJ, Rio de Janeiro, via Zoom.

Szwec, G. (1998). *Les galériens volontaires*. PUF.

Szwec, G. (2017). La psychosomatique… quelques débats aprés. In F. Nayrou & G. Szwec (Eds.), *La psychosomatique*. PUF.

Tabacof, D. (2021). Dora, o grão de areia e a pérola: do transtorno somático à conversão. In D. Tabacof, *Clínica da excitação: psicossomática e traumatismo*. Blucher.

Winnicott, D. (1993). *La natureza humana*. Paidós. (Trabalho original de 1988) (Coleção Psicologia Profunda)

4. Uma enigmática solução: somatose ou psicose[1]

Eliana Rache[2]

O caso que pretendo apresentar-lhes diz respeito a um longo tratamento psicanalítico de uma menina que, aos 7 anos, aportou num franco surto psicótico em meu consultório. Era uma paciente que foi compreendida na época como *borderline*, com dificuldades narcísicas, uma fraca delineação identitária esfumaçada por um falso *self*.

Tão logo o tratamento teve início, percebi que era impossível não dar respaldo aos pais, o que passou a ser feito em encontros quinzenais. Não sei o quanto se pode dizer que um tratamento analítico é exitoso. Mas a criança entrou uma, saiu outra, encontrou-se, concluindo-se que, de fato, a terapia foi pelo melhor.

---

1 Trabalho apresentado na Jornada de Psicossomática Psicanalítica, em novembro de 2021, na Sociedade Brasileira de Psicanálise de São Paulo.

2 Membro da Asociación Psicoanalítica Argentina, doutora em Psicologia Clínica pela Pontifícia Universidade Católica de São Paulo (PUC-SP). Autora de *Travessia do corporal para o simbólico corporal* (CLA, 2014) e coautora de *Roussillon na América Latina* (Blucher, 2017).

Estou abreviando um longo tempo de trabalho de oito anos pois, aqui, minha finalidade é outra. Bia, nome dado a essa paciente, já tinha feito naquela época o caminho da psicose. Entretanto, de posse de novos conhecimentos, agora da Escola de Psicossomática de Paris, penso o quanto Bia já não tivera apresentado francos elementos de somatizações, que entretanto não tinham se encaminhado para um quadro de somatose.

Não deixa de ser uma construção sobre o caso clínico, que por si só já tinha sido uma construção quando foi trabalhado. Entretanto, como os dados familiares de Bia eram ricos, vivos e atuais, assim como suas relações de objeto, ambos se prestavam claramente a outra leitura, agora da Escola Psicossomática de Paris.

P. Fédida (1992) vê na construção de casos clínicos uma possibilidade de criação por parte do psicanalista para transformar em metapsicologia o que foi *teoria em gérmen*. Isto quando tal material é usado como produto posterior de uma vivência a dois, analista e paciente, durante o processo de análise, num tempo cronológico que dista deste mesmo caso clínico. Em minha apresentação, tentarei mais uma vez transformar em metapsicologia, para nossos estudos da Escola de Paris, o que uma vez foi *teoria em gérmen* do caso clínico de Bia.

Bia chegou aos 7 anos a meu consultório num franco surto psicótico, caracterizado por muitos personagens persecutórios, briguentos, que a atormentavam e aos quais ela retrucava na mesma moeda.

Os pais estavam extremamente preocupados com o comportamento da filha: dizia ser Joana d'Arc, tentara escalar as grades da escola em fuga, esbravejando que queriam matá-la, que na escola não gostavam e riam dela. Mas os relatos não se reduziam apenas à escola, como aparentava ser inicialmente o desejo dos pais. Ao me aprofundar mais na história relatada por eles, vi que Bia preocupava-os havia muito mais tempo, quando, aos 2 anos atirava-se aos pés da mãe, com grande gritaria, não podendo se desgrudar, no momento em que ela saía de casa para o trabalho. Essa tinha sido a época em que havia nascido seu primeiro irmão, em relação ao qual manifestava fortes ciúmes. Era uma relação difícil, que se arrastava até aqueles dias. Apesar de toda a informação psicológica já conhecida, os pais negavam, a todo custo, a gravidade do quadro clínico de Bia. Estava num colégio de ensino tradicional, rígido, desde a pré-escola, onde era vista como tímida e calada.

Ao entrar no primeiro ano, "fez um pânico", segundo a mãe, no momento em que não conseguiu atingir alguns objetivos da escola, que na verdade também eram os de sua casa. Nessa época, ficava trancada no quarto, deitada na cama em posição fetal, tendo deixado de frequentar a escola por um tempo. Naquele momento entendeu-se que tinha tido uma depressão. Foi medicada por dois diferentes médicos psiquiatras, os quais não conseguiram nenhum resultado apaziguador; pelo contrário, os remédios deixaram-na agitada, num franco surto maníaco. Já tinha recebido um diagnóstico de TOC, outro de doença bipolar e, finalmente, de depressão.

Nessa confusão de remédios, de diagnósticos, dos pais, Bia chegou a meu consultório. Deambulava pela sala numa agitação psicomotora fechada em seu mundo privado, sem contato nem comigo nem com qualquer outro objeto. A cada passada, uma onda de raiva parecia se soltar de Bia pelos pés, e a impressão que eu tinha é que a sala inteira iria pelos ares pela força de suas pisadas. Dei o nome de raiva a uma impulsão que talvez não tivesse essa categoria qualitativa e deveria ser chamada apenas de energia desligada.

A Escola de Psicossomática Psicanalítica de Paris entra em campo, oferecendo então o nome de excitação flutuante não ligada a essa energia desorganizada que não conheceu o destino das ligações libidinosas e que se descarrega pela motricidade. Anuncia-se a clínica da excitação, a angústia é difusa, transbordante, sem ligações de objeto, sem a conotação qualitativa e cuja inflexão se dá nas quantidades de energias não transformadas. Nesse ponto sou levada a examinar as notas que tenho das entrevistas feitas com os pais de Bia.

A história de maternagem de Bia, contada por sua mãe, tinha sido das mais acidentadas. Ela viera de outro estado do Brasil para São Paulo, indicada para alto posto dentro da empresa internacional onde trabalhava. Dizia estar atingindo seu grande sonho! Sua vida amorosa tinha sido pobre diante de sua riqueza profissional, que granjeara todo o espectro de sua vida. Engravidou de um namorado, e conta que ficou contente. Como já estava com 36 anos, pensou, se esperasse muito mais tempo não poderia mais ter filhos. Era um discurso baseado não no "direito de ter filho", mas, segundo Piera Aulagnier (1979), no "direito de maternidade", em que se cumpre o dever da identidade – isto é, a repetição do idêntico a si mesmo, e não o "desejo de ter filho" e poder originar um ser singular, novo, desconhecido. A mãe de Bia carrega desde seu primeiro encontro comigo a postura rígida, caricatural, de "mãe", a qual se estende no uso da autoridade que exerce em seus mandatos e nos tratos de Bia. Seu marido, sujeito com galardões de boa família, apesar de aparentar uma total falta de malícia com a vida, sem dúvida não era a pessoa que desejara, nem mesmo como o futuro pai de seus filhos! Do mesmo jeito que tinha enlaçado seu trabalho, agora sua direção se voltava para a rota familiar. Mas o sucesso que tivera com estatísticas e números não mais lhe atingia: apenas insatisfações e perdas. A filha tinha-lhe roubado o grande destino, sendo o pai seu cúmplice. A vida lhe tinha pregado uma grande peça... Assim era o ressentimento dessa mãe.

A criança chorava muito no primeiro ano de vida, era impossível poder dormir nessa casa. Ninguém aguentava. O pai estava ausente, tinha ficado deprimido, queria atenção da mãe. A mãe não sabia se atendia ao bebê, ao marido ou a ela própria, que a essa altura também começava a se deprimir... tinha perdido seu sonho, estava longe de sua cidade, e agora... com tantos choros incontroláveis. Um dado fundamental merece destaque, segundo os ensinamentos da Escola de Psicossomática de Paris, nessa anamnese de choros de um bebê que não dormia: a chamada insônia precoce do bebê.

De fato, foi diante de uma exposição de Léon Kreisler sobre uma insônia precoce do bebê que M. Fain, acompanhado por Michel Soulé, fica entusiasmado por poder recuperar a partir do pequeno insone uma compreensão para o adulto (Kreisler, Fain & Soulé, 1981). Foi um feito que se caracteriza como marco fundador da psicossomática da criança, quando Fain, psicanalista de adultos, pôde reconstruir a criança no adulto nesta patologia da insônia precoce. Sua tese é que a pulsão de morte não agiria no silêncio, mas sua ação seria para recuperar o próprio silêncio. Explicando melhor: a pulsão de morte exerceria sua ação visando à extinção das barulhentas ações traumáticas. Continuando sua pesquisa, M. Fain cria uma lei econômica do funcionamento mental: o excesso de excitação, como na neurose traumática, ou a falta de excitação, como nas neuroses atuais, provoca uma colocação entre parênteses da vida mental que poderá ser duradoura ou não. Apesar de Michel Fain ter sido o autor que mais usou dentro da clínica a noção de pulsão de morte (além de Benno Rosenberg), sua clínica também procurava assentar o desenvolvimento do psiquismo no bom enlace da libido, ou seja, um ambiente suficientemente bom. Em continuidade às observações de Spitz, Kreisler vê a quietude inicial do sono progressivamente podendo vir a ser um relaxamento libidinal, o que leva M. Fain a considerar que uma das primeiras passagens do somático ao psíquico é a libidinização do sono. No caso da insônia precoce do bebê, um dos elementos que mais chamou sua atenção foi a falta quase total de paraexcitações, fato que o instiga a escrever um estudo teórico sofisticado sobre a função materna: função materna segundo Pierre Marty. A partir daí, a compreensão da insônia precoce do bebê é que a excitação ficou flutuante em decorrência da não estruturação em libido pela falta do complemento materno necessário, a falta de paraexcitações.

Mães sem possibilidades de continência para com seus bebês? E se pensarmos em Bia e sua mãe? Fica claro que, com a conjuntura daquele entorno caracterizado pelo fechamento narcísico daquela pessoa-mulher que começa a degringolar em depressão, nenhuma continência podia ser apresentada para enovelar as excitações desorganizadoras de Bia, que cada vez mais se assenhoreavam do ambiente. Por vezes a mãe de Bia recorria ao ninar para ver se por uma vez esse recurso das avós poderia aquietar esse bebê que chorava por não conseguir dormir, e por não conseguir dormir se inquietava em choros sem fim. Era o que por sorte, dizia ela, resolvia a questão, e assim Bia se aquietava e dormia, parecia calma. Entretanto, era só por um tempo, pois daqui a pouco a excitação voltava e tudo se repetia. Para M. Fain, esta maneira de ninar a criança, como fez a mãe de Bia na base de seu desespero, constitui o exemplo paradigmático do ninar para acalmar, entretanto sem satisfação libidinal. Como poderemos compreender a ação das pulsões presentes nesse caso? Como a mãe de Bia nesse momento não está dispondo de sua própria satisfação libidinal (pulsão de vida) não poderá transmitir à criança, que por sua vez não fica libidinizada (pulsão de vida). Quanto à pulsão de morte ela é igualmente transmitida pela mãe sob forma de uma excitação particular (excitação do ser vivo que Freud menciona em *Mais além do princípio do prazer*) que é reforçada por uma ação do meio (o movimento de embalar). Tornou-se uma distinção clássica dentro da psicossomática esta noção do embalar para acalmar, para cessar a dor, mas sem satisfação libidinal, apenas de maneira operatória. No contraponto, o mesmo Fain evoca o ninar de boa qualidade, que seria aquele que se compõe de uma parte erótica, uma parte de ternura e ainda uma parte que negativiza a abolição da excitação.

Vale uma pergunta que me parece de fundamental importância: como são as mães que embalam a criança? Fain diz que a diferença entre elas vai depender do grau de intricação da pulsão de vida e pulsão de morte. Uma delas é a mãe que satisfaz: embala seu bebê depois de ter satisfeito todas as suas necessidades, permite a ele se distender e adormecer, favorecendo a realização alucinatória do desejo sob a forma de sonho. A outra mãe é a que embala seu bebê para precipitá-lo o mais rápido possível no sono. Essa mãe é excitante: ao cessar de embalar, a criança torna a chorar, e assim a repetição se transforma num ciclo infernal de descarga sem representação. Essa mãe acalma a criança, porém não traz satisfação libidinal para a criança. Assim era a mãe de Bia, que quis tratar a filha como os números de suas estatísticas, obtendo um resultado desconcertante. O marido, que até aquele momento estivera de pé, valente guerreiro, agora combalido chorava escondido pelos cantos porque ficara sem atenção.

Bia não pôde sonhar! E quantas Bias nunca puderam sonhar! O sono, caso chegasse, apenas seria o guardião do próprio sono.

Morrer... Dormir!... Dormir... Sonhar... talvez. Aqui está o embaraço, diz o poeta. E seu canto ecoa na elaboração de um prelúdio tocado a duas mãos por Denise Braunschweig e Michel Fain. Esse trabalho, cujo título é "Preludio a la vida fantasmática"(1971), mostra a movimentação da alma infantil presente numa única manobra "mágica" que chamaram de "censura da amante". O cenário é composto de diversos elementos que organicamente vão se ajustando em busca de algumas configurações. A cena anterior podia ser a da preocupação materna primária assinada por Winnicott, na qual mãe e bebê existem um para o outro. É chegada a hora da mãe se separar da criança e colocá-la para dormir, talvez sonhar... Um movimento singelo, perigoso... o bebê desenlaçado dos braços maternos pode se sentir desamado, desalmado. Sem alma entrega-se a Morfeu – portanto, ao relaxamento que ocorre ao som do bailado intricado das pulsões de vida e morte que dão ritmo à sua entrada no sonho e, ainda mais, na promessa de entrada na ordem do simbólico. Essa descontinuidade e desinvestimento do corpo da mãe é o tom necessário para que a excitação do bebê o leve a organizar seus próprios autoerotismos. Entretanto, a grande protagonista é a mãe, que, ao ritmo de sua pulsão de vida, deita em confiança seu filho para ele poder descansar e crescer, enquanto sua pulsão de morte orienta um corte em sua relação com o bebê, levando-a a não se ocupar mais dele pelo momento. Vai agora em direção ao homem que a atrai... um desejo que atrai o "desejo da mãe" que, agora bem ancorado em suas pulsões eróticas, surpreende a mulher que esteve sempre ali. É o momento da censura à mãe da criança, revelador de seus desejos incontáveis sexualizados, recalcados, e agora soltos... Ela responde a seu homem, agora no risco ainda de se censurar por ser a amante. Mas a cena edípica se instala com essa figura do terceiro ainda muito diluída para o bebê, mas suficiente para instaurar a presença do terceiro. A noite passa e o dia vem, e o bebê se organizando instala uma unificação de seus autoerotismos numa relação triangular que se predispõe a futuras fantasias. Por seu lado, o masoquismo erógeno como operador da coexistência da libido e da destrutividade se faz presente em seu trabalho de retenção de cargas eróticas no eu para fazer face à frustração e à dor do vir a ser desconhecido. As noites passam, o bebê dorme, sonha, alucinando o que foi prazer e o que será, cumprindo o que por bem se pode chamar de o ciclo longo, este da capacidade alucinatória do sonhar.

Bia não teve este destino da capacidade alucinatória do desejo! Dormir... dormir... sonhar... morrer... a encantação do poema de Shakespeare me envolve. Sob a insígnia deste trauma recorrente do não sono-sonho tudo se desfaz: a pulsão fica inacabada pelo corte do trauma ou por suas ameaças, os autoerotismos dispersos sem investimento das zonas corporais vagam como excitações indiferenciadas, a simbolização é pobre, numa procura de descarregar-se no registro do comportamento e da somatização. A via é curta dessa não capacidade alucinatória do desejo, e a vida também fica curta num mundo sem representações.

Quando a mãe de Bia volta ao trabalho depois dos meses de licença-maternidade, não é sem um certo alívio por poder sair de casa e se livrar da casa dos choros. Entretanto, outra cena dramática se apresenta: em sua ausência, Bia também não parava de chorar. Agora era dia e noite, não havia mais trégua. Era um círculo perfeito, quanto mais a mãe se desesperava e queria impor o sono à menina, mais a excitação a molhava no choro.

Esse desespero do que a criança quer, ou não quer, expresso por meio do choro para uma mãe que nunca teve condições de ser a mediadora dos impulsos da criança pode ser lembrado numa tomada de cena na qual a menina, agora já aos 2 anos, se agarra às pernas da mãe, procurando impedi-la de sair de casa para o trabalho. O objeto tem que estar a seu lado para garantir que a capacidade de sonhar ou não sonhar vá ocorrer. E a ladainha recomeça. A cada vez que, por frustrações ou desilusões, a fúria tomava conta de Bia, objetos eram atirados, portas eram batidas, gritos de ódio invadiam o ambiente. A impulsividade, o descontrole motor sugeria o quanto Bia não podia aceitar ser um Ser separado da mãe.

A anamnese de Bia me traz ainda um dado curioso no qual a psicossomática me faz pensar. Conta a mãe de Bia que achavam que a menina era alérgica a pelos de gato. Aparecia com a pele avermelhada e sinais claros de se ter arranhado ao coçar. Esse sinal, que era chamado de alergia, perdurou por vários anos, tendo melhorado bastante depois de Bia entrar no colégio, aos 5 anos. O gato era da avó e morava numa casa de campo para onde a família se deslocava aos fins de semana. Era quando a menina brincava com o animal, e a mãe brigava com ela por ter tido contato com ele. Acontece que as manchas vermelhas apareciam sem que a menina tivesse tido contato com o gato. Então como entender isso? As manchas vermelhas desapareceram, os gatos morreram, outros gatos nasceram. A menina ficou tímida na escola até eclodir sua psicose, quando chegou a mim.

Deixo aqui a questão em aberto. Penso que Bia tinha muitos indícios de uma futura somatizadora, como tentei trabalhar nessas reflexões. Seu curso mental, no entanto, foi se encaminhando para uma configuração estado limite, uma psicose se adiantou, e a dermatite ou outros sinais que pudessem ser relevantes no campo da somatização ficaram obscurecidos. Psicose ou somatose? Por que um caminho e não o outro?

M'Uzan (2013) confessa se sentir muito pouco à vontade em ter que pensar num sujeito, um si mesmo arcaico a se desenvolver e ir se caracterizando. Mas qual não é a impertinência da pergunta? Psicose, somatose? Como já era sabido que Marty se apoiava no conceito de mentalização, como prioritário, ele precipitava a classificação do paciente ao perguntar aos colegas: "É do coração ou do espírito?" (p. 23), querendo com isto indagar se o paciente em questão tinha uma somatização (coração) ou algo da ordem do psíquico (espírito). Ele se confessa bem mais prudente e nos diz que:

> *entre psicose e somatose, temos que nos ocupar de um enorme território – devemos nos lembrar –, a sintomatologia depende em parte do fator genético. Estaríamos condenados à impotência? Não, pois a prematuração do pequeno homem faz algumas vezes intervir a história – com força algumas vezes –, uma história que*

> *pode pender a balança para um lado ou para outro lado. (M'Uzan, 2013, p. 24)*

Assim as perguntas, impertinentes ou não, persistem para que sigamos pensando...

Referências

Aulagnier, P. (1979). *A violência da interpretação: do pictograma ao enunciado* (M. C. G. Pellegrino, Trad.). Imago.

Braunschweig, D., & Fain, M. (1975). *La nuit, le jour: Essai psychanalytique sur le fonctionnement mental.* PUF.

Fain, M. (1971). Prélude à la vie fantasmatique. *Revue Française de Psychanalyse*, 2-3, 1-56.

Fédida, P. (1992). *Nome, figura e memória: A linguagem na situação psicanalítica.* Escuta.

Freud, S. (1969). Mais além do princípio do prazer. In S. Freud, *Edição standard brasileira das obras psicológicas completas de Sigmund Freud.* Imago. (Trabalho original de 1920)

Kreisler, L. (1999). *A nova criança da desordem psicossomática* (C. Berliner, Trad.). Casa do Psicólogo.

M'Uzan, M. (2013). Sur les frontières. *Revue Française de Psychosomatique: Psychose et somatose, 43*, 23-32.

Kreisler, L., Fain, M., & Soulé, M. (1981). *L'enfant et son corps* (3ª ed.).

5. Luto, melancolia e somatização[1]

Claude Smadja

Em seu ensaio *Luto e melancolia*, escrito em 1917, Freud faz um estudo comparativo entre a melancolia e o luto. Ele considera o afeto do luto como o protótipo normal da melancolia. A partir desse fundamento, Freud analisa o trabalho da melancolia e o compara com o trabalho do luto, avaliando as distâncias e especificando as diferenças entre eles do ponto de vista metapsicológico. Ora:

> *Neles também coincidem as causas oriundas das interferências da vida, ao menos onde é possível enxergá-las. Via de regra, luto é a reação à perda de uma pessoa amada ou de uma abstração que ocupa seu lugar, como pátria, liberdade, um ideal etc. Sob as mesmas influências observamos, em algumas pessoas, melancolia em vez de luto, e por isso suspeitamos que nelas exista uma predisposição patológica. (Freud, 1917/2010b, p. 128)*

1 Tradução Vanise Dresch.

Eis que o luto e a melancolia aparecem como duas respostas, uma normal e a outra patológica, a uma situação em comum: a da perda do objeto. A experiência psicanalítica que os psicossomatistas adquiriram no tratamento de pacientes somáticos permite considerar uma terceira solução, de ordem patológica, para a perda do objeto: a somatização. Apoiando-me nessas novas bases clínicas, farei um estudo comparativo entre luto, melancolia e somatização, e mais especificamente entre melancolia e somatização, uma vez que esses dois estados correspondem a duas soluções patológicas, a primeira de ordem psíquica e a segunda de ordem somática, mas esta última procede e se associa a um estado psíquico indubitavelmente psicopatológico.

No final dos anos 1980, foi desenvolvida uma pesquisa, conduzida conjuntamente pelo Instituto de Psicossomática de Paris, sob a direção de Pierre Marty, e pelo serviço de oncologia do Hospital Paul Brousse, sob a direção de Claude Jasmin, acerca da relação entre a organização psicossomática e o risco de câncer de mama. Os resultados foram analisados por Monique Lee, epidemiologista do Inserm, que concluiu que:

> *se pode notar que as neuroses de caráter com má mentalização ou mentalização incerta representam um fator que está associado ao risco de câncer de mama, e três outras características completam esta informação: um eu ideal predominante, perdas de objetos antigas ou recentes não elaboradas.*

Esse estudo destaca a significatividade da correlação entre uma perda de objeto antiga e/ou recente e uma somatização grave; em suma, ele ressalta a regularidade das relações entre um trabalho de luto deficitário, e até mesmo inexistente, e o desenvolvimento de uma somatização grave. Na realidade, não nos surpreende essa correlação entre uma perda de objeto não elaborada ou mal elaborada e o surgimento de uma somatização, pois encontramos com certa regularidade e frequência a seguinte sequência processual: um evento traumático desorganizador, seguido de um período maior ou menor de latência sintomática que se caracteriza por um silêncio psíquico, em seguida a manifestação dos primeiros sinais biológicos da doença e, por fim, sua expressão clínica. Em *L'ordre psychosomatique* [A ordem psicossomática] (1980), Pierre Marty comenta a multiplicidade de eventos desorganizadores e escreve:

> *Para realçar o ponto de vista etiológico, é tentador construir um quadro de traumatismos desorganizadores do aparelho mental, dos quais grande número pode ser concebido sob o ângulo da perda objetal pura, do luto não elaborado. A empreitada é difícil em virtude da ligação, da comunidade que existe entre o evento traumatizante e a organização estrutural, um não podendo ser concebido sem o outro, o traumatismo incidindo apenas nas zonas com insuficiência defensiva das regressões individuais. (Marty, 1980)*

Em um texto do mesmo ano, não publicado, Pierre Marty esclarece a definição econômica do traumatismo no campo da psicossomática:

> *A ultrapassagem das possibilidades de adaptação corresponde, em psicossomática, à noção de traumatismo. O efeito desorganizador final do traumatismo sobre o aparelho mental e o aparelho somático define o traumatismo. As situações traumatizantes têm em comum romperem a continuidade de certo estado psicoafetivo do indivíduo, devido à perda (real ou imaginária) de*

> *um objeto, de uma função ou de uma relação investida afetivamente. Do ponto de vista econômico, quaisquer que sejam as origens aparentes (eventos externos ou novas disposições fisiológicas ou patológicas internas), as situações traumatizantes provocam ou um afluxo de excitações instintuais (pulsionais ao nível do aparelho mental), ou uma queda do nível de excitações, ou ainda uma composição dos dois fenômenos. É assim que os traumatismos podem desorganizar os aparelhos funcionais que eles atingem, e a desorganização tende a se estender (num sentido globalmente inverso àquele do desenvolvimento) enquanto não encontrar um sistema capaz de barrá-la. Geralmente, os traumatismos atingem em primeiro lugar o aparelho mental, que procura administrar em si mesmo a variação das excitações provocadas. Desta maneira, o aparelho mental bloqueia, tampona e atenua, ou não, os movimentos de desorganização antes de sua chegada ao domínio somático.*[2]

Esses dados clínicos e econômicos, obtidos a partir das observações psicossomáticas, justificam que se trate a somatização como uma solução patológica de outra ordem para a situação de perda do objeto, comparada à melancolia.

As principais características clínicas do estado de luto e do estado melancólico levam Freud a extrair uma primeira camada de elementos analíticos representativos que nos orientam na diferenciação metapsicológica entre os dois estados. Em geral, o enlutado sabe o que perdeu e o valor daquilo que perdeu. Nele, a qualidade da consciência está ligada à perda do objeto. Ao contrário, no melancólico,

2 Tradução nossa.

> *achamos que é preciso manter a hipótese de tal perda, mas não podemos discernir claramente o que se perdeu, e é lícito supor que tampouco o doente pode ver conscientemente o que perdeu. Esse caso poderia apresentar-se também quando a perda que ocasionou a melancolia é conhecida do doente, na medida em que ele sabe quem, mas não o que perdeu nesse alguém. Isso nos inclinaria a relacionar a melancolia, de algum modo, a uma perda de objeto subtraída à consciência; diferentemente do luto, em que nada é inconsciente na perda. (Freud, 1917/2010b, p. 130)*

Portanto, uma primeira linha divisória separa o luto e a melancolia em relação à dimensão tópica da perda do objeto. Por que essa inconsciência da perda do objeto no melancólico? Essa questão nos remete, associativamente, a outro fenômeno psíquico vivido na inconsciência e de modo também enigmático: o masoquismo moral ou sentimento inconsciente de culpa, ou ainda a necessidade inconsciente de punição. Freud aborda a questão da inconsciência do masoquismo moral no texto *O problema econômico do masoquismo* (1924). Ele explica a inconsciência do masoquismo moral recorrendo ao processo de regressão mediante o qual os componentes eróticos do complexo de Édipo são ressexualizados regressivamente. Se aplicarmos ao fenômeno da inconsciência da perda do objeto na melancolia a explicação que Freud dá a respeito da inconsciência do masoquismo moral, podemos compreender que, na melancolia, o que torna inconsciente a perda do objeto é o fato de que todo o objeto perdido ou parte dele sofreu um processo de regressão que o torna inconsciente. Veremos mais adiante que esta hipótese será justificada.

Duas características clínicas aproximam o luto da melancolia: o estado de humor doloroso e a perda do interesse pelo mundo.

O grau do afeto de dor e o nível do desinteresse pelo mundo são variáveis tanto no estado de luto quanto no estado melancólico. Mais uma vez, em razão da clara consciência do objeto perdido, essas características clínicas são imediatamente compreensíveis no estado de luto, ao passo que são muito mais enigmáticas no estado melancólico, devido ao não-saber do que foi perdido.

Uma última característica diferencial entre luto e melancolia leva Freud a uma compreensão mais geral e completa do quadro geral da melancolia: o sentimento de autoestima. Enquanto a qualidade e o nível de autoestima não se alteram no enlutado, eles sofrem, no melancólico, uma diminuição e um empobrecimento desmedidos: "O melancólico ainda nos apresenta uma coisa que falta no luto: um extraordinário rebaixamento da autoestima, um enorme empobrecimento do Eu. No luto, é o mundo que se torna pobre e vazio; na melancolia, é o próprio Eu" (Freud, 1917/2010b, p. 130).

Algo é imediatamente observável: o sentimento de empobrecimento do Eu do melancólico é acompanhado por uma contrapartida econômica positiva, que se expressa por meio de autocríticas e injúrias dirigidas a si mesmo. Em suma, o sentimento de empobrecimento do Eu está associado a um cortejo de manifestações masoquistas. Assim, o que diferencia e separa o luto da melancolia é a natureza da perda, objetal no enlutado e narcísica no melancólico. Eis a primeira grande separação metapsicológica entre luto e melancolia. Ela é resumida por Freud nos seguintes termos: "Fazendo analogia com o luto, concluímos que ele [o melancólico] sofreu uma perda relativa ao objeto; suas declarações indicam uma perda no próprio Eu" (Freud, 1917/2010b, p. 132).

O estado de doença somática grave é precedido e acompanhado por um estado psíquico típico, no centro do qual se encontra uma qualidade particular de depressão, a depressão essencial. Esta foi definida por Pierre Marty em 1966:

> *A depressão psicossomática, que em várias ocasiões chamei de depressão sem objeto, seria mais apropriadamente denominada depressão essencial, uma vez que constitui a própria essência da depressão, isto é, o rebaixamento do nível do tônus libidinal, sem qualquer contrapartida econômica positiva. (Marty, 1966/1968, tradução nossa)*

A depressão essencial sustenta-se em duas proposições: o rebaixamento do nível do tônus libidinal e a ausência da contrapartida econômica positiva. No mesmo texto, Marty (1966) retoma esta primeira definição, precisando-a: "A depressão é evidente, como revelou o contato psicanalítico e como confirma a anamnese; ela reside no rebaixamento acentuado do nível do tônus libidinal, ao mesmo tempo objetal e narcísico" (tradução nossa). O desinvestimento libidinal é, ao mesmo tempo, objetal e narcísico. Diz respeito ao mesmo tempo aos objetos do mundo, aos objetos internos ou representações e ao Eu. "A depressão essencial se apresenta como um desaparecimento da libido, tanto narcísica quanto objetal, e isso sem outra compensação econômica além do despedaçamento funcional" (tradução nossa). Compreendemos, aqui, que a ausência de contrapartida econômica positiva é equivalente ao despedaçamento funcional, isto é, ao estado de desorganização de todas as funções tanto psíquicas como somáticas:

> *Encontra-se, então, nitidamente acentuado, um importante elemento, a saber, o apagamento, em toda a escala da dinâmica mental, das funções capitais. Refiro-me à identificação, à introjeção, à projeção, ao descolamento, à condensação, à associação de ideias e, mais além, ao apagamento concludente das vias onírica e fantasmática. (Marty, 1966, tradução nossa)*

Podemos resumir a definição de depressão essencial ressaltando seus dois principais aspectos, o desinvestimento libidinal do Eu e a sintomatologia negativa de ordem psíquica. Consequentemente, é notável o fato de que não encontramos, geralmente, no estado de somatização, nem o afeto de dor psíquica nem a perda evidente do interesse do paciente pelo mundo. Esses dois elementos clínicos diferenciam o estado de somatização dos estados de luto e de melancolia.

Ao término desta primeira parte do estudo comparativo de ordem clínica entre os estados de luto, de melancolia e de somatização, descobrimos um elemento de primeira importância da análise metapsicológica que, por um lado, separa o luto dos estados de melancolia e de somatização e, por outro, aproxima estes dois últimos estados: o desinvestimento narcísico. Depois de traçada essa primeira linha divisória, descobrimos uma segunda: aquela entre os estados de melancolia e de somatização, anteriormente reunidos no estado de perda narcísica. Na melancolia, o desinvestimento libidinal do Eu está associado a uma sintomatologia positiva de ordem libidinal, ao passo que, no estado de somatização, o desinvestimento libidinal do Eu está associado a uma sintomatologia negativa de ordem autodestrutiva.

A perda objetal representa uma situação de grave perigo para o Eu em maior ou menor medida e exige dele um trabalho psíquico que tem por finalidade o domínio das excitações produzidas pela situação de perda e o retorno a uma homeostase psicossomática individual. O trabalho do luto é o conjunto dos processos psíquicos que conduzem ao restabelecimento do equilíbrio econômico e à nova disponibilidade do Eu diante de seus objetos. Ele constitui, por isso, o protótipo do trabalho de domínio do Eu, ao qual Freud vai comparar o trabalho da melancolia. O trabalho essencial que o Eu enfrenta no luto é o desligamento da libido do objeto perdido. Esse trabalho de desligamento, o trabalho do luto, depende a cada vez da qualidade da organização psíquica do enlutado, da força e da diferenciação dos investimentos narcísicos e dos investimentos objetais, e, de modo geral, da solidez dos processos de intricação pulsional entre Eros e a autodestruição nos movimentos de investimento no interior do Eu.

> *O normal é que vença o respeito à realidade. Mas a solicitação desta não pode ser atendida imediatamente. É cumprida aos poucos, com grande aplicação de tempo e energia de investimento, e enquanto isso a existência do objeto perdido se prolonga na psique. Cada uma das lembranças e expectativas em que a libido se achava ligada ao objeto é enfocada e superinvestida, e em cada uma sucede o desligamento da libido. (Freud, 1917/2010b, p. 129)*

Quero destacar aqui, por ser de suma importância na diferenciação entre o trabalho do luto, junto com o trabalho da melancolia, e o trabalho da somatização, o lugar que cabe, no trabalho do luto, à quantidade de energia de investimento. A descrição que Freud faz do trabalho normal do luto não deixa nenhuma dúvida a respeito das relações existentes entre a qualidade desse trabalho do luto e o nível de energia de investimento presente no Eu. Após um tempo mais ou menos longo, o trabalho do luto alcança uma solução psíquica que Freud define como uma nova posição do Eu, livre, não inibida e capaz de realizar novos investimentos objetais.

> *A cada uma das recordações e expectativas que mostram a libido ligada ao objeto perdido, a realidade traz o veredicto de que o objeto não mais existe, e o Eu, como que posto diante da questão de partilhar ou não esse destino, é convencido, pela soma das satisfações*

> *narcísicas em estar vivo, a romper seu vínculo com o objeto eliminado.* (Freud, 1917/2010b, p. 139)

Para a finalização do trabalho do luto, Freud insiste no peso do veredicto da realidade, e o que conduz a decisão, como bem observamos, é a soma das satisfações narcísicas, para o Eu, em se encontrar vivo, ao contrário do objeto morto. Assim, podemos qualificar a solução do luto como uma solução narcísica.

O trabalho de melancolia obriga o Eu a se confrontar com dois obstáculos importantes de sua economia psíquica: a fragilidade de sua organização narcísica e a violência de seu sadismo. Por isso, a solução a que o trabalho da melancolia chega, para responder à perda do objeto, é uma solução dolorosa e que se estende no tempo. Esses dois componentes da economia psíquica do melancólico, a organização narcísica e o sadismo, distanciam o trabalho da melancolia do trabalho do luto e o situam em um universo teórico próximo daquele que consideraremos no trabalho da somatização. Para Freud, o trabalho da melancolia deve levar à identificação do Eu com o objeto perdido. Essa solução representa o resultado de um longo e doloroso trabalho em grande parte inconsciente, mas, sobretudo, ela constitui um sucesso do trabalho psíquico, na medida em que este respondeu à perda de um objeto investido pela construção interna de um novo objeto, o Eu com sua nova roupagem de identificação.

> *O investimento objetal demonstrou ser pouco resistente, foi eliminado, mas a libido livre não foi deslocada para outro objeto, e sim recuada para o Eu. Mas lá ela não encontrou uma utilização qualquer: serviu para estabelecer uma identificação do Eu com o objeto abandonado. Assim, a sombra do objeto caiu sobre o Eu, e a partir de então este pôde ser julgado por uma*

> *instância especial como um objeto, o objeto abandonado. (Freud, 1917/2010b, p. 133)*

Dessa solução característica do trabalho da melancolia podemos extrair três ideias importantes. A primeira ideia é que existe um objeto novo. Esse é, sem dúvida, o resultado mais importante no plano econômico. A segunda é que existem movimentos sádicos, destrutivos, mas o ponto importante aqui é que esses movimentos se dirigem a um objeto. A terceira ideia resulta das duas anteriores: com a solução do trabalho da melancolia, lidamos com uma organização psíquica que oferece aos movimentos pulsionais, em particular aos movimentos de destruição, uma arena, um lugar, um sistema em que esses movimentos podem se desenvolver de modo organizado: o objeto. Freud explica um dos aspectos dessa organização que interessa particularmente aos analistas psicossomatistas:

> *Expusemos, em outro momento, que a identificação é o estágio preliminar da escolha de objeto, e o primeiro modo, ambivalente em sua expressão, como o Eu elege um objeto. Ele gostaria de incorporar esse objeto, e isso, conforme a fase oral ou canibal do desenvolvimento da libido, por meio da devoração. (Freud, 1917/2010b, p. 134)*

O que Freud salienta nesse texto é a dupla dimensão de fixação e de regressão na edificação do processo de identificação. Abraham, citado por Freud, foi o primeiro a insistir na especificidade da fixação oral na gênese da melancolia. Depois de propor a divisão da fase oral primitiva em duas etapas sucessivas, Abraham escreve:

> *A etapa secundária, sádico-oral, significa então, no desenvolvimento libidinal da criança, o início do conflito ambivalente, enquanto o período primário anterior, de sucção, pode ser designado como pré-ambivalente. A fase à qual a libido do melancólico regressa depois da perda de objeto, esconde o conflito ambivalente sob a forma mais primitiva, e por consequência a mais abrupta e mais crua. A libido ameaça destruir o objeto, devorando-o. (Abraham, 1924)*

Marty conferiu excepcional importância aos sistemas de fixação-regressão em sua doutrina dos processos de somatização. A existência de fixações orais canibais na psicogênese da melancolia constitui, sem dúvida nenhuma, um fator de organização psíquica, uma vez que essas fixações permitem ao melancólico inibir o movimento de desorganização desencadeado pela perda do objeto, ao mesmo tempo que elas empenham o trabalho psíquico em uma reorganização que leva, como vimos anteriormente, à identificação do Eu com o objeto perdido. Benno Rosenberg, em seu ensaio *Le travail de mélancolie* [O trabalho da melancolia] (1986), deu toda a importância que o papel da identificação no trabalho da melancolia merece:

> *O que nos mostra o trabalho da melancolia é uma situação na qual a identificação é a única possibilidade de elaboração. Desse ponto de vista, o trabalho da melancolia é uma experiência crucial em que somente a identificação está em ação, a única capaz de fornecer uma saída ao Eu, encurralado entre a impossibilidade de desinvestir o objeto e a impossibilidade de continuar a investi-lo. (Rosenberg, 1986, tradução nossa)*

Depois de ter estabelecido criteriosamente o primeiro pressuposto do trabalho da melancolia, "a regressão que vai do investimento do objeto à fase oral da libido que ainda pertence ao narcisismo", Freud toma o mesmo cuidado para estabelecer o segundo pressuposto, o conflito ambivalente oriundo da perda objetal:

> *Entre as precondições da melancolia não devemos negligenciar esse conflito da ambivalência, que ora se origina na realidade, ora na constituição do indivíduo. Se o amor ao objeto – a que não se pode renunciar, quando se tem de renunciar ao próprio objeto – refugia-se na identificação narcísica, o ódio exerce sua atividade sobre esse objeto substitutivo, insultando-o, rebaixando-o, fazendo-o sofrer e obtendo uma satisfação sádica desse sofrimento. O automartírio claramente prazeroso da melancolia significa, tal como o fenômeno correspondente na neurose obsessiva, a satisfação de tendências sádicas e de ódio relativas a um objeto, que por essa via se voltaram contra a própria pessoa. (Freud, 1917/2010b, pp. 135-136)*

O que Freud nos mostra, nessas linhas, é o desdobramento e a formação de um sistema sadomasoquista que irá constituir a trama do trabalho da melancolia. É importante insistir mais uma vez no fato de que o sistema sadomasoquista só pode se mostrar eficiente porque existe um objeto que lhe permite ativar-se em um quadro psíquico organizado, um quadro que oferece uma via de canalização para as pulsões destrutivas, ou seja, para o sadismo.

Para resumir o trabalho da melancolia, devemos dizer, primeiramente, que ele se desenrola ao longo de uma trama processual. A maior parte desse processo, a parte mais essencial, segundo Freud, é inconsciente. Corresponde a:

> *inúmeras batalhas em torno do objeto, nas quais o ódio e o amor lutam entre si, um para desligar a libido do objeto, o outro, para manter essa posição da libido contra o ataque. Não podemos situar essas lutas em outro sistema que não o inconsciente, a região dos traços mnêmicos das coisas (em oposição aos investimentos de palavras). (Freud, 1917/2010b, pp. 140-141)*

É somente em um segundo tempo que o processo se torna consciente e, diz Freud, "[reapresenta-se à] consciência como um conflito entre uma parte do Eu e a instância crítica" (1917/2010b, p. 141). Penso que podemos qualificar a solução freudiana do trabalho da melancolia como uma solução masoquista. Benno Rosenberg, no texto citado anteriormente, interpreta a conclusão do trabalho da melancolia no mesmo sentido, integrando a realização sadomasoquista em um quadro mais geral da reintricação pulsional entre Eros e as pulsões de destruição.

> *Ao dizermos que o ponto fundamental que caracteriza o trabalho da melancolia é a reintricação pulsional, apenas reiteramos a importância que temos salientado da passagem do autossadismo ao masoquismo . . . Assim, o êxito do trabalho da melancolia reside na possibilidade da passagem do sadismo pulsionalmente desintrincado do melancólico ao masoquismo, um processo equivalente a uma reintricação pulsional. (Rosenberg, 1986, tradução nossa)*

Encontramos em Benno Rosenberg essa via econômico-dinâmica necessária em que ocorre a passagem do sadismo desintrincado ao masoquismo, isto é, a um sistema sadomasoquista, e essa via depende, necessariamente, da existência de um objeto.

Com o trabalho de somatização, descemos mais abaixo na escala das capacidades de controle das excitações, cuja função cabe ao Eu. Utilizei a expressão "trabalho da somatização" por analogia ao trabalho do luto e ao trabalho da melancolia, mas não resta evidente que tal expressão seja pertinente ao desenvolvimento de uma doença somática, uma vez que atravessamos uma fronteira conceitual entre a ordem dos processos psíquicos e aquela dos processos somáticos. Entretanto, se considerarmos, como eu proponho, os processos de somatização como encadeamentos de eventos psíquicos significativos, penso que é justificável falar de trabalho da somatização. No entanto, a questão não se resolve por completo, pelo fato de que a teoria exige conciliar a noção de desorganização que conduz a uma somatização àquela de um trabalho que supostamente produz uma somatização. Explicarei essa aparente contradição no decorrer do meu desenvolvimento.

Em geral, as precondições econômicas a partir das quais o funcionamento mental do paciente é levado a se desorganizar, até o surgimento de uma somatização, devem ser buscadas na história precoce do paciente. Elas mobilizam geralmente experiências dolorosas que deixaram, no psiquismo, traços duradouros de feridas narcísicas. Não é raro encontrar na história de muitos pacientes experiências traumáticas que lembram aquelas descritas por Ferenzci em *Confusão de línguas entre os adultos e a criança*, texto de 1933, e a partir das quais se estabelece, no interior do Eu, uma clivagem intranarcísica em que um processo de "progressão traumática" se opõe ao processo de regressão. Reconhecemos nessa progressão traumática ferencziana o conceito de prematuridade do Eu, definido por Michel Fain nos anos de 1990. Outras experiências traumáticas que deixaram traços duradouros no psiquismo do paciente remetem à noção de "interiorização do negativo" descrita por André Green em 2010:

> *Freud minimizou, sem dúvida, o papel das experiências vividas durante a infância e das cicatrizes por elas deixadas no psiquismo, com frequência por um período muito longo após os eventos que as provocaram. Estes casos foram marcados por eventos psíquicos mais ou menos incapacitantes. Quando se instalam duradouramente na evolução essas sequelas que marcaram a organização do psiquismo, penso que assistimos ao que proponho chamar de interiorização do negativo. Quero dizer que o psiquismo introjetou essas reações defensivas primárias como modo de defesa inconsciente, alterando a organização psíquica e impedindo-a de se desenvolver de acordo com os modelos habituais, conforme o princípio de prazer. Em outras palavras, o psiquismo foge aos padrões de comportamento ditados pelas experiências positivas. A solução encontrada o fez perder sua flexibilidade de adaptação e provocou reações ditadas pelas distorções defensivas adquiridas, revelando a interiorização do negativo, uma forma de identificação primária negativa. (Green, 2010, tradução nossa)*

Essas linhas compõem o livro de André Green *Illusions et désillusions du travail psychanalytique* [Ilusões e desilusões do processo psicanalítico] (2010). Podemos identificar sem nenhuma dificuldade, na história de muitos de nossos pacientes, exemplos desse tipo, e o mais comum entre eles, temível pelo perigo que representa, é o Eu ideal. Essas formações negativas resultantes de experiências traumáticas antigas constituem o berço das desorganizações psicossomáticas na idade adulta, devido às consequências econômicas que elas induzem no nível de investimento narcísico do Eu. Essas formações negativas, sustentadas e mantidas pelas pulsões de destruição, privam o Eu de um setor maior ou menor de sua energia de investimento, a respeito da qual se sabe que ela provém da reserva de libido narcísica.

"A perda do objeto de amor é uma excelente ocasião para fazer valer e aparecer a ambivalência das relações de amor", diz Freud (1917/2010b). Ele assinala aqui o caráter desorganizador da perda de objeto no equilíbrio econômico da vida psíquica. Entendemos assim que a perda do objeto de amor provoca de imediato um estado de desfusão pulsional e, consequentemente, uma liberação das pulsões de destruição. Existe, porém, outra série de relações de importância determinante para a escolha da modalidade de trabalho psíquico subsequente a uma perda objetal. Quanto mais elevado o nível global da energia de investimento no Eu, mais o Eu está protegido dos efeitos da ambivalência e mais especificamente do sadismo. Vimos que, no curso de um trabalho de luto normal, o conflito ambivalente está praticamente ausente; ao contrário, no trabalho da melancolia, a perda objetal é a ocasião de um conflito ambivalente muito intenso e leva o sadismo a se voltar cruelmente contra o Eu. No trabalho da somatização, devido ao baixo nível habitual de reserva de libido narcísica, a perda objetal é uma crise aberta que descortina brutalmente a autodestruição, sem que esta possa ser detida por defesas suficientemente sólidas e de ordem erótica.

Em *L'ordre psychosomatique* [A ordem psicossomática] (1980), Pierre Marty afirma que a depressão essencial se ampara ao mesmo tempo, no plano sintomático, "na existência de ampla sintomatologia negativa composta por desaparecimentos e ausências funcionais e na falta de uma sintomatologia positiva". Assim, o negativo percorre toda a extensão da desorganização psíquica que precede e acompanha a somatização. Já em 1966, na apresentação inaugural da depressão essencial, Pierre Marty afirmou a relação indissociável entre depressão essencial e instinto de morte:

> *Em resumo, a depressão essencial se apresenta como um desaparecimento da libido tanto narcísica como objetal, e isso sem outra compensação econômica além do despedaçamento funcional. Creio que esses dois termos – desaparecimento da libido, de um lado, e despedaçamento funcional, de outro – são a própria definição do instinto de morte no qual desembocamos. Assim, creio que a depressão essencial constitui uma das principais manifestações clínicas da prevalência do instinto de morte. (Marty, 1966/1968, tradução nossa)*

O que Pierre Marty descreve como sintomatologia negativa é um apagamento generalizado de todas as expressões psíquicas. Ora, o que sustenta a expressividade psíquica é a atividade de ligação e de união das pulsões eróticas. Assim, o que chamo de trabalho da somatização resulta de uma atividade inconsciente das pulsões de destruição no âmbito de um plano organizado de domínio das excitações ao nível do Eu. Para Marty, a negatividade do processo de desorganização é total, dando a entender que o instinto de morte é soberano. É essa dimensão pulsional que separa radicalmente a natureza da depressão essencial das outras depressões:

> *Não encontramos aqui o que chamarei provisoriamente de "religação libidinal" das outras depressões. Assim como penso que em todas as formas de depressão a precedência do instinto de morte se manifesta durante um tempo, seja subsequentemente à perda objetal, seja por obturação pós-traumática da função objetal ou da função narcísica em causa, penso também que, na maioria dos casos de depressão, ocorre uma verdadeira religação libidinal, numa retomada objetal ou narcísica paralela ou regressiva em relação*

> *ao ponto de partida pré-traumático. Chamo de religação libidinal o que é perceptível nas diversas expressões neuróticas, psicóticas ou sublimatórias, quer se trate de uma intrusão objetal com angústia, de uma introjeção objetal com culpa, de uma verdadeira retomada relacional, objetal ou narcísica, com sadomasoquismo, ou de um movimento sublimatório. (Marty, 1966/1968, tradução nossa)*

Depois de qualificar o trabalho do luto como uma solução narcísica, o trabalho da melancolia como uma solução masoquista, podemos qualificar o trabalho da somatização como solução somática para uma perda objetal.

Para concluir este estudo comparativo entre luto, melancolia e somatização, examinaremos os três tipos de soluções, narcísica, masoquista e somática, do ponto de vista específico da dor. Hipoteticamente, diremos que cada uma dessas soluções é uma modalidade diferente de tratamento da dor psíquica, em função da organização psicossomática do paciente. Nossa primeira observação a partir desse ponto de vista é o reconhecimento de um afeto de dor que acompanha o trabalho do luto e o da melancolia, enquanto esse afeto de dor está ausente no trabalho da somatização. Do ponto de vista econômico, algo separa o trabalho do luto e aquele da melancolia do trabalho da somatização. A questão da dor é um enigma para Freud. Ele a menciona em diversas ocasiões no texto de 1915, mas sua resolução só é alcançada em 1926, em sua tentativa de explicações no livro *Inibição, sintoma e angústia*.

> *O intenso investimento em desejar o objeto perdido, cuja ausência é sentida, investimento crescente devido ao seu caráter insaciável, produz as mesmas condições*

> *econômicas que o investimento na dor do local do corpo ferido e possibilita abstrair o condicionamento periférico da dor do corpo. A passagem da dor do corpo à dor da alma corresponde à transformação do investimento narcísico em investimento objetal. A representação de objeto altamente investida pela necessidade cumpre o papel do local do corpo investido pelo acréscimo de estímulo. A continuidade do processo de investimento e a impossibilidade de inibi-lo produzem o mesmo estado de desamparo psíquico. (Freud, 1926/2010a)*

Para Freud, o estado de dor psíquica, por analogia à dor corporal, provém de um sobreinvestimento da representação do objeto perdido. O que deve ser salientado aqui é a capacidade do Eu, em situação de perda objetal, de prover um sobreinvestimento libidinal. A partir da comparação com o luto e a melancolia, compreendemos que a ausência do afeto de dor no trabalho da somatização advém de uma insuficiência do investimento libidinal que possa garantir um sobreinvestimento do objeto perdido. É o que parece confirmar a continuação do texto:

> *Se a sensação de desprazer que aparece reveste-se desse caráter específico de dor, que não se pode descrever com precisão, em vez de se manifestar como reação da angústia, somos levados a responsabilizar um fator ao qual a explicação pouco recorre, o nível elevado das relações de investimento e de ligação em que se efetuam esses processos que conduzem à sensação de desprazer. (Freud, 1926/2010a)*

Essa última parte do texto freudiano nos fornece a chave para compreender não somente o desenrolar do trabalho da somatização, mas também a diferença entre esse trabalho e aquele da melancolia. O texto revela o principal caráter diferencial no desenrolar dos dois processos, o nível no qual se desenrolam os processos de investimento e de ligação. Esse nível corresponde àquele da quantidade de energia de investimento no Eu. Esse é o fator que é responsável pelo afeto de dor quando o nível de energia de investimento for suficientemente elevado para garantir os sobreinvestimentos necessários à representação do objeto perdido. Mas esse também é o fator responsável pela ausência do afeto de dor quando o nível de energia de investimento for insuficiente. Vale lembrar que Pierre Marty afirmava reiteradamente o fator do desaparecimento da libido nos estados de desorganização psíquica.

Uma segunda observação nos conduz a aproximar o trabalho da melancolia daquele da somatização. Tanto num quanto noutro, há, no início, um desinvestimento libidinal do Eu. No que diz respeito ao trabalho da melancolia, Freud se expressa nos seguintes termos: "O complexo melancólico se comporta como uma ferida aberta, atraindo para si, de todos os lados, energias de investimento (que, nas neuroses de transferência, chamamos de *contrainvestimentos*) e esvaziando o Eu até o completo empobrecimento" (Freud, 1917/2010b, p. 137).

Quanto ao trabalho da somatização, acabamos de lembrar mais uma vez o caráter de desaparecimento da libido, tanto narcísica como objetal, no curso do processo de desorganização descrito por Pierre Marty. Assim, após a perda do objeto, os dois processos, o da melancolia e o da somatização, são iniciados, do ponto de vista pulsional, por um movimento de regressão intranarcísica. Descrevi recentemente essa modalidade de regressão no interior do Eu que vai do polo libidinal até o polo da autoconservação. Essa regressão constitui uma reação de urgência por parte do Eu, após a perda do objeto de amor. Mas, ao mesmo tempo, ela abre caminho para uma desorganização mais profunda mantida pela autodestruição. A partir desse movimento comum de regressão intranarcísica, o trabalho da melancolia e aquele da somatização terão destinos diferentes. Como observado anteriormente, o êxito da melancolia reside em sua capacidade de criar um novo objeto interno, sob a forma de identificação do Eu com o objeto perdido. Essa identificação se baseia em um sistema de fixação-regressão constituído pela segunda fase oral canibalística da libido. É esse movimento de regressão libidinal que possibilita ao trabalho da melancolia uma reorganização sob a forma sadomasoquista que detalhamos anteriormente. Por outro lado, a desorganização psíquica que conduz à somatização não encontra um patamar impeditivo que possibilite, como no caso da melancolia, uma reorganização baseada em componentes eróticos.

Precisamos, agora, voltar à expressão "trabalho da somatização". Vimos, a partir das descrições de Pierre Marty, que o processo de somatização é marcado, ao longo de sua evolução, pelo negativo mantido pelas pulsões de destruição e de morte. Como podemos, então, justificar que esse movimento exclusivamente negativo seja considerado um trabalho psíquico? Se nos colocarmos do ponto de vista da dor, penso que podemos considerar pertinente a explicação de que o Eu tenta evitar a dor de uma perda de objeto extinguindo o aparelho de sentir a dor. Trata-se de uma solução extrema, quando nenhum recurso libidinal permite outros meios de defesa contra a dor. É uma solução semelhante a uma autoamputação psíquica. Assim, o Eu pode utilizar ativamente e em função de um determinado fim a evitação da dor, sendo o processo de desobjetalização sustentado pelas pulsões de destruição e de morte como último recurso de sobrevivência. Deste ponto de vista, parece-me justificável falar em trabalho da somatização. Pois é, de fato, em um outro nível que o Eu vai constituir um objeto para interromper momentaneamente ou de forma mais duradoura o movimento de desorganização psíquica: o corpo substitui o psiquismo deficiente e oferece novas possibilidades de reobjetalização, como sucedâneo de um objeto psíquico.

Terminaremos este estudo com algumas observações acerca do lugar da culpa em cada uma das três soluções que foram identificadas como resposta a uma perda objetal. Em primeiro lugar, convém lembrar que falamos longamente da culpa sem nomeá-la, por meio do conflito de ambivalência, do sadismo e das pulsões de destruição que balizaram tanto o trabalho da melancolia como o da somatização. Mais uma vez, uma diferença qualitativa separa luto e melancolia, nos quais a culpa se expressa positivamente de forma mais ou menos ruidosa, do processo da somatização, em que a culpa é silenciosa. Mas a principal diferença reside na comparação entre o trabalho da melancolia e aquele da somatização. Vimos que, no primeiro, o êxito reside na formação de uma solução sadomasoquista. Neste caso, a culpa é totalmente absorvida pelo masoquismo moral do Eu. No trabalho da somatização, ao contrário, devido ao apagamento generalizado de todas as formações psíquicas, o sadomasoquismo não encontra nenhuma expressão psíquica. A pulsão de morte abandonou as fronteiras de um Supereu organizado e se transformou em autodestruição livre. Em última análise, no trabalho da somatização é a própria somatização que se torna o sucedâneo do Supereu. Vemos que muitos de nossos pacientes interpretam a evolução de sua doença somática como se fosse ditada por um Supereu ora protetor, ora perseguidor. Assim, o que foi perdido no plano psíquico pode, em parte, encontrar algo vivo no plano somático.

Referências

Freud, S. (2010a). Inibição, sintoma e angústia. In S. Freud, *Obras completas* (Vol. 18). Companhia das Letras. (Trabalho original de 1926)

Freud, S. (2010b). Luto e melancolia. In S. Freud, *Obras completas* (Vol. 12). Companhia das Letras. (Trabalho original de 1917)

Green, A. (2010). *Illusions et désillusions du travail psychanalytique*. Odile Jacob.

Marty, P. (1968). La dépression essentielle. *Revue Française de Psychanalyse*, *32*(3), 595-598. (Trabalho original de 1966)

Marty, P. (1980). *L'ordre psychosomatique*. Payot.

Rosenberg, B. (1986). Le travail de mélancolie ou la fonction élaborative de l'identification ou le rôle du masochisme dans la résolution de l'accès mélancolique. *Revue Française de Psychanalyse*, *50*(6), 1523-1543.

6. No meio do caminho tinha uma pedra... Interpretação e ato na clínica das desorganizações psicossomáticas[1]

Rubens M. Volich[2]

Em 26 de fevereiro de 1926, Carlos Drummond de Andrade casou-se com Dolores Dutra de Morais. No início do ano seguinte, enquanto Drummond e Dolores esperavam seu primeiro filho, Alcântara Machado, Raul Bopp, Oswald de Andrade e os primeiros modernistas gestavam a *Revista de Antropofagia*. Inspirados pelo "Manifesto Antropofágico", encomendaram a Drummond

---

1 Trabalho apresentado na Jornada de Psicossomática Psicanalítica da Sociedade Brasileira de Psicanálise de São Paulo (SBP-SP) em 6 de novembro de 2021. Amplia algumas ideias apresentadas nas Jornadas de Psicossomática Psicanalítica da SBP-SP em 2014 e 2017 e no Encontro IPSO-Rio – Departamento de Psicossomática Psicanalítica, realizado em 2019. Uma versão condensada foi publicada em *trama,* Revista de Psicossomática Psicanalítica, ano IV, n. 4, 2022.

2 Psicanalista, é doutor pela Universidade de Paris VII – Denis Diderot. Membro do Departamento de Psicossomática Psicanalítica e professor da Especialização do Instituto Sedes Sapientiae. Autor de *Psicossomática, de Hipócrates à psicanálise* (Casa do Psicólogo, 2000; 8ª ed. Blucher, 2022); *Impasses da alma, desafios do corpo: figuras da hipocondria* (Casa do Psicólogo, 2002; 4ª ed. Blucher, no prelo); *Tempos de encontro: escrita, escuta, psicanálise* (Blucher, 2021); co-organizador e autor dos livros da série Psicossoma (Casa do Psicólogo).

uma poesia para o número inaugural. Em 21 de março de 1927, às 4 horas e 15 minutos, nasceu Carlos Flávio, o primeiro filho de Drummond e Dolores. Às 4 horas e 45 minutos, faleceu. Viveu por meia hora. Algumas semanas depois, Drummond enviou seu poema para a publicação:

No meio do caminho tinha uma pedra
Tinha uma pedra no meio do caminho
Tinha uma pedra
No meio do caminho tinha uma pedra

Nunca me esquecerei desse acontecimento
Na vida de minhas retinas tão fatigadas
Nunca me esquecerei que no meio do caminho
Tinha uma pedra
Tinha uma pedra no meio do caminho
No meio do caminho tinha uma pedra
(Andrade, [1928]1930/2002, pp. 61-62)

Desde que foram publicados, em 1928, esses versos simples e surpreendentes provocaram uma enxurrada de críticas e de polêmicas. Persistente, tenaz e irredutível, uma pedra se impunha, inabalável, em sete das dez linhas do poema. Gilberto Mendonça Teles, poeta e crítico literário, chamou atenção para um detalhe, uma aliteração no poema:

No meio do caminho tinha uma perda
Tinha uma perda *no meio do caminho*

Tinha uma perda

No meio do caminho tinha uma perda

Segundo o crítico, por meio desse deslize, *perda*/pedra, entre a intenção e a inconsciência, Drummond teria tentado processar aquele triste acontecimento pessoal, construindo, ao mesmo tempo, uma espécie de túmulo para seu filho (Teles, 1970). Dilacerante, a perda se transforma em tumba, cripta, sepulcro. Silenciosa, imóvel, inamovível.

A tentativa de se esquivar da dor pela morte do filho, crua e intensa, teria paradoxalmente se cristalizado na obstinada materialidade do mineral, desafiador, perene, impossível de ser ignorado.

Caminhos

Entre perdas, pedras e prazeres se desenlaçam os caminhos do humano. Marcada pelo desamparo e pela dependência originária de um outro, a história de cada sujeito é modelada por experiências de satisfação e de frustração, por encontros e separações, por ilusões e decepções que se inscrevem em nossos corpos, em nossas mentes, podendo resultar tanto nas mais sublimes como nas mais cruéis produções de nossa espécie.

Cerca de dez anos antes do casamento de Drummond com Dolores, a milhares de quilômetros de Itabira de Mato de Dentro e do Rio de Janeiro, na Viena entristecida, assombrada e empobrecida pela Primeira Guerra Mundial, Freud buscava respostas para paradoxos e dilemas individuais e coletivos como esses. Perscrutava os meandros e as armadilhas do inconsciente, perseguia e analisava suas produções, debruçava-se sobre as fontes e formas de expressão do prazer e do desprazer, da criação e da destrutividade de cada sujeito.

Desde os anos 1890, ele vinha construindo hipóteses e recursos clínicos para compreender e tratar as diferentes formas de expressão e de organização da sexualidade na vida cotidiana, na psicopatologia e em outras formas de sofrimento. Sentia-se particularmente intrigado e clinicamente desafiado pelas diferenças entre as psiconeuroses, nas quais predominavam a sintomatologia e dinâmicas psíquicas, e as neuroses atuais, cujos sintomas evidenciavam sobretudo descargas corporais diretas das excitações pulsionais, com pouca ou nenhuma mediação psíquica (Freud, 1894/1987b, 1895/1987k).[3]

Cerca de trinta anos depois de suas primeiras concepções sobre a histeria, sobre a neurastenia e sobre a neurose de angústia, ele elaborava sua compreensão metapsicológica do narcisismo, das pulsões, do inconsciente e do recalcamento, do luto e da melancolia, e ampliava sua teoria dos sonhos. A partir dessa compreensão, Freud desenvolveu uma nova perspectiva da nosografia psicanalítica.

Em 1917, nas *Conferências introdutórias sobre a psicanálise*, apresentando uma concepção renovada das neuroses atuais, suas diferenças e relações com as psiconeuroses, ele dedica especial atenção à complexidade das neuroses mistas e seus desafios clínicos (Freud, 1916-1917/1987c).

Entre os principais critérios diferenciais entre as neuroses atuais e as psiconeuroses, ele destaca os *significados* e *localizações* dos sintomas, e a participação de *mecanismos mentais*.

3 Em "Corações inquietos: Freud, Fliess e as neuroses atuais", analiso as contingências pessoais, clínicas e das relações com Breuer e Fliess que influenciaram essas primeiras hipóteses freudianas (Volich, 2022a).

> *Em [ambas] os sintomas se originam da libido e constituem empregos anormais da mesma; são satisfações substitutivas. Mas os sintomas das neuroses "atuais"... não têm nenhum "sentido", nenhum significado psíquico. Não só se manifestam predominantemente no corpo . . . constituem, eles próprios, processos* inteiramente somáticos, *em cuja origem estão* ausentes todos os complicados mecanismos mentais *que já conhecemos. (Freud, 1916-1917/1987c, p. 451, grifos meus)*

A natureza da pulsão, descrita em "Os instintos e suas vicissitudes", permite compreender as relações entre essas manifestações. Se, por um lado, a pulsão possui uma fonte somática, por outro, orienta-se e é passível de ser representada psiquicamente (Freud, 1915/1987g). Assim,

> *a função sexual não é uma coisa puramente psíquica, da mesma forma como não é uma coisa puramente somática. Influencia igualmente a vida corporal e mental. Se, nos sintomas das psiconeuroses, nos familiarizamos com as manifestações de distúrbios na atuação* psíquica *da função sexual, não nos surpreenderemos ao encontrar nas neuroses "atuais" as conseqüências* somáticas *diretas dos distúrbios sexuais. (Freud, 1916-1917/1987c, p. 452, grifos do original)*

Descritas anteriormente na "Conferência XVIII", as *neuroses traumáticas* evidenciariam especialmente "o aspecto econômico dos processos mentais", que decorreriam da fixação do paciente a uma experiência traumática, transposta de forma repetitiva em sonhos, sintomas e outras manifestações. A repetição nessas manifestações indicaria a persistência da "situação traumática, como se os pacientes ainda [a enfrentassem] como [uma] tarefa imediata ainda não executada". A etiologia, dinâmica e função econômica desse funcionamento seriam semelhantes às das neuroses atuais.

Freud aponta também para os diferentes *graus de complexidade* dessas manifestações. As neuroses "atuais" (neurastenia, neurose de angústia e hipocondria) apresentam manifestações "*mais simples*" do que as das psiconeuroses (histeria, neurose obsessiva, fobias, psicoses) "*doenças psíquicas mais complicadas*". Segundo ele, as neuroses atuais não ofereceriam "qualquer ponto de ataque" e seriam "improdutivas no que concerne à psicanálise", estabelecendo, então, esse critério diferencial para a indicação terapêutica do método psicanalítico. Este não teria recursos para tratar as expressões sintomáticas e as doenças causadas pela descarga pulsional direta no corpo, sendo indicado apenas para as psiconeuroses, manifestações *psíquicas* da função sexual. Caberia à pesquisa e à clínica "biológica-médica", a responsabilidade de trazer "uma valiosa contribuição" para a compreensão e o tratamento dos distúrbios *somáticos* das neuroses atuais e das doenças orgânicas (Freud, 1916-1917/1987c, p. 452).

As *neuroses mistas* confrontaram Freud com as dificuldades desse critério. No mesmo texto, ele reconhece que tanto a neurastenia como a neurose de angústia e a hipocondria podem ocorrer ocasionalmente "em sua forma pura", porém, *geralmente*, elas estão "mescladas umas com as outras" e, inclusive, eventualmente, com "algum distúrbio psiconeurótico" (Freud, 1916-1917/1987c, p. 454).

Consciente dessas dificuldades e dos desafios clínicos que delas decorriam, assim como Drummond, é nas pedras que Freud vai buscar inspiração: "Enquanto os minerais são substâncias individualizadas, que amiúde ocorrem na forma de cristais nitidamente [distintos], as rochas consistem em um agregado de minerais, que

. . . não vieram a se juntar por acaso, mas em consequência daquilo que determinou sua origem" (Freud, 1916-1917/1987c, p. 452).

Como na mineralogia, ele sugere que a compreensão das neuroses deveria se iniciar pelo isolamento das entidades individuais que reconhecemos, para depois compreender todo o conjunto de uma formação. Na relação entre os sintomas das neuroses atuais e os das psiconeuroses, "um sintoma de uma neurose 'atual' é frequentemente o núcleo e o primeiro estádio de um sintoma psiconeurótico". A neurose atual desempenharia o papel "do grão de areia que um molusco cobre de camadas de madrepérola".

Essa bela metáfora condensa a fina intuição de Freud quanto à função transformadora e defensiva da mediação psíquica nos processos biológicos e fisiológicos. Nas ostras, a pérola é o resultado de uma reação natural do molusco contra invasores externos, como certos parasitas que procuram reproduzir-se em seu interior. Sua formação decorre da reação de uma manta, uma fina camada de tecido (por que não dizer, "uma trama paraexcitante"...) que protege as vísceras da ostra. Nem todas as ostras conseguem se defender dessa maneira. Alguns moluscos apenas o fazem de forma parcial, outros sucumbem às intrusões dos parasitas, muitos seguem sendo apenas... moluscos.

A imagem freudiana do grão de areia transmutado em pérola inspirou vários autores que refletiram sobre as relações entre as psiconeuroses e as neuroses atuais (Press, 1999; Rojas, 2008). Em "Dora, o grão de areia e a pérola", a querida amiga e colega Diana Tabacof ressignifica o Caso Dora a partir dessas considerações de Freud, colocando em perspectiva o conceito de *complacência somática*, fundamental para essa discussão (Tabacof, 2021). Mais recentemente, Paulo Ritter e Flávio Ferraz adotaram essa alegoria para reunir, em uma preciosa coletânea, artigos que evidenciam a "*atualidade* das neuroses atuais" em nossos tempos, em que o corpo se apresenta como uma via privilegiada de escoamento dos excessos pulsionais (Ritter & Ferraz, 2022).

Dilemas

Com o prazer das boas companhias, convido-os a constatar, em qualquer época, e cada vez mais nos tempos em que vivemos, a manifestação crescente de neuroses atuais e de neuroses mistas, e, também, a existência de um núcleo de neurose atual na etiologia de muitas das mais belas e bem configuradas pérolas psiconeuróticas.

Clinicamente, esse fenômeno sempre se constituiu como fonte de desafios e de impasses com os quais Freud, seus sucessores e todos nós, psicanalistas, certamente já nos deparamos, levantando algumas perguntas.

Assim, como proceder quando, na análise de um paciente com manifestações claramente psiconeuróticas, bem indicada e bem desenvolvida, eventualmente nos deparamos com um "grão de areia", com um núcleo de neurose atual?

Durante um processo analítico, em função de algum acontecimento intenso e perturbador vivido pelo paciente, como a organização psiconeurótica – "mais complexa", como aponta Freud – se revela insuficiente para equilibrar a economia pulsional, dando lugar a manifestações das neuroses atuais, "mais simples", predominantemente somáticas e comportamentais, que fogem à abordagem do método clássico da associação livre?

E, ainda, diante das neuroses mistas ou de manifestações explícitas das neuroses atuais, como colocar a serviço da clínica psicanalítica a potência das concepções metapsicológicas freudianas, que permitem compreender muitas das articulações e oscilações funcionais entre as manifestações pulsionais psíquicas e representativas e aquelas mais simples, primitivas, aquém do universo representativo, que se expressam diretamente pelo corpo e pela motricidade?

Entre 1912 e 1914, depois de ter descrito e sistematizado a evolução, as indicações, o início do tratamento, a interpretação e o manejo da transferência pelo método psicanalítico, Freud já foi confrontado com o fenômeno da repetição que surgia como uma resistência ao seu método, à associação livre e à lembrança.

Em "Recordar, repetir, elaborar", ele descreve: "o paciente não *recorda* coisa alguma do que esqueceu e recalcou, mas expressa-o pela atuação", reproduzindo o conflito ou o conteúdo inconsciente "não como lembrança, mas como ação; *repete-o*, sem . . . saber que o está repetindo" (Freud, 1914/1987h, p. 196, grifos do original). Manifestando-se pela transferência, a repetição, muitas vezes, é incontornável: o paciente não consegue fugir do que, pela primeira vez, Freud descreve como *compulsão à repetição.*

Apesar de representar um risco de "deterioração" do tratamento, a compreensão da repetição ofereceria uma "visão mais ampla" do processo do paciente, uma vez que permite tratar a "doença [do paciente] não como um acontecimento do passado, mas como uma força atual". Nesse sentido, o psicanalista deve estar preparado para uma "luta perpétua, para manter na esfera psíquica todos os impulsos que [o paciente] gostaria de dirigir para a esfera motora e [comemorar] como um triunfo . . . [quando] algo que o paciente deseja descarregar em ação [seja alcançado] por meio do *trabalho* de recordar" (Freud, 1914/1987h, p. 200, grifo nosso).

Esse objetivo é alcançado pelo manejo da transferência, que cria "uma região intermediária entre a doença e a vida real, através da qual a transição [da neurose comum para a neurose de transferência] é efetuada" (Freud, 1914/1987h, p. 202). Pela repetição na transferência, Freud sustentava ser possível, por "caminhos familiares", despertar as lembranças recalcadas.

Significativamente, é também nas últimas linhas desse texto que ele reconhece a necessidade no processo analítico não apenas de superar o recalcamento, os mecanismos de defesa e a censura do inconsciente, para o paciente recordar o que foi esquecido, mas ainda de *elaborar* as lembranças emergentes para consolidar uma trama representativa consciente e processos psíquicos consistentes para lidar com conflitos, com o prazer e com o desprazer, e com as oscilações do afeto e das pulsões.

Naturalmente, essas recomendações tinham como pressupostos o funcionamento psiconeurótico do paciente, a existência de recursos e mecanismos de defesa psíquicos, como o recalcamento, e também a capacidade de investimento objetal do paciente tanto no analista como no dispositivo analítico, pela transferência. A experiência do próprio Freud já revelara a inexistência dessas condições em um grande número de pacientes, como os que apresentavam neuroses narcísicas ou atuais.

Com o passar do tempo, ele também percebeu que, nesses casos e em muitas outras situações, o fenômeno da repetição se reproduzia em um círculo vicioso de atuações e descargas inócuas em promover lembranças ou circuitos representativos. Também compreendeu melhor a dimensão destrutiva da compulsão à repetição, associada à pulsão de morte, descrevendo-a em "Além do princípio do prazer" (Freud, 1920/1987a).

À complexidade dessas situações e aos dilemas delas decorrentes se somavam aquelas representadas pelas neuroses mistas e pelo núcleo de neurose atual das psiconeuroses, descritas nas "Conferências introdutórias à psicanálise". Ainda naquele período, tendo desenvolvido uma compreensão mais elaborada da função das dinâmicas narcísicas e hipocondríacas na economia libidinal, Freud reconheceu ainda que "uma modificação somática patológica (por inflamação ou lesão)" poderia também desencadear a formação de sintomas neuróticos, ao transformar o sintoma orgânico real "em representante de . . . fantasias inconscientes" que apenas aguardavam "a ocasião de lançar mão de algum meio de expressão" (Freud, 1916-1917/1987c, p. 455).[4] Em casos como esse,

> *o médico adotará ora uma, ora outra linha de tratamento. Ou se esforçará por abolir a base orgânica, sem importar-se com a ruidosa elaboração neurótica; ou atacará a neurose que aproveitou essa oportunidade favorável para surgir, e prestará pouca atenção à sua causa precipitante orgânica. O resultado mostrará que uma ou outra linha de conduta está certa ou errada; é impossível fazer recomendações gerais para abordar esses casos mistos. (Freud, 1916-1917/1987c, p. 456)*

As consequências dessa dissociação na abordagem diagnóstica e terapêutica, percebida por Freud, não foi discutida por ele nem naquelas "Conferências", nem em seus trabalhos posteriores. Por muito tempo, elas tampouco foram questionadas no movimento psicanalítico. Reservando a psicanálise às expressões mentais da sintomatologia, quando muito histéricas, deixou de atravessar as fronteiras e de se aventurar no território das dinâmicas orgânicas, mais primitivas, aquém das condições representativas e das dinâmicas psíquicas mais complexas e organizadas.

4 Em *Impasses da alma, desafios do corpo: figuras da hipocondria*, aprofundo a discussão dessa função intermediária da hipocondria entre a descarga corporal e a busca por uma organização representativa da excitação (Volich, 2002/4ª ed., no prelo).

Metapsicologia e funcionamentos primitivos

Todas essas questões apontadas por Freud já evidenciavam algumas das "dificuldades narcísicas" do observador ao contato, à compreensão e à clínica dos fenômenos ditos "psicossomáticos", descritas por Pierre Marty em seu importante artigo de 1952 (Marty, 1952). Dificuldades que se manifestam como resistências na atitude, no vocabulário, na capacidade de observação, de elaboração teórica e na clínica – médica, psicanalítica ou de qualquer outra abordagem terapêutica desses fenômenos.

Desde os anos 1910, S. Ferenczi (1926/1991b, 1928/1991a) já defendera a necessidade de modificações da técnica psicanalítica para viabilizar o trabalho com os efeitos desorganizadores dos traumatismos, do infantil mais primitivo e, também, das doenças orgânicas. Nessa vertente, Marty e os pioneiros do Instituto de Psicossomática de Paris passaram a destacar o alcance da teoria pulsional freudiana para a compreensão e o trabalho terapêutico com funcionamentos mais desorganizados, apresentados por alguns pacientes. Demonstraram também a necessidade de mudanças significativas no enquadre e nas formas de intervenção do analista/psicoterapeuta para, antes de mais nada, conter e organizar a economia pulsional desestruturada, errática, marcada por descargas somáticas e atuações comportamentais, aquém da função integradora das representações, aquém do narcisismo e mesmo do autoerotismo, aquém da angústia e, inclusive, aquém da pulsão. No limite da vida.

Desde suas primeiras descrições do *pensamento operatório* e da *depressão essencial*, Marty e seus colegas do que veio a ser conhecido como Instituto de Psicossomática de Paris criaram referências teóricas e recursos clínicos para reconhecer, mapear e transformar esses territórios obscuros, caóticos e desorganizados (Marty &

M'Uzan, 1963; Marty, 1966/1968). Ampliando a constatação freudiana das diferenças de complexidade entre as psiconeuroses e as neuroses atuais, Marty sublinha que elas refletem características das dinâmicas e funções da economia psicossomática, que, ao longo do desenvolvimento, evoluem das mais simples para as mais complexas, das menos organizadas para as mais organizadas, da anarquia para a hierarquização (Marty, 1976, p. 116). Diante de conflitos e vivências traumáticas, a economia psicossomática busca equilibrar-se por meio das vias orgânicas, motoras e de pensamento, que representam nessa ordem uma hierarquia progressiva de recursos que podem ser utilizados com tal finalidade.

Quando presentes, os recursos de natureza mental, mais organizados, prestam-se a essa função. Quando da não constituição ou insuficiência desses recursos mais organizados, a economia psicossomática pode reagir à intensidade dos estímulos a que está submetida de forma anacrônica, primitiva, menos elaborada do que seria ou já foi capaz, desencadeando movimentos no sentido contraevolutivo, regressões somáticas e desorganizações progressivas, que se manifestam por meio de descargas motoras e de comportamento e, no polo extremo, pode suscitar desorganizações somáticas, muitas vezes sinalizadas previamente pela vida operatória e pela depressão essencial.

Esses movimentos são pautados pelas interações e pelo grau de intricação entre os Instintos de Vida e de Morte, marcados tanto por fatores regulares do desenvolvimento (genéticos, anatômicos, fisiológicos, funcionais) como fatores irregulares e imprevistos, como as condições relacionais, especialmente da maternagem, traumatismos e condições "reanimantes" (Marty, 1976, 1980).

As contribuições de Marty, Michel Fain, Michel de M'Uzan, Léon Kreisler, ampliadas pela geração seguinte de Claude Smadja, Marilia Aisenstein e Gérard Sczwec e vários outros, encontram ressonância na linhagem que, desde Ferenczi, passando por Melanie Klein, René Spitz, Donald Winnicott, André Green, Pierre Fédida, Otto Kerneberg e por um número crescente de psicanalistas, desenvolveu hipóteses teórico-clínicas que permitem superar o dilema apontado por Freud, há pouco mencionado: o do clínico que, diante das manifestações de uma neurose mista, se veria obrigado a escolher entre o tratamento de suas expressões orgânicas ou de suas expressões psíquicas, neuróticas, como se um excluísse o outro, avaliando pelos resultados a pertinência de sua escolha.

As teorias desses autores tornaram cada vez mais possível observar, compreender e acompanhar ao longo do tempo as oscilações da economia psicossomática do paciente, tratando de suas manifestações psíquicas, somáticas e atuações comportamentais por meio da modulação da transferência, do enquadre e também pela utilização de recursos terapêuticos mediadores, como o relaxamento, o psicodrama, arteterapia, fotolinguagem e outros. A partir dessas abordagens e de remanejamentos dos enquadres clínicos, vem sendo possível o tratamento psicanalítico não apenas de pacientes que apresentam uma sintomatologia orgânica, mas também de pacientes psicóticos, *borderlines*, adictos e com transtornos de caráter, ou seja, pessoas que vivem os efeitos da precariedade de suas vivências infantis e de seu desenvolvimento, do esgarçamento de seu tecido psíquico e de suas fragilidades narcísicas, da pobreza de seu mundo objetal e de representações.

A clínica do primitivo

Assim, na clínica, é fundamental atentar para as oscilações de diferentes dimensões e hierarquias funcionais da economia psicossomática.

Desde as primeiras consultas e ao longo de todo o processo terapêutico, observamos posturas corporais, expressões gestuais, sensibilidade relacional, modalidades verbais e não verbais de comunicação e tonalidades emocionais que nos permitem sintonizar com os modos de funcionamento do paciente de forma a constituir uma relação ou *transferência de base*, como descreve Catherine Parat (1982).

A partir disso, buscamos promover com o paciente vínculos muitas vezes tênues ou inexistentes para consolidar a transferência e constituir um cenário propício a intervenções organizadoras e transformadoras da economia psicossomática muitas vezes precária e perturbada, fonte de seus sofrimentos, sintomas e doenças. Além de sua dimensão representativa, a dimensão transferencial e contratransferencial compreende também uma atenção específica aos aspectos sensoriais e motores das experiências do analista e da relação. É também por meio dessas e de outras manifestações transferenciais e contratransferenciais, o analista pode identificar os principais modos de funcionamento do paciente, a qualidade de seus recursos, defesas e manifestações sintomáticas.

A partir desse território privilegiado de observação e intervenção, acompanhamos as características do discurso do paciente, suas modalidades afetivas e gestuais que sinalizam a cada momento a consistência de diferentes perspectivas da economia psicossomática e, especialmente, das instâncias e dinâmicas psíquicas, do pré-consciente e seus recursos representativos, a qualidade da mentalização, elementos centrais de ligação e organização das forças pulsionais.

Alguns elementos sinalizam a fragilidade da mentalização[5] e os riscos ou a existência de movimentos de desintricação entre

5 Conjunto de operações de representação e simbolização por meio das quais o aparelho psíquico busca regular as energias instintivas e pulsionais, libidinais e agressivas (Marty, 1990/1994; Smadja, 1990).

as pulsões de vida e de morte, propícios às regressões somáticas e desorganizações progressivas, presentes ou passíveis de desencadear diferentes graus de sintomas e doenças orgânicas de crise ou graves, crônicas ou reversíveis.

Entre esses fatores, é importante reconhecer a dificuldade ou impossibilidade de elaboração de perdas, de lidar com conflitos e frustrações, a predominância de funcionamentos marcados pelo ego ideal e a rarefação ou ausência do superego edipiano, a manifestação de angústias difusas em detrimento de angústias sinal, a fragilidade dos núcleos masoquistas erógenos primários, a pobreza do mundo objetal, a primazia de descargas pelo comportamento e somáticas em detrimento dos recursos discursivos, oníricos, da fantasia e da criatividade, as manifestações de vida operatória e da depressão essencial.

Em condições como essas, tanto o trabalho de associação livre como as interpretações verbais do analista, buscando alcançar e mobilizar os conteúdos e dinâmicas inconscientes mais profundas, de natureza pulsional, regressivos e de forte potencial conflitivo, revelam-se algumas vezes difíceis, outras vezes impossíveis, inócuos, e, ainda, em alguns casos, iatrogênicos, por promoverem uma sobrecarga de excitações na economia psicossomática de pacientes que não apresentam condições de metabolizá-la.

Com pacientes que vivem de forma crônica ou aguda modos mais desintegrados e desorganizados de funcionamento, como os que descrevemos, somos convocados a um "trabalho minimalista", que lida com níveis bastante primitivos de comunicação, resgatando os mínimos indícios sensoriais, dos gestos, do olhar, do toque, por meio dos quais é possível estabelecer com o paciente uma relação que promova o desenvolvimento de recursos mais evoluídos de comunicação, de relação e de reação diante dos conflitos vitais, cotidianos e da própria doença (Volich, 2000/2022b).

A desvitalização notável de muitos desses pacientes e a fragilidade de suas estruturas narcísicas e de suas experiências libidinais exigem um intenso investimento do terapeuta por meio da função materna e do *holding* para que o tratamento seja possível. O trabalho orienta-se antes de mais nada para a criação de condições paraexcitantes para conter e organizar o transbordamento de excitações. A posição face a face, um *corpo a corpo a distância*, como descreve Marília Aisenstein (1998), o olhar, os gestos, as expressões faciais e os recursos verbais e não verbais são colocados a serviço da *reanimação libidinal* do paciente, apontada por Denise Braunschweig (1993). No contexto institucional e no trabalho com equipes de saúde, as transferências laterais, com outros profissionais da equipe, também potencializam os recursos terapêuticos para promover essa reanimação (Parat, 1982).

A continência do espaço terapêutico e do vínculo com o analista propiciam o desenvolvimento e a organização das vivências pulsionais, dos recursos narcísicos, representativos e de ligação entre as pulsões de vida e de morte, bem como dos núcleos masoquistas erógenos primários, que permitem suportar o sofrimento provocado por ausências e perdas, aumentando também a tolerância à frustração, como lembra Benno Rosemberg (1991). Ao mesmo tempo, tornam-se mais densas e organizadas as instâncias e dinâmicas psíquicas, bem como mais fluidas as dinâmicas e a circulação entre elas.

Como vimos, pela perspectiva do recalcamento, *recordar, repetir, elaborar* tornaram-se operadores fundamentais da análise das dinâmicas psiconeuróticas e de outras manifestações psicopatológicas. Diante dos impasses clínicos evidenciados pela dimensão mortífera da compulsão à repetição, a psicossomática psicanalítica desenvolveu recursos clínicos para adentrar os territórios primitivos, aquém do recalcamento, no limite das funções corporais e das possibilidades de representação.

Lembrando o paradigma da função materna que inspira o ato terapêutico, sugeri em outro trabalho (Volich, 2016) considerarmos três outras dimensões: *nomear*, *subverter*, *organizar*, para, ampliando a clínica psicanalítica, lidar com os sombrios, tortuosos e incertos territórios das desorganizações psicossomáticas.

> *Nomear manifestações e expressões primitivas, motoras, sensoriais, comportamentais, aquém da palavra.* Subverter, *libidinizando funções marcadas apenas pelo instinto, pela necessidade e pelo biológico, propiciando a transcendência para a ordem erógena e pulsional.* Organizar, *por meio da continência, da reanimação libidinal e da transferência, a economia psicossomática interrompendo movimentos regressivos e desorganizações ou promovendo desenvolvimentos interrompidos por vivências traumáticas ou perturbadoras da história do sujeito. (Volich, 2000/2022b)*

* * *

Inevitável e regularmente, a existência nos confronta com paus, pedras, grãos de areia e muitos outros obstáculos, adversidades e dores de diferentes grandezas, que se contrapõem às forças de vida, retardando e impedindo sonhos, desejos, prazeres, experiências, que, às vezes, inviabilizam o próprio viver.

Desde sempre convivemos com a violência, com a doença, com a dor e com a morte, desenvolvendo, graças à pulsão de vida, recursos individuais e coletivos para nos contrapormos a esses fenômenos.

Nos últimos anos, muitos de nós e de nossos próximos, amigos, colegas, familiares e pacientes fomos arrastados por uma violenta e mortífera enxurrada sanitária, política e social, que nos marcou com perdas e abandonos, com lutos nem sempre possíveis, com o desamparo e com a miséria, muitas vezes impensáveis. Em pouco tempo, nos deparamos e passamos a conviver com uma legião de órfãos, viúvos e famílias despedaçadas, muitas marcadas pelo desemprego, empobrecidas e esfomeadas, compulsoriamente relegadas ao desespero, às incertezas e à precariedade das moradias de rua.

A clínica e a ética da psicanálise nos ensinam a importância da presença sensível, empática e transformadora de um outro para a criação de recursos que possibilitem lidar com experiências como essas, sobretudo nas condições mais extremas de adoecimento e de perda. Muitas vezes, como agora, é uma questão de sobrevivência ampliar esse ensinamento para a dimensão coletiva, pela solidariedade e pela luta, em nome da vida, contra a irracionalidade, a pobreza e a desigualdade.

Elaborar é trabalhar, ligar, transformar, transcender.

Os tempos em que vivemos revelam mais ainda a importância e a urgência da elaboração das perdas e do sofrimento, e do trabalho da pulsão e do luto para proteger a vida dos movimentos de desorganização que podem dar cabo dela.

São os versos do poeta que, uma vez mais, revelam o caráter vital e o poder transformador dessas elaborações.

Naqueles versos iniciais de Drummond, a redundância, a repetição e a monotonia da pedra provavelmente foram mesmo a expressão mais imediata, espontânea e inevitável de sua dor pela perda do filho recém-nascido. Impregnada pela compulsão mortífera, naquele momento, aquela experiência pode ter-lhe parecido insuperável.

Ao sabor do tempo, de novas vivências e versos, a pedra-perda de Drummond foi lapidada, transformou-se. Anos depois, em outro poema, ele narra:

O filho que não fiz
hoje seria homem.
Ele corre na brisa,
sem carne, sem nome.

Às vezes o encontro
num encontro de nuvem.
Apoia em meu ombro
seu ombro nenhum.

Interrogo meu filho,
objeto de ar:
em que gruta ou concha
quedas abstrato?
. . .
O filho que não fiz
Faz-se por si mesmo (Andrade, 1980/2014, p. 239)

Elaborada a dor, dissolve-se o caráter mortífero da repetição. Carlos Flávio deixa de ser pedra-túmulo para tornar-se nuvem, filho e sonho.

Referências

Andrade, C. D. (1973). No meio do caminho. In C. D. de Andrade, *Poesia completa e prosa* (Vol. único, pp. 61-62). José Aguilar. (Trabalho original de [1928]1930)

Andrade, C. D. (1973). Ser. In C. D. de Andrade, *Poesia completa e prosa* (Vol. único, p. 239). José Aguilar. (Trabalho original de [1928]1930)

Andrade, O. (1976). O manifesto antropófago. In G. M. Teles, *Vanguarda européia e modernismo brasileiro: apresentação e crítica dos principais manifestos vanguardistas.* Vozes. (Trabalho original de 1927)

Aisenstein, M. (1998). On est prié de ne pas tourner le dos. In J. Schaeffer & G. Diatkine (Eds.), *Psychothérapies psychanalytiques*. PUF.

Braunschweig, D. (1993). Implications techniques de la théorie psychosomatique. *Revue Française de Psychosomatique, 3.*

Ferenczi, S. (1991a). A elasticidade da técnica psicanalítica. In S. Ferenczi, *Psicanálise 4: obras completas.* Martins Fontes. (Trabalho original de 1928)

Ferenczi, S. (1991b). As neuroses de órgão e seu tratamento. In S. Ferenczi, *Psicanálise 3: obras completas* (pp. 377-382). Martins Fontes. (Trabalho original de 1926)

Freud, S. (1987a). Além do princípio do prazer. In S. Freud, *Edição standard brasileira das obras psicológicas completas de Sigmund Freud* (Vol. XVIII). Imago. (Trabalho original de 1920)

Freud, S. (1987b). As neuropsiconeuroses de defesa. In S. Freud, *Edição standard brasileira das obras psicológicas completas de Sigmund Freud* (Vol. III). Imago. (Trabalho original de 1894)

Freud, S. (1987c). Conferências introdutórias sobre a psicanálise II. In S. Freud, *Edição standard brasileira das obras psicológicas completas de Sigmund Freud* (Vol. XVI). Imago. (Trabalho original de 1916-1917)

Freud, S. (1987d). Introdução à psicanálise das neuroses de guerra. In S. Freud, *Edição standard brasileira das obras psicológicas completas de Sigmund Freud* (Vol. XVII). Imago. (Trabalho original de 1919)

Freud, S. (1987e). Luto e melancolia. In S. Freud, *Edição standard brasileira das obras psicológicas completas de Sigmund Freud* (Vol. XIV). Imago. (Trabalho original de 1917)

Freud, S. (1987f). O inconsciente. In S. Freud, *Edição standard brasileira das obras psicológicas completas de Sigmund Freud* (Vol. XIV). Imago. (Trabalho original de 1915)

Freud, S. (1987g). O instinto e suas vicissitudes. In S. Freud, *Edição standard brasileira das obras psicológicas completas de Sigmund Freud* (Vol. XIV). Imago. (Trabalho original de 1915)

Freud, S. (1987h). Recordar, repetir, elaborar. In S. Freud, *Edição standard brasileira das obras psicológicas completas de Sigmund Freud* (Vol. XII). Imago. (Trabalho original de 1914)

Freud, S. (1987i). Repressão. In S. Freud, *Edição standard brasileira das obras psicológicas completas de Sigmund Freud* (Vol. XIV). Imago. (Trabalho original de 1915)

Freud, S. (1987j). Sobre o narcisismo: uma introdução. In S. Freud, *Edição standard brasileira das obras psicológicas completas de Sigmund Freud* (Vol. XIV). Imago. (Trabalho original de 1914)

Freud, S. (1987k). Sobre os fundamentos para destacar da neurastenia uma síndrome específica intitulada de "neurose de angústia". In S. Freud, *Edição standard brasileira das obras psicológicas completas de Sigmund Freud* (Vol. III). Imago. (Trabalho original de 1895)

Marty, P. (1952). Les difficultés narcissiques de l'observateur devant le problème psychosomatique. *Revue Française de Psychanalyse, 16*(3), 147-164.

Marty, P. (1968). La dépression essentielle. *Revue Française Psychanalyse, 32*(3), 595-598. (Trabalho original de 1966)

Marty, P. (1976). *Les mouvements individuels de vie et de mort: Essai d´économie psychosomatique.* Payot.

Marty, P. (1980). *L'ordre psychosomatique: Les mouvements individuels de vie et de mort 2. Désorganisations e régressions.* Payot.

Marty, P. (1994). *A psicossomática do adulto.* Artes Médicas. (Trabalho original de 1990)

Marty, P., & M'Uzan, M. (1963). La pensée opératoire. *Revue Française de Psychanalyse, 27*, 345-356.

Parat, C. (1982). Transfert et relation en analyse. *Revue Française de Psychanalyse, 46*(2), 357-360.

Press, J. (1999). *La perle et le grain de sable: Traumatisme et fonctionnement mental.* Delachaux et Niestlé.

Ritter, P., & Ferraz, F. (2022). *O grão de areia no centro da pérola: sobre as neuroses atuais.* Blucher.

Rojas, C. (2008). Hystéries, entre perle et grain de sable… *Revue Française de Psychosomatique, 33*(1), 31-43.

Rosenberg, B. (1991). *Masochisme mortifère, masochisme gardien de la vie.* PUF.

Smadja, C. (1990). La notion de mentalisation et l'opposition névroses actuelles/névroses de défense. *Revue Française de Psychanalyse, 54*(3), 787.

Tabacof, D. (2021). Dora, o grão de areia e a pérola. In D. Tabacof, *Clínica da excitação: psicossomática e traumatismo*. Blucher.

Teles, G. M. (1970). *Drummond: a estilística da repetição*. José Olympo.

Volich, R. M. (no prelo). *Impasses da alma, desafios do corpo: figuras da hipocondria*. (4ª ed., revista e ampliada). Blucher. (Trabalho original de 2002)

Volich, R. M. (2016). Nomear, subverter, organizar: o corpo na clínica psicanalítica. *Revista Brasileira de Psicanálise, 50*(2), 47-64.

Volich, R. M. (2021). Morrer em análise. In R. M. Volich, *Tempos de encontro: escrita, escuta, psicanálise*. Blucher. (Trabalho original de 2007)

Volich, R. M. (2022a). Corações inquietos: Freud, Fliess e as neuroses atuais. In P. Ritter P. & F. Ferraz, *O grão de areia no centro da pérola: sobre as neuroses atuais*. Blucher.

Volich, R. M. (2022b). *Psicossomática, de Hipócrates à psicanálise* (8ª ed., revista e ampliada). Blucher. (Trabalho original de 2000)

7. A função do objeto na regulação da economia psicossomática[1]

Diana Tabacof

Gostaria de associar de antemão a função do objeto à noção de desamparo, à angústia de sentir a vida por um fio, experiência humana primordial. A dependência absoluta como condição originária, a dita neotenia, inscreve o risco vital no centro da existência. A angústia de desamparo, fenômeno intrinsecamente somático, vai se inscrever como um núcleo traumático, que pela vida afora tenderá a nos aspirar, e contra o qual vamos ter de continuamente lutar. A fragilidade e o medo da morte fazem parte da vida – como o mundo em que vivemos e a clínica psicossomática não cessam de nos lembrar.

É comovente no texto de Freud de 1895, no Projeto que ele engavetou, que ele faça dos gritos do recém-nascido uma pura descarga físico-química gerada pela tensão das necessidades orgânicas, a "fonte originária de todos os *motivos morais*". Os gritos e outros sinais sinestésicos, suscitando a "compreensão mútua",

1 Trabalho apresentado na Jornada de Psicossomática Psicanalítica, em novembro de 2021, na Sociedade Brasileira de Psicanálise de São Paulo.

fazem emergir imediatamente o "outro", aquele que potencialmente poderá aportar uma resposta adequada (a "ação específica") aos apelos que o estado de "desajuda" mobiliza. Assim nasce, junto àquele que vai se tornar sujeito, o objeto. O "Nebenmensch", nesse texto freudiano, que vai ser sucessivamente chamado de "outro estrangeiro", de "ser humano próximo", de "pessoa atenta", é um objeto do mundo, do *socius*, e do seu comprometimento com o outro a vida deste pode vir a depender.

Freud volta em 1926 à experiência do trauma e descreve a passagem evolutiva que faz que a experiência vivida como perigo vital (real), que se manifesta no registro econômico da descarga automática de excitações, se *transforme* em uma experiência subjetiva inscrita em uma dinâmica objetal.

As condições estarão dadas para que as cargas energéticas internas possam ser qualificadas e a angústia automática adquira o valor de um sinal antecedendo o risco de perda do objeto provedor, cuja vocação é de tornar-se um objeto interno psíquico, simbolizável, infinitamente substituível e metaforizável.

Esses processos de transformação serão tributários das condições singulares de cada um, e em função da qualidade da "resposta" do objeto, da "compreensão mútua" que se expressa por meio de modos de comunicação infinitamente variáveis, sua interiorização como parte da estrutura do eu poderá, ou não, se instalar.

Segundo André Green (1984/1995), o que verdadeiramente se instala nesse espaço interior, quando os investimentos do objeto são suficientemente positivos, é a possibilidade do sujeito de vir a poder criar *novos objetos* – o que ele vai chamar de *função objetalizante*, da qual o próprio objeto é o agente, enquanto a *função desobjetalizante* indicaria os movimentos de desinvestimento e de ruptura, mais ou menos brutais, da ligação objetal.

Os destinos do indivíduo na perspectiva que delineamos aqui serão tributários não apenas *do* objeto, mas *dos* seus objetos, no plural. Green critica, com razão "a hegemonia" de um "objeto primordial", idealizado, que venha a reduzir a origem da vida a uma "ficção originária".

Ressaltemos que, muitas vezes, a referência ao objeto concerne exclusivamente a mãe, ou o seio, quando não se trata de uma figura *sacrossanta*, já tornada objeto interno antes mesmo de considerarmos o impacto da sua realidade, de sua inscrição no mundo e, particularmente, de sua sexualidade. A sexualidade do objeto, qualquer que seja seu sexo, ou mais precisamente seu gênero, participa do corpo a corpo de suas relações com o sujeito em vias de construção, já que a partir dos "Três ensaios" o objeto freudiano é definitivamente sexual. Assim, os objetos possuem seus próprios objetos, que vão constituir um *circuito objetal erótico* no qual a criança que chega ao mundo vai se inscrever.

Nutritivos e sedutores, os objetos são fontes de libido, dessa energia transformadora de Eros, que se infiltra por meio das múltiplas interações com o corpo da criança, e se liga às excitações enraizadas no seu soma, vindo a transformá-lo em um corpo pulsional. Esse movimento é ao mesmo tempo objetalizante e pulsionalizante, pois o objeto e a pulsão são coalescentes. Essa vetorização, de acordo com a concepção atual da Escola de Paris, corresponde ao movimento evolutivo de *organização* e de vida.

No sentido contrário, no movimento contraevolutivo de *desorganização*, uma outra vetorização se esboça, na qual, pelas distorções nos seus modos de investimento e inadequação nos seus aportes libidinais, os objetos tornam-se fontes de destrutividade e do pulsional mortífero. Uma tendência aos movimentos de desobjetalização se inscreve no sujeito.

A partir da concepção martyniana, o movimento de desorganização representa (de forma esquemática) uma degradação progressiva das formações pulsionais, por meio da qual elas perdem suas qualidades psíquicas e voltam às suas raízes somáticas originárias, ou seja, voltam a se tornar pura excitação. No movimento de desorganização, tanto as funções somáticas quanto as funções mentais se degradam: no plano somático, os sintomas se desencadeiam; no plano mental, o pensamento operatório, por exemplo, ou a depressão essencial, seriam exemplos desta "perda de qualidade" do funcionamento mental.

O paradigma do movimento de desorganização é a angústia (a velha angústia dos primórdios, reeditada), desencadeada por situações traumáticas e exigências da vida de toda ordem de grandeza, que tenham um caráter conflitivo. Estas vão pôr à prova a capacidade do sujeito de encontrar soluções psíquicas à quebra de homeostase que elas representam, ou seja, à *desintricação pulsional* que produzem. Tais soluções se apreciam evidentemente no singular, a partir do funcionamento e da história de cada um, e mais precisamente das marcas deixadas pelos traumatismos eventualmente já vividos, e do que se constituiu, em última instância, como capital libidinal no sujeito. A eficiência da intricação da destrutividade, pela força de ligação de Eros, pela libido do eu, por meio de um bom *masoquismo erógeno primário*, dará recursos para que as operações psíquicas não se paralisem e uma reorganização, nos termos de Marty (1976), e uma reobjetalização, nos termos de Green (1984/1995), possam se produzir, interrompendo o movimento mortífero.

A questão do estatuto do objeto interno é aqui central. A razão principal é que o estado traumático advém essencialmente da perda objetal – não apenas da perda de um objeto humano, mas da perda de qualquer coisa pulsionalmente investida pelo sujeito e que tenha valor de objeto para si. Na ausência desta âncora interna, os objetos externos se tornam absolutamente vitais.

Vejamos na clínica como tudo isso pode se dar.

Tereza, sentada na beira da poltrona diante de mim, com o corpo projetado para a frente e os olhos arregalados, parece suspensa diante de um abismo. Fala de forma acelerada e veemente; de vez em quando, seus olhos se enchem de lágrimas, sem que ela expresse, no entanto, nenhum afeto bem construído. Na casa dos 40, esta mulher que vive só e não teve filhos conta sua "corrida de obstáculos" devido aos seus sintomas somáticos que parecem não ter remédio: sensações de queimação no estômago "que sobem" para o esôfago, colites intestinais intensas, dores de cabeça e, recentemente – isso é o que mais a preocupa e a fez consultar o IPSO –, a detecção de um enfisema pulmonar em estado avançado. Ela esta apavorada com a evolução que isso pode ter, desde já se vê impedida de fazer sua natação, prática imprescindível para ela e que lhe permite, me diz, "descarregar seu estresse"... Tereza conta ter parado de fumar há muitos anos e se pergunta, depois de ter lido na internet, se ela não "está com isso" por causa de sua bronquite infantil.

A prevalência do registro econômico no funcionamento de Tereza é evidente. Estamos numa conjuntura típica da "clínica da excitação".

Diante de uma paciente como ela, o analista psicossomaticista é convocado a fazer concretamente parte do enquadre. "A pessoa do objeto" é convocada, ou, se preferirmos, o "objeto em pessoa". Na ausência de imagos bem construídos e capacidades projetivas, necessárias ao estabelecimento de uma "neurose de transferência", é uma "transferência de base", segundo a definição de Parat (1995), que vai se instalar. Nesse caso, sua escuta, mas também sua "presença sensível" (Press, 2010), vão assegurar o que há de mais indispensável nessa clínica: o *investimento do paciente pelo analista* – por meio de um olhar que vê, engloba e reflete, confirma a sua existência e lhe devolve sua própria imagem. Uma escuta que retém, que se interessa, que retoma o que foi ouvido, estabelece pontes para que ele mesmo possa atravessar. Um silêncio sustentado por trocas sensório-perceptivas, que criam uma rede na qual ele possa se sustentar. Um tipo de investimento que vai permitir ao paciente a descoberta progressiva do seu próprio funcionamento mental e, aos poucos, o prazer de fazê-lo funcionar.

Os registros de sensibilidade que essa clínica requer fazem parte da *função materna* do analista, noção-chave do edifício teórico-clínico em psicossomática. Essa noção, forjada por P. Marty e enriquecida por M. Fain, contempla a dimensão do materno como da ordem de uma função, de um conjunto de funções mais precisamente. Ela nos indica o papel que desempenha o objeto nos movimentos de organização-desorganização e de potencial reorganização psicossomática do sujeito. Dois registros principais da função materna, do analista assim como dos objetos primários de outrora, podem ser aqui lembrados: o de paraexcitação e o de agente de transformação pulsional.

A imagem do corpo de Tereza no espaço, diante de mim, evoca, simultaneamente, o risco de uma queda no vazio e uma atitude de preparação para um movimento de propulsão em direção aos meus braços. O espectro de um bebê voraz, deixado sozinho com sua fome, se impõe, e pode-se adivinhar uma oralidade malconstruída, pois as raízes somáticas das funções digestivas parecem sempre ativas, como se um antigo refluxo gástrico nunca tivesse cessado, e suas tripas continuassem a se retorcer de medo, um medo sempre atual, melhor dizendo, uma angústia de abandono infantil sempre prestes a se reatualizar. A experiência libidinalizante da função alimentar, apta a transformar suas sensações fisiológicas em experiências de saciedade e prazer, associadas a objetos estáveis, de toda evidência não pôde se inscrever em Tereza. Aqui se esboça uma figura da psicossomática infantil, que aponta para o fracasso da instalação psíquica do *fort-da*; os sucos alimentares substituem um mecanismo mental.

Uma figura materna indisponível, cruel e hiperexcitante aparece imediatamente no horizonte, e podemos inferir o quanto pode ter sido inapta a regular os ritmos corporais da filha e dar sentido ao que vinha do seu corpo, ajudando a transformar, na base da construção de seu corpo erótico, a sua fome em desejo. Assim, fragilizou o apoio da pulsão sobre a função e distorceu o destino da oralidade, que, segundo Green (1984/1995), fornece ao conjunto da vida pulsional o apetite e a busca pela vida afora de objetos de satisfação.

Essa figura materna, cujo narcisismo fálico parece evidente, indicaria a presença da representação da mãe-mulher, condição indispensável à organização do inconsciente recalcado sexual. Esta vem acompanhada, no entanto, de uma figura paterna maternante, que teria infiltrado na filha uma sensualidade incestuosa e não mediatizada por uma censura estruturante. A fantasia de cena primitiva que poderia ser formada em Tereza remeteria a um coito sadomasoquista violento, do qual o pai sairia castrado. Esse pulsional sexual, contudo, teria ficado "informe", mantido sob a forma do que chamamos de "sensorialidade traumática primaria" (Fain, 1991). Material a ser manejado pela analista como quem maneja explosivos, de tão não elaborável que isso seria para Tereza, antes que um longo trabalho paraexcitante, de fracionamento e de ligação desse estado próximo à angústia atual, no qual ela se encontra, possa se realizar.

Como tantos dos nossos pacientes somáticos, Tereza se perde nas suas perdas objetais, pois seus objetos internos são malconstruídos e pouco diferenciados dela própria. Diferentemente, porém, do quadro melancólico, ou de um trabalho de luto, inacessíveis muitas vezes a esses pacientes, os afetos de tristeza, a depressão e o autoflagelo são substituídos pela hiperatividade e pela somatização.

Não foi uma surpresa descobrir que, antes do desencadeamento do seu enfisema, Tereza perdera o pai. Seu oxigênio, podemos dizer. O trabalho de rememoração e o retorno às suas crises de bronquite infantis, que podemos conceber como *pontos de fixação somática*, permitiram a emergência de lembranças ternas, relativas aos cuidados paternos e ao xarope com mel que este lhe dava. Com a função terceirizante da analista, um movimento de dessexualisação e um acesso a novas capacidades sublimatórias se abriram. Uma história vem sendo contada entre nós a partir de sua doença pulmonar, e um movimento de reorganização objetalizante vem se instalando. Podemos dizer que a doença, até então opaco "objeto somático", se tornou um "objeto psíquico" para essa paciente – assim como todo o leque de suas somatizações, que entraram pouco a pouco, na nossa conversação, abrindo o campo a novos investimentos de vida do seu corpo pulsional.

Referências

Fain, M. (1991). Préambule à une étude métapsychologie de la vie opératoire. *Revue française de psychosomatique,* 1, 59-79.

Freud, S. (2006). Projet d'une psychologie. In S. Freud, *Lettres à Fliess* (pp. 593-650). PUF. (Trabalho original de 1895)

Freud, S. (2014). Inibição, sintoma e angústia. In S. Freud, *Obras completas* (Vol. 17; P. C. de Souza, Trad.). Companhia das Letras. (Trabalho original de 1926)

Green, A. (1995). L'objet et la fonction objectalisante. In A. Green, *Propédeutique: La métapsychologie revisitée* (pp. 229-266). Champ Vallon. (Trabalho original de 1984)

Parat, C. (1995). *L'affect partagé*. Paris. PUF.

Press, J. (2010). *La Construction du sens*. Paris. PUF.

Smadja, C. (2014), Le modèle pulsionnel de la psychosomatique. *Revue française de psychosomatique*, *45*(1), pp. 11-30.

8. Cheiros, memórias e elaborações[1]

Margaret Waddington Binder

Queixo-me às rosas
Mas que bobagem
As rosas não falam
Simplesmente as rosas exalam
O perfume que roubam de ti, ai
Cartola (1974)

Já sabemos que toda doença mental, comportamental ou somática é ainda uma tentativa de estabelecimento de um equilíbrio no organismo. O organismo, por não dispor de recursos mais evoluídos para enfrentar tensões internas e externas, vai recorrendo a recursos mais e mais primitivos, até conseguir uma situação que interrompa tal movimento contraevolutivo. Muitas vezes essa situação é uma doença. Por conta da pobreza do aparelho psíquico desses pacientes, da deficiência do seu funcionamento mental, não sabemos o que eles podem suportar como tratamento.

1 Trabalho apresentado na Jornada de Psicossomática Psicanalítica, em novembro de 2021, na Sociedade Brasileira de Psicanálise de São Paulo (SBP-SP).

Com estes pacientes psicossomáticos, estamos sempre lidando com momentos muito primitivos, iniciais mesmo, da vida psíquica. São atendimentos bastante delicados, pois, muitas vezes, a manifestação de uma doença grave foi a única forma encontrada para permanecer vivo, e qualquer erro estratégico pode colocar em xeque esse equilíbrio conseguido a duras penas.

Para tais pacientes, com frequência, um rigor técnico acaba ameaçando o paciente com uma desintegração e fragmentação ainda maiores que os que ele já vive. Somos de certa forma obrigados a fazer alterações na técnica dita clássica para viabilizar o tratamento, chegando mesmo, algumas vezes, ao que os franceses chamam de "a arte da conversação" – o que não quer dizer que estamos fazendo uma terapia menor, nem menos simbólica. Estamos trabalhando como analistas, na maioria das vezes durante um bom tempo, exercendo uma função materna organizadora, de paraexcitação, e também de aporte narcísico, o que muito provavelmente foi deficiente nesses casos. Oferecemos um outro caminho para uma excitação até então barrada, construindo a possibilidade de talvez num futuro, muitas vezes longínquo, estarmos diante de seres mais integrados, simbólicos, com capacidade de usufruir um pouco mais de um aparelho mental mais bem constituído e, às vezes, até de uma psicanálise nos moldes clássicos. A gravidade desta ou daquela doença, e também o processo de tratamento ou cura, vai sempre depender dos recursos de que aquele sujeito pode se valer, das ferramentas disponíveis no seu psiquismo para fazer frente a esta ou aquela situação traumática.

A psicossomática psicanalítica nos traz uma teoria bastante complexa, que nos permite entender não apenas os pacientes somatizantes, mas toda uma gama de quadros clínicos da atualidade que não se encaixam na definição das neuroses clássicas. Importante frisar que se trata de uma teoria totalmente amparada na metapsicologia freudiana.

Trata-se de uma técnica elástica, que demanda um bom conhecimento e também larga experiência anterior no uso da técnica clássica, para, aí sim, podermos nos aventurar em um atendimento especialmente difícil e usualmente longo, com esses pacientes somatizantes, que apresentam dificuldades na relação com o mundo objetal e consequentemente transferencial.

Resolvi então trazer para vocês um caso clínico e uma sessão específica, com uma paciente que atendi por anos a fio, com alguns pequenos intervalos, no início aparentemente sem sucesso, uma vez que a doença da paciente e seus sintomas pareciam ocupar todo o espaço possível naquela relação. Aos poucos os sintomas foram dando lugar a uma linda e intrigante história.

Escolhi dar a essa paciente o nome de Rosa. Por quê?

Cultivo rosas no meu sítio. Há muitos anos tento fazer um roseiral, mas as rosas são dificílimas de cultivar, são frágeis, pegam fungos, pragas; quando parece que vão acontecer, vão brotar, nada feito, e temos que começar tudo novamente. A tendência é desistir. Mas, quando as rosas florescem, são de um encanto, uma beleza, como nenhuma outra flor.

Rosa me foi encaminhada há muitos anos pelo seu médico, que conhecia meus estudos em psicossomática. Uma senhora de 71 anos, separada há alguns anos, quatro filhos – três homens e uma mulher, sendo que dois deles moram fora do Brasil. Veio trazida pela filha. De origem estrangeira, vinda de um país da América Latina, vivia apenas com uma empregada/acompanhante de muitos anos, que tinha a mesma nacionalidade. Jamais trabalhou formalmente, mas, durante anos, ofereceu aulas de corte e costura em sua residência. Quando chegou, apresentava um quadro de hipertensão muito grave. Uma hipertensão, segundo os médicos, de etiologia desconhecida, que não respondia aos medicamentos usuais. Uma situação não tão rara, já atendida por mim outras vezes, principalmente em pacientes mais idosos. Até mesmo fazer os exames era difícil para Rosa. Com frequência, nessas tentativas de exames ficava com a pressão muito alta, abortando qualquer coisa que não fosse tentar o controle daquele quadro agudo. Um quadro que a levava frequentemente, em alguns períodos semanalmente, ao pronto-socorro cardiológico ou a qualquer outra emergência, onde era internada por algumas horas, medicada com potentes anti-hipertensivos e calmantes, sendo este quadro sempre seguido de muita turbulência e transtornos.

Rosa trazia esses remédios sempre consigo na bolsa, e muitas vezes interrompia a sessão para se assegurar de que não os havia esquecido. Seu médico entrou em contato comigo mais de uma vez, dizendo já haver tentado todas as combinações possíveis, incluindo aí, além dos anti-hipertensivos, também ansiolíticos e antidepressivos. Segundo ela, estava meio deprimida com a viagem de um dos filhos e netos para um outro país, quatro netos que vinha ajudando a cuidar desde o nascimento e via frequentemente. Mas era apenas um comunicado desprovido de qualquer carga emocional ou afetiva.

No início, além desse desgoverno da pressão, trazia sempre muito medo da velhice maior que estava chegando, medo da solidão, medo de perder sua autonomia, não poder fazer os exercícios de que tanto gostava, perder a sua caminhada longa e diária e principalmente perder o movimento das pernas, uma vez que já apresentava artroses em diferentes articulações. Também ficava aterrorizada em ficar surda e esquecida, já que todos os seus irmãos haviam ficado absolutamente surdos e dois deles estavam no momento com Alzheimer.

Começamos numa frequência de duas vezes por semana. Nos primeiros tempos ela tinha uma certa dificuldade em entender o que fazíamos ali. Achava muitas vezes que era como um curso, aulas para aprender a viver e a lidar com diferentes situações e dificuldades. Ou então, frequentemente me designava o papel de conselheira e sábia, e me perguntava o que era para fazer nesta ou naquela situação específica. Trazia recados da família, me perguntando o que, como e quando ela deveria fazer algo. Não tomava decisões sem antes levar as questões para o consultório e discuti-las comigo. E eu me mantinha firme na minha função, sempre convidando Rosa a pensar sobre o que me perguntava e indagando se não caberia a ela, e não a mim, responder a essas questões. As nossas sessões eram então entremeadas por pequenos relatos do dia a dia, a saudade dos netos, mas Rosa não acreditava que a distância pudesse ter causado todo esse sofrimento, toda essa "depressão". Falava das suas caminhadas pelo bairro, o encontro com os vizinhos, o curso de meditação, o aparelho de pressão – aparelho este que tinha o tal selo do Inmetro –, o rapaz da farmácia que vinha tomar a pressão, os remédios x, y, z.

Quando não eram esses assuntos de menor importância, era a minha vida pessoal que passava a interessar. Fazia perguntas, queria saber se eu era casada, se tinha filhos, minha idade, e ela mesmo ensaiava respostas baseadas em suas muitas projeções e fantasias. Todo o tempo ficava evidente a inveja da minha juventude, sua enorme curiosidade sobre tudo que me dissesse respeito, minha vida afetiva e sexual. Queria fazer parte do meu mundo. Quando não satisfeita, uma vez que ficava sem as respostas, deixava claro o seu sentimento de raiva e abandono.

Aos poucos pude perceber que, de certa forma, a doença de Rosa havia lhe trazido um ganho narcísico importante. Depois da separação do marido havia ficado muito só, e, com a partida do filho e também dos netos de que cuidava, a solidão se instalou, e com ela uma depressão silenciosa. Ao ficar doente, passou a haver um aporte narcísico secundário, vindo dos médicos que a acompanhavam e também da família que voltava a ela suas atenções, preocupações e cuidados.

Ela interessava exatamente porque estava doente.

Quando atendemos um paciente com uma doença orgânica não podemos usar a mesma lógica que usamos com um paciente que está saudável fisicamente. O conceito de paradoxo psicossomático, elaborado por Claude Smadja, vem em nosso socorro.

A doença de Rosa aparece depois de um estado de depressão essencial, quando praticamente não conseguia expressar qualquer sofrimento. A doença orgânica se oferece então como uma forma de reconstrução. Uma doença somática como ponto de partida de toda uma reorganização. Não era fácil abrir mão desse lugar. Cabia à análise fazer Rosa entender que podia interessar ao mundo em outras condições.

Aos poucos, após anos e anos de terapia, fomos podendo acessar as outras histórias, as outras grandes separações. Rosa tinha sido criada para um casamento de uma vida toda, e descobrir, uns anos atrás, que seu marido tinha não só outra mulher, como também outra família, a deixou destruída. Segundo ela, tinha adoração por este marido. Ficou desnorteada quando se separou, e chegou a considerar manter a situação de bigamia apenas para não se separar. Por um bom período da sua análise, Rosa sofreu muito com todas as lembranças do que havia vivido, e ficou claro que a separação mais recente destes netos havia ativado toda uma vivência dramática de separação que nunca havia sido sentida, muito menos elaborada. Com o andamento da análise, chegamos à separação que acredito também muito importante, que era a separação da sua família da terra de origem. Uma separação que deixou em todos um sentimento de estrangeiro em terras desconhecidas. Um sentimento de inadequação, de medo de errar.

Vez por outra Rosa fazia brincadeiras com os pacientes com os quais esbarrava nos dias em que ia ao consultório. Achava especialmente um deles muito educado, arrumado, muito cheiroso, e tentava até mesmo travar algum pequeno diálogo, quando eventualmente, ao chegar, esbarrava nele. E quando entrava fazia graça, perguntava sobre aquele paciente, quantos anos teria e qual seria a sua profissão. Sabia que eu não responderia nada, mas acho que era a sua forma de trazer para dentro do consultório algo que até aquele momento não havia chegado. E invariavelmente dizia: "Olha só o que eu estou pensando", mas jamais completava o que pensava.

Mais de uma vez passou muito mal no consultório durante as suas sessões, obrigando-me a cancelar, ou atrasar, o paciente seguinte até que um membro da família viesse buscá-la. Nesses episódios, sua pressão disparava e a deixava transpirando, sem ar, com dores de cabeça, ânsias de vômito, dormências. Eu os entendia como um quadro de angústia extrema e podia manter-me calma, embora atenta e pronta a chamar socorro médico, pois de fato sua pressão atingia níveis perigosíssimos.

Eu tentava entender por que tantas ocorrências ali no consultório, na minha frente. Haveria alguma intencionalidade naqueles sintomas? Estaria Rosa somatizando para mim? Ou que pessoas seriam estas que eu encarnava transferencialmente e para as quais Rosa somatizava? Certamente, com essas crises ela evitava um sofrimento que lhe parecia muito maior, além de uma destrutividade interna, contra a qual não podia ainda se defender no plano psíquico.

Mas havia mais: passar mal ali na minha frente era também uma forma de me mobilizar e me calar, me induzir a juntar-me aos outros médicos para trabalhar no físico e não no psíquico.

Tomava ansiolíticos e antidepressivos, por indicação tanto do clínico como do cardiologista, que se mostravam totalmente ineficazes, e não podia entender que eu não me detivesse na questão dos medicamentos. Dizia que eu era a única que "passava batido" por essa questão dos medicamentos, da instabilidade da sua pressão. E eu lhe afirmava que a nossa medicação ali era outra, tão ou mais importante que os remédios da farmácia.

Com algum tempo de tratamento teve um problema renal seríssimo, que foi acrescido de um problema na coluna, e a pressão disparou. Rosa foi internada, seu quadro agravando-se sem parar, e ela meio que saiu do ar. A família entrou em desespero, uma vez que a mãe, sempre lúcida, naquele momento já não dizia coisa com coisa.

Fui atendê-la no hospital. Ela estava tal qual um bebê, assustada, muito regredida e desorganizada. Monitorada por aparelhos, sem qualquer privacidade, tornando-se impossível atendê-la enquanto internada. Quando me viu, porém, se acalmou. Falamos um pouco sobre tudo aquilo, e, diante da impossibilidade de atendê-la ali, pedi então que começasse um diário ali no hospital, enquanto estivesse internada. Iria escrever todo dia, que dia era, o dia da semana, como estava o tempo, o que comeu, viu, encontrou, pensou e por aí em diante. Disse-me que na sua vida pouco acontecia, principalmente agora, ela ali acamada. Cheguei mesmo a sugerir um livreto, "uma pergunta por dia", cujas respostas ela deveria desenvolver, e conversaríamos sobre isso tudo. O diário acabou funcionando como um objeto transicional, que estava ali todo o tempo, me substituindo e disponível, para que nele Rosa depositasse/escrevesse as emoções que estava vivendo, como o medo, a confusão de estar ali, e também a raiva por estar tão doente. Também um calmante para a sua ansiedade e que a orientava no tempo e no espaço. A escrita desse diário acabou sendo mantida por Rosa até o momento atual.

Rosa invariavelmente trazia o seu diário, e essa era a primeira coisa que fazíamos na sessão. Quando chegava, me entregava o famoso diário e esperava que eu o lesse. Eu passava os olhos rapidamente no que ela escrevera e pedia a ela que me contasse o que havia se passado.

Às vezes, para não carregar peso, era a acompanhante quem carregava a saca com o famoso diário. E mesmo a acompanhante se referia a ele como algo que fazia parte da consulta, que não podia ser esquecido do lado de fora. O diário, que era meu substituto, acabou ganhando vida própria, uma realidade própria, tornando-se de certa forma meu coterapeuta, que a mantinha ligada a mim e à terapia durante a semana. E todos palpitavam: "Rosa, não deixa de escrever isso, põe isso lá no diário pra Dra. Margaret saber".

Falávamos muito ultimamente da sua família, sua terra de origem, seus pais, sua mãe – mulher chique, sempre cuidada e cheirosa, o que lhe agradava muito. Rosa andava se queixando de coisas difusas, problema nos olhos, achava que a cirurgia de catarata não teria sido bem-sucedida, dores no corpo, problemas nos dentes, e achava que a sua audição estava ficando afetada. Seu corpo pedia palavras. Queixava-se muito que os filhos estavam exigindo que viesse com a acompanhante. Pedia-me para falar com os filhos e dizer-lhes que eu queria – queria não, eu exigia – que ela fosse ao consultório sozinha. E conversávamos sobre o seu medo de depender, de perder a autonomia, e se, de fato, não haveria situações que justificavam tal preocupação. Rosa, de certa forma, não tolerava a angústia que a castração pela sua condição física e a sua idade lhe traziam.

Após dez anos de tratamento, numa sessão Rosa chega com um presente. Um presente especialmente fora de hora, já que não era Natal ou Páscoa, datas em que ela normalmente me levava uma pequena lembrança.

Margaret – "Mas um presente hoje, por que será este presente?"

Rosa – "São muito cheirosos, estava passando no shopping e passei por esta loja, cheirei cada um. Achei deliciosos e pensei em você. Para mim não teriam valia, já não servem mais, mas você vai aproveitar muito."

Abri o presente: era uma caixa de sabonetes da Natura, realmente cheirosos. Coloquei a caixa no móvel ao lado de Rosa e disse:

M. – "Vamos ver o que este presente veio nos contar hoje."

E Rosa então me estendeu o seu diário.

M. – "E então Rosa..."

Fico prestando atenção ao que ela tem para me contar, mas sinto que ela meio que espera. Aliás, como sempre, faz absoluta questão que eu passe os olhos no diário. Dou uma olhada rápida, pesco algumas coisas e volto para nossa conversa.

M. – "Li no diário que esta semana você falou com a irmã no telefone. A que mora fora..."

R. – "É, mas é muito difícil. Ela não escuta nada, é surda, muito surda, aliás como todos da família. Tenho tanto medo de ficar surda também e não conseguir me comunicar com as pessoas."

M. – "Será que está falando de alguma dificuldade aqui entre nós duas? Alguma coisa que não estou escutando? Ou não está podendo ser comunicada?"

R. – "Quando falo com as minhas irmãs fico assustada. Elas não entendem o que eu digo, não escutam no telefone, tenho que berrar, e mesmo pessoalmente, parece que somos de mundos diferentes. E se eu parar de escutar, como vai ser aqui?"

M. – "Não sei, mas se isso acontecer vamos ver o que fazemos. Talvez eu não esteja escutando alguma coisa que você está me dizendo, berrando, e eu não estou entendendo? Ou será que é você com dificuldades de me contar algo hoje, ou algo que você mesma não quer escutar?"

R. – "Como é que uma pessoa surda vai conversar?"

M. – "Mas você está achando que só temos a fala e a audição para comunicarmos coisas?"

Silêncio.

E Rosa começa a falar que perdeu muito do seu paladar – muito não, completamente. Acha que isso aconteceu depois de um remédio que teve que tomar. É horrível comer sem sentir o gosto. Mas o olfato continua impecável. É uma pessoa muito ligada em cheiros. Segue falando, fala da irmã que morreu, que também tinha um olfato apuradíssimo, e chega à mãe. Uma mulher muito cheirosa. Sempre cuidadosa consigo, perfumada. Às vezes está andando em algum lugar e sente o cheiro da mãe, e lhe vêm lembranças à mente. Pensou, além de mim, também na mãe quando comprou os sabonetes. Eu também estou sempre cheirosa, acha que o consultório tem um cheiro bom, o meu cheiro.

Eu pensei no comer sem sentir gosto. Parecido com ouvir sem escutar. Algo que provavelmente havia acontecido com Rosa, na análise, durante muitos anos, enquanto Rosa entendia melhor como aproveitar aquele espaço ali. Mas nada disse. Também não pude deixar de pensar detidamente no ouvir sem escutar.

Silêncio grande.

M. – "Então talvez veio hoje me contar coisas que se passavam com a mãe, coisas guardadas nestas caixas cheirosas, coisas muito antigas."

E voltou a falar de mim, que eu estava sempre perfumada, qual era o nome deste perfume que eu usava? E se refere ao tal paciente que vem no horário anterior ao seu, me dizendo que ele é bem-apessoado e cheiroso também.

Fica um tempo calada, e então diz que está muito desanimada com essas dores, já está sem paladar, com dores nas pernas, enxergando mal, vai ter que parar logo, logo, as suas caminhadas e a dança de salão.

Conta-me que foi na festa da igreja, mas tudo muito sem graça, queria dançar, mas não tem homem nessas festas, então quando tem dança, é mulher com mulher.

Eu penso na nossa dança ali, mas resolvo esperar. Uma dança de mulher com mulher. Achei que não valeria a pena interromper aquela dança com interpretações, era melhor seguirmos dançando.

R. – "Nem aqueles rapazes que são pagos na aula de dança. Podia ter uns rapazes assim na festa da igreja, não teria mal algum."

Para um pouco, e fala que foi na aula de dança de salão. "Não tem alunos homens também, tem aqueles assistentes do professor, os tais rapazes contratados, mas são de outro nível."

Um desses rapazes sempre a tira para dançar e a deixa evoluir como quiser. Não gosta de fazer aqueles passos marcados que o professor ensina. Até o professor já entendeu que não é para ficar prendendo Rosa nos passos, ela gosta de ficar girando, rodando solta pelo salão, e ele já não reclama mais.

M. – "Acho que você está falando da nossa dança aqui, uma dança de mulher com mulher, mas já percebeu que não sou a professora, e que aqui pode dançar solta, girar o quanto quiser e precisar, que eu vou te acompanhar. No início você achava e pedia que eu dissesse os passos, e não deixasse você descobrir como quer dançar na vida, que você evoluísse pelo salão."

R. – "Esse rapaz é até ajeitadinho, coitado, é simplesinho, mas se esforça pra vir direitinho, de banho tomado, cheira até muito bem. Não é perfume bom, ele não teria dinheiro nem pra comprar, é cheiro dele mesmo."

Fica calada, parece constrangida. Silêncio.

M. – "Hoje você me trouxe uma caixa de cheiros, me falou que coisas não podem ser ditas porque não são ouvidas, mas que quer se soltar. Falou do nosso amigo que vem antes de você… Mas não gosta de dançar junto, nem mulher com mulher, nem mulher com homem, com passos marcados, talvez porque essas situações tragam pensamentos, desejos…".

Silêncio longo.

R. – "Eu gosto de dançar, meu corpo ainda está vivo."

Silêncio.

M. – "Um corpo que só andava vivo através da pressão alta, aquelas crises que te levavam ao hospital. As dores nas pernas, a catarata nos olhos. Um corpo que falava. Talvez poder falar do que sente, do prazer de dançar livre, de sentir seu corpo vivo, sentir cheiro de homem e o quanto isso é bom."

Silêncio.

E Rosa segue falando de quanto os velhos são ridicularizados porque ainda querem namorar. Seus filhos jamais entenderiam.

Rosa trouxe então algumas lembranças sexuais da infância e da adolescência, amores platônicos, falou também da sua sexualidade de agora, e chegamos a uma situação de abuso sexual vivida ainda na infância. Segundo ela, era a primeira vez na vida que revelava isso a alguém. Não sabe como conseguiu me contar, ficou constrangida, sempre teve horror a essa história, achou que nesta vida ninguém mais saberia daquilo. Um assunto que depois rendeu muitas e muitas sessões. E, felizmente, muitas elaborações e libertações.

Falamos um pouco dessas coisas que haviam sido contadas, e nossa sessão foi evoluindo, até que chegamos a um clima engraçado, em que ríamos as duas.

Na saída, estendi a caixa de presente para Rosa.

M. – "Rosa, este presente é teu."

R. – "Ué, mas você vai me dar de volta, de presente, a caixa de sabonetes que eu te trouxe?"

M. – "Não, Rosa, eu estou te dando de presente outra coisa, a tua liberdade para dançar solta pelos salões, a tua sexualidade, e de quebra vai também uma caixa de sabonetes cheirosos. Acho que na verdade você os havia comprado pra você mesma, só não achava que tinha direito."

Rosa me dá um lindo sorriso, me cumprimenta e sai.

Na sala de espera, a acompanhante fica surpresa.

A. – "Mas a senhora vai levar o presente da doutora de volta?"

R. – "É, você nunca vai entender."

Rosa me olha com cumplicidade e rimos as duas.

A partir dessa sessão, começou a ficar claro para ambas que aquela hipertensão desgovernada, fora de controle, entre tantas coisas, também representava uma sexualidade, ainda tão viva, tão perturbadora, tão presente e tão difícil de ser abafada.

Após muitos anos de terapia, a hipertensão de Rosa se equilibrou e era mantida absolutamente normal. Rosa parou de usar ansiolíticos ou antidepressivos, nem os carregava para lá e para cá. Uma descoberta que lhe causou surpresa e prazer, no dia em que, na sessão, descobriu que já não carregava os remédios, e entendeu que não os carregava porque já não precisava deles. Rosa se manteve ainda em terapia, por anos a fio – segundo ela, uma manutenção. Vinha a cada quinze dias, e iria mantê-la até morrer. Tinha uma vida ativa, alegre, e pouco a pouco ia negociando cada nova limitação natural da sua idade. Mas sempre com muita serenidade e humor.

Rosa estava com 92 anos, e seguíamos firmes na nossa dança, cheia de cheiros e de vida, até que começou a Covid-19. Para Rosa, trabalhar virtualmente era impossível. Em casa não tinha a privacidade necessária. Não se sentia à vontade para falar tantas coisas que agora fluíam sem qualquer freio. Estava saudável, forte, seus sintomas haviam encontrado palavras e já não tinham valia. Tentamos algumas vezes, mas as sessões geravam muito mais angústia do que propriamente ajuda, uma angústia que se somava ao medo generalizado que tomou conta de todos nós, pacientes e analistas. Rosa preferiu dar um tempo e retomar nossas sessões tão logo a pandemia acalmasse. Rosa manteria o seu diário, o que de certa forma me deixava mais tranquila. Ela continuava acompanhada pelo meu representante. Vez por outra nos falávamos ao telefone, falávamos dos medos, mas também da esperança de que logo, logo, estaríamos juntas no consultório novamente.

Ela me falava animada que seguia escrevendo e que já tinha comprado mais um diário, pois as páginas daquele já tinham acabado.

A pandemia durou e ainda tem durado, o que não podíamos sequer imaginar. Cerca de dois anos haviam se passado. Para uma idosa como Rosa, agora cheia de vida e de projetos, toda essa vivência teve um significado muito mais duro e sofrido. Seu corpo sofreu, e acredito que a sua mente também. Acho que isso se passou com boa parte dos muitos idosos que foram literalmente mantidos em clausura, alguns deles iniciando inclusive um processo de demência.

Alguns começam a retornar ao atendimento presencial, ainda tomados pelo medo, e é visível o tanto que sofreram e perderam ao longo de dois anos.

Em outubro de 2021, os números de mortos e de contaminados começa a cair, a pandemia começa a arrefecer, e marcamos de Rosa voltar ao consultório. No dia marcado recebo um telefonema de que ela não virá: sua família está com medo de que saia, pegue um táxi, elevador, a vizinha faleceu de Covid, não querem que fique em ambientes fechados. Agora temos a ômicron. Preferem esperar um pouco mais. Falei com Rosa ao telefone e a senti muito apagada, com menos autonomia e também muito menos vivacidade.

Senti tristeza. Estava no meu consultório e pude me lembrar dos tantos anos que caminhamos juntas. Mas, estranho, senti também uma gratidão pela minha profissão e uma paz que rapidamente me confortou. Pude me lembrar de quando Rosa chegou, muitos anos atrás, aquela senhora destruída, assustada, que não conseguia passar duas semanas sem parar numa emergência de algum hospital, e fui revendo sua transformação, o quanto foi ganhando, conquistando ao longo de tantos anos, até chegar àquela senhora tão especial, que me fazia acreditar mais e mais na psicanálise. Falava de assuntos tão difíceis, agora com extremo alívio por finalmente poder entender tantas coisas. Contava das festas na igreja, das excursões com as outras senhoras, das suas aulas de dança de salão, seus jogos de biriba, idas ao teatro, seus projetos para tão logo acalmasse a pandemia. Visitaria os dois filhos no exterior. Ainda uma vez desejava voltar à sua terra natal.

Uma senhora que tinha entendido que por onde passam as lágrimas e as dores passam também os prazeres e as gargalhadas. Nas festas, me trazia comidas de sua terra natal para que eu as conhecesse e, acredito, também participasse de alguma forma da sua família e das suas festas. Espero que logo tudo se acalme e Rosa possa voltar ao consultório novamente. E quem sabe conseguimos elaborar um pouco de todo este sofrimento e estrago causado pela pandemia. Tenho recebido notícias dela, e vez por outra nos falamos. Mas sinto Rosa murchando.

Infelizmente, a pandemia tem mudado planos aqui e ali. Tínhamos combinado que eu iria na sua festa de 95 anos e que dançaríamos juntas. Eu já vinha sendo convidada desde a festa dos 80 anos.

Não sei se ainda será possível nos encontrarmos para a tal dança dos 95. Mas nós, analistas, sabemos que o que temos de verdade é o aqui e o agora. Rosa e eu pudemos dançar ao longo de muitos e muitos anos, e com certeza cumprimos a nossa viagem analítica, aliás um verdadeiro baile analítico.

Referências

Cartola. (1974). As rosas não falam [Canção]. Em *Cartola II*. Discos Marcus Pereira.

Ferenczi, S. (1988). Confusão de língua na psicanálise. In S. Ferenczi, *Escritos psicanalíticos 1909-1933*. Coletânea (J. Birman, Org.). Taurus.

Ferraz, F. C., & Volich, R. M. (Eds.). (1997). *Psicossoma*. Casa do Psicólogo.

Marty, P. (1984). Des processus de somatisation. In M. Fain & C. Dejours, *Corps malade et corps érotique*. Masson.

Marty, P. (1993). A psicossomática do adulto. Artes Médicas.

Marty, P. (1994). Troubles somatiques, remaniements psychiques. *Revue Française de Psychosomatique*, 5. PUF.

Smadja, C. (2008). *Les modèles psychanalytiques de la psychosomatique*. PUF.

9. Ouvir o silêncio

Gley P. Costa[1]

A psicanálise freudiana foi criada e desenvolvida com base em um paciente cujos sentimentos podem ser escutados. No entanto, seria possível tratar um paciente cujos sentimentos não podem ser escutados, como muitos que na atualidade buscam tratamento analítico, constituindo a clínica das manifestações psicossomáticas?

Antes de tentar responder direta e pessoalmente a essa instigante pergunta, resolvemos encaminhá-la a quatro destacados psicanalistas de diferentes épocas e escolas da psicanálise pós-freudiana, cujas contribuições para a psicossomática os situam no mais elevado patamar da literatura psicanalítica. São eles: Karen Horney, Joyce McDougall, David Maldavsky e Diana Tabacof.

---

1 Médico psiquiatra e psicanalista. Membro fundador, titular e didata da Sociedade Brasileira de Psicanálise de Porto Alegre. Professor da Fundação Universitária Mário Martins. Autor de livros de psicanálise, entre os quais *A clínica psicanalítica das psicopatologias contemporâneas* (Artmed, 2015) e *Psicanálise das manifestações psicossomáticas* (Buqui, 2021).

Karen Horney

Em 1952, Karen Horney publicou no *American Journal of Psychoanalysis* o artigo intitulado "Paucity of inner experiences" (A escassez de experiências internas), o qual pode ser considerado pioneiro na área da psicanálise das manifestações psicossomáticas, em que pese não ser referido na vasta literatura sobre o tema produzida dos anos 1960 aos dias atuais. Nesse surpreendente artigo, Horney realiza uma minuciosa descrição de uma clínica de pacientes destituídos de consciência dos seus estados emocionais, com pobreza de sonhos e fantasias, tendência a relatos predominantemente factuais e tendência a desenvolver patologias psicossomáticas, além de uso de drogas e transtornos alimentares.

Salienta essa brilhante psicanalista que todos nós temos algum interesse de não estarmos cientes de certos sentimentos, impulsos, conflitos e qualidades dentro de nós; a diferença é que, nesses pacientes, todo o limiar de consciência interna encontra-se reduzido. Ela considera que essa carência de experiências internas não configura nenhum tipo de desenvolvimento neurótico e ocorre independentemente deste. Os sonhos que a memória retém são como um estrondo de vulcões ou trovoadas distantes e refletem a profundidade e a vivacidade das batalhas internas, da destruição, do desespero, das tentativas de alguma solução. Mas esse mundo interior não é acessível à experiência consciente. Tudo se passa como se a pessoa tivesse dado as costas à sua vida interior; como se tudo estivesse coberto por uma névoa; como se ela tivesse fechado uma porta hermética, à prova de som ou à prova de fogo; como se ela tivesse isolado tudo. Na melhor das hipóteses, é como se uma parede de vidro permitisse observar, mas não alcançar, muito menos experimentar, o que se passa do outro lado. A névoa, entretanto, geralmente não é densa por completo: pode às vezes se tornar penetrável em algum ponto e provocar uma resposta, o que eventualmente ocorre em relação à natureza ou à música.

Diz a autora que os processos intrapsíquicos desses pacientes são vivenciados como interpessoais. Por isso, eles não sentem que desprezam a si mesmos, mas têm consciência de desprezarem os outros ou serem desprezados pelos outros. Seus próprios desejos e as exigências sobre eles mesmos desaparecem e são substituídos pelas expectativas reais ou imaginárias dos outros, às quais devem atender ou contra as quais devem se rebelar. A pessoa é o que os outros pensam dela; prestígio ou sucesso financeiro podem se tornar as únicas medidas de seu valor. A ênfase muda de "ser" para "aparentar", e o que conta é o comportamento adequado, o funcionamento adequado, a aparência física – em resumo, o papel que ela desempenha ou a impressão que causa nos outros. Em termos morais, adverte Horney, essa mudança de "ser" para "aparentar" significa que ela pode fazer qualquer coisa – mentir, roubar, trapacear, ser promíscua – desde que esses comportamentos a ajudem a sobreviver.

Horney enfatiza que a falta de consciência das experiências internas é uma deficiência severa. Ela não só prejudica a vitalidade de uma pessoa como também seu funcionamento na vida diária. Pode ser comparada com uma perda de visão, comprometendo a orientação do indivíduo. Ela refere que podemos pensar numa espécie de "cegueira interior", na qual as cores se encontram todas misturadas, tornando-se, dessa forma, indistinguíveis. Se uma pessoa está ciente de seus sentimentos, desejos, medos crenças e ideais, ela tem uma orientação para a sua vida pessoal. Se todas essas experiências internas forem apagadas, destaca a autora, essa pessoa não terá, por assim dizer, nenhuma diretriz. A expectativa dos outros, ou, de maneira mais geral, qualquer tipo de regras, regulamentos ou rotinas, fornece-lhe meios substitutivos de orientação. Ela se apega rigidamente a essas diretrizes e se sente perdida, ansiosa ou irritada se elas não estiverem disponíveis.

Afora isso, a carência de experiências internas dá à pessoa uma sensação de vazio ou nada, a qual pode ou não ser consciente. Será, de qualquer modo, sempre e inevitavelmente assustadora. Horney postula que isso ocorre porque é muito difícil dar voz a um mundo interno que, na sua ideia, foi silenciado justamente para evitar os sentimentos. Como consequência, seu discurso será forte e paradigmaticamente marcado pela "futilidade", mediante o qual procura não dizer nada. Assim, o primeiro passo do analista é que o paciente reconheça esse bloqueio, evitando que desanime ou se engane sobre um aparente progresso.

Na sequência, ele deverá empenhar todos os esforços em ajudar o paciente em relação ao seu autoconhecimento, procurando mobilizar tudo o que estiver disponível em sua estrutura neurótica. Somente quando o paciente conquistar algum terreno sólido no qual se apoiar o analista poderá confrontá-lo com o seu sentimento de vazio interior. Não obstante, é provável que nesse momento o analista perceba dois tipos de temores por parte do paciente: medo diante do próprio vazio e medo de entrar na vida, em que pese se queixar amargamente de sua morte emocional. O próximo objetivo passa a ser, então, examinar a natureza desses medos. Mediante esse trabalho, o paciente começa a perceber, com sentimentos, que seu vazio não é inalterável, mas que existe um núcleo vivo de si mesmo que deseja viver e que busca um significado. Ao aceitar suas limitações como ser humano, ele também pode, gradualmente, aceitar e experimentar a si mesmo como é.

Contudo, acentua Horney, precisamos ter presente nessa clínica que, quanto mais distante uma pessoa está de suas experiências internas, mais rigidamente ela se adere à crença em sua onipotência, a qual se torna uma base vicária de sobrevivência. A carência de experiências internas não é restrita à vida emocional – sentimentos de dor, alegria, esperança, decepção, desgosto ou aversão. Também inclui pensar, querer, desejar, acreditar, fazer. Mesmo a raiva, embora demonstrada de forma inequívoca, pode não ser sentida como tal. Resumindo, como foi dito há pouca, significa viver em uma neblina.

Joyce McDougall

Joyce McDougall (1978/1983), cuja vida e obra dispensam apresentações em nosso meio, diz que, diante da dor psíquica, das divisões internas dos traumatismos universais e pessoais que a vida nos impõe, o ser humano é levado a criar uma neurose, uma psicose, uma defesa caracteriológica, uma perversão sexual, sonhos, obras de arte ou desenvolver uma doença psicossomática. Salienta, não obstante, que, entre todas essas formas defensivas, as manifestações psicossomáticas são de longe as mais misteriosas e representam talvez o limite extremo daquilo que é analisável.

A autora considera o sintoma psicossomático como uma "passagem ao ato" de sentimentos que não conseguem se expressar como dor. Em outras palavras, uma exigência emocional que ultrapassa a capacidade de elaboração psíquica. Nessa linha, ela postula a possibilidade de pensar em uma "matriz do psicossoma", que estaria radicada em uma origem de vida psíquica fusionada, a qual levaria à fantasia de que existem apenas um corpo e uma psique para duas pessoas: um prolongamento da vida intrauterina.

Aparentemente, essa concepção da existência da imago de "mãe universo", que oscila entre uma posição onipotente e onipresente, e, outra, frágil e destrutível, portanto, ameaçadora, segundo McDougall, observada nos psicossomáticos, aproxima-se da ênfase de Horney na onipotência do pensamento desses pacientes, juntamente com o medo de enfrentar seus sentimentos e a própria vida. Diante disso, McDougall questiona: com que tipo de escuta o analista *ouve* as mensagens mudas do soma?

Sua resposta é que só muito lentamente, após longos anos de análise, é que esses pacientes têm acesso à palavra. Na verdade, diz a autora:

> *Esses pacientes viveram de maneira intensa, algumas vezes cruel, a impossibilidade e até a proibição fantasiada de se individualizar, de deixar o corpo-mãe, criando dessa maneira um corpo combinado no lugar do próprio corpo, corpo-monstro que o psiquismo tenta fazer "falar". (McDougall, 1989/2018, p. 157)*

Nas criações histéricas, diz ela, o soma empresta suas funções à psique a fim de traduzir simbolicamente os conflitos pulsionais: os sintomas narram uma história. Diferentemente, nas manifestações psicossomáticas, o corpo se exprime sozinho. Se existe uma história, esta é profundamente arcaica, pré-verbal. O corpo da mãe real substitui o objeto introjetado inexistente, excluindo, dessa forma, a atividade libidinal da cadeia simbólica. É indispensável, portanto, distinguir a falha significável, que induz ao desejo e à criatividade, desse nada irrepresentável, indizível: terreno limite do analisável (McDougall, 1978/1983).

Em seu trabalho, McDougall toma os relatos somáticos como uma cadeia de associações e as comunicações "infraverbais", ou seja, corporais, dispondo de um significado dinâmico e econômico próprio, como expressão de um "sonho falho". Da mesma forma, equipara as experiências sobrecarregadas de afeto, suscetíveis de serem desestimadas, aos restos diurnos de um sonho não sonhado.

Dito de outra forma: ela considera o corpo meio de expressão de sentimentos e pensamentos não ditos e não pensados. Portanto, na regressão psicossomática, as palavras, esvaziadas de conteúdo afetivo pelo repúdio ou desestimação (*Verwerfung*), perdem valor simbólico e são tratadas como coisas.

A autora esclarece que, na verdade, o conjunto da experiência psíquica, composto por representações de palavras e afetos ligados a elas, no lugar de ser reprimido, é projetado fora da mente, com o que o registro de representações coisa consegue derivar em descarga somática. O resgate de um "modo de reação infantil" seria produto de um curto-circuito na linguagem e nos processos secundários de pensamento. O tratamento pode ser eficaz quando se descobre por que o paciente procura o objeto aditivo quando percebe o mínimo sinal de tensão. Essa questão, segundo McDougall, é a chave de que o analista dispõe para todas as formas de investigação em enfermidades psicossomáticas, tendo em vista mobilizar os afetos que foram jogados para fora da mente ou, usando uma expressão de Green, "desobjetivados".

Em um texto intitulado "Estados psicossomáticos, neurose de angústia e histeria", McDougall (1982/1989) evoca as dificuldades fundamentais para se aproximar de um paciente psicossomático por meio da psicanálise em função da carência de construções protetoras, neuróticas ou psicóticas. Sustenta que, se existem defesas, estas não são suficientemente audíveis para serem captadas, daí a impossibilidade de serem tratadas pelo trabalho analítico interpretativo, que não pode ser realizado na ausência aparente de signos de conflitos inconscientes. No entanto, essa ausência não significa que inexista uma vida de fantasia, senão que os conflitos arcaicos em questão se encontram depositados diferentemente na estrutura psíquica. Esse capital psíquico não representável, indizível, deixa como única marca um espaço morto que não remete a nenhuma fantasia subjacente nem a qualquer signo que possa testemunhar uma repressão. Os efeitos da tensão psíquica assim ocultada se dispersam em manifestações psicossomáticas fora do psiquismo. O analista encontra-se à escuta de um silêncio.

Bastante ilustrativa dessa concepção teórica da autora é a descrição que realiza em *Teatros do corpo* (1989/2018, p. 157-180) do quinto ano de análise de Georgette, uma paciente de 32 anos de idade, primeira de uma prole de três filhas, médica de profissão, casada, dois filhos, e que, além de uma angústia que a impedia de viver, apresentava as seguintes enfermidades psicossomáticas: asma, rinite, úlcera gástrica, reumatismo, problemas ginecológicos, taquicardia e arritmia. Segue um fragmento de sessão.

Diz Georgette: "Durante meus cinco anos de análise, nunca consegui falar do meu corpo nem de minha vida sexual".

Comenta McDougall: "Ao dizer isso, evitou o meu olhar, como evitaria ainda por dois anos falar de sua vida sexual. Tudo o que se referia à representação de seu corpo de mulher desagradava-a, chegava a angustiá-la catastroficamente, impedindo-a de continuar pensando".

Segue Georgette: "Às vezes perco o sentido da realidade. Acontece-me de cantar o tempo todo, como as crianças autistas, para não ouvir os meus pensamentos. Por momentos sou realmente louca. Espero poder lhe mostrar tudo isso de que ninguém desconfia. É porque li uma coisa sua que tive coragem… como se a senhora me permitisse estar muito doente psiquicamente…".

McDougall: "Essa sua parte louca, poderia me falar um pouco mais sobre isso?".

Georgette: "Bom, não paro de pensar na minha mãe. Às vezes acordo e não sei onde estou. Então saio pelo corredor chamando 'Mamãe…'. No entanto, sei que ela mora a mil quilômetros daqui. Mas, na hora, tenho certeza de que ela consegue me ouvir e que virá me socorrer. O que é realmente doido nisso é que sempre me sinto muito mal diante dela. Uma tensão constante. Ela me apaga, me olha como se eu não existisse. Recentemente tive a coragem de dizer-lhe que ela me dava a impressão de não me amar e de não me respeitar. Sabe o que ela me disse? 'Mas é claro que eu me interesso por você – digo a todo o mundo o quanto o seu marido é inteligente.'"

Acrescenta Georgette: "Não é nunca de mim que ela fala – ou então ela me olha ao mesmo tempo de forma agressiva e erótica. O tempo todo ela critica a minha aparência, arruma os meus cabelos, me diz para não usar cores vivas. Ela não me deixa respirar; às vezes acho que vou explodir. Mas quando ela não está perto, começo de novo a sentir saudades e a desejar sua presença. A senhora acha que estou maluca?".

McDougall refere que anotou o fato de que Georgette estava lhe apresentando duas mães internas de caráter oposto e, diante de sua angústia aparente, arriscou uma pequena intervenção: "Você parece ter na mente duas mães diferentes, uma que você chama para lhe ajudar e confortar e outra que a apaga e sufoca. Talvez a contradição entre essas duas descrições lhe pareça um pouco maluca...".

Georgette: "É, é estranho. Quando eu era pequena, vivia grudada nela. Ao mesmo tempo, não a tocava – ela não gostava disso. Mas era preciso que ela estivesse lá, caso contrário eu ficava transparente. A mesma contradição de agora. Eu a amava desesperadamente e fazia tudo o que podia para lhe agradar. Eu nunca disse a ela o quanto eu tinha medo de cair em pedaços. Eu precisava me manter viva por meus próprios meios. Mas nunca pude falar dessas coisas com a minha própria mãe... assim como também nunca chorei diante dela. Isso não era permitido".

Durante este relato, Georgette parecia ignorar totalmente a intensidade do ódio que se exprimia contra essa imago materna que, como McDougall veio a saber mais tarde, era vivenciada como invasiva, sufocante, narcisicamente voltada para si mesma, parecendo só tolerar sua filha na medida em que esta reagia exatamente como esperava e que a desinvestia quando a menininha não correspondia a essa expectativa. Conforme também veio a descobrir, essa mãe carregava nela uma história de desolação e de desespero que, por sua vez, afetava sua relação com a filha mais velha.

A propósito desse material, a autora diz ser possível pensar em Faimberg (1987), ao referir-se a uma relação patológica entre pais e filhos na qual estes são destinados a encarnar os personagens do passado dos pais e são desinvestidos assim que deixam de desempenhar tal papel narcísico; também em De Mijolla, na obra *Visiteurs du moi* (1981/1986), e seu conceito de "fantasias de identificação": fantasias de objetos que parecem "possuir" o indivíduo à sua revelia. Esses autores, de acordo com McDougall, mostram a maneira pela qual determinadas crianças só existem na medida em que representam o papel predestinado, que muitas vezes é alguém que já morreu. A autora pondera que a relação mãe-filha descrita coincide, enfim, com aquilo que Green (1980/1993) chamou de "síndrome da mãe morta", acrescentando que a mãe de Georgette tornou-se para ela morta narcisicamente pelo desinvestimento materno que se seguiu ao nascimento da filha caçula.

David Maldavsky

Como cabe a quem quer que deseje avançar em uma matéria, a trajetória do pensamento do psicanalista argentino David Maldavsky no campo da psicossomática teve início no desenvolvimento de outros autores, particularmente Freud, Liberman, Marty e M'Uzan, Lacan, Winnicott, Bion e Green. Em relação a Freud, chama atenção a capacidade de Maldavsky de perceber, desvendar e aprofundar temas de grande importância clínica e teórica insinuados pelo pai da psicanálise. Ao longo de duas décadas, até aproximadamente os anos 2000, Maldavsky realizou uma exaustiva investigação dos processos anímicos e intersubjetivos de pacientes com manifestações psicossomáticas, documentada em um grande número de artigos e livros publicados. Destaca-se o desenvolvimento teórico que realiza sobre o que denomina de "erogeneidade intrassomática", a partir do pressuposto freudiano, exposto no "Projeto" (1950/1977), no qual se conjectura que no começo da vida anímica a ação específica[2] ainda não está integrada com a excitação pulsional, que exige tramitação. Anteriormente ao descobrimento da ação específica, as exigências pulsionais são tramitadas com o critério da alteração interna. Logo que as excitações pulsionais se conjugam com as ações específicas, sobra um resto conformado por aquelas que continuam regendo-se com o critério de alteração interna: a ação de respirar, a de curar e a de dormir, mencionadas por Freud em diferentes textos (Katz & Costa, 2021).

Maldavsky (1995, 1998), adverte que a alteração interna também pode manter sua vigência na tramitação de outras pulsões, podendo, inclusive, conservar-se como a modalidade dominante do anímico. Da mesma forma que em certas patologias inferimos a eficácia de uma fixação oral primária, ou fálico-uretral, por exemplo, em outras condições clínicas podemos concluir que prevalece uma fixação nesse critério de processamento pulsional. Quando isso ocorre – diz o autor –, induzimos que a libido está aderida a um objeto localizado no organismo, como Freud (1926/1976)

2 Tanto no "Projeto" (1950), como na correspondência com Fliess da época e em outros artigos, entre os quais "Repressão" (1915) e "O mal-estar na civilização" (1930), Freud refere que, diferentemente dos estímulos externos, dos quais se pode fugir, os endógenos (somáticos) carecem de uma ação externa para se descarregarem, a qual, segundo suas palavras, merece ser qualificada de "específica".

postulou ao referir-se ao primeiro tipo de investimento narcisista, que recai sobre o coração e os pulmões, imediatamente após o nascimento. Para Maldavsky, da mesma forma que sustentamos que na paranoia é possível inferir uma fixação a uma vivência de dor correspondente ao erotismo sádico-anal primário, de onde deriva um peculiar masoquismo erógeno, igualmente podemos afirmar que nas patologias psicossomáticas, assim como nas adições, predomina uma fixação a uma vivência de dor correspondente ao investimento dos órgãos, quer dizer, à "libido intrassomática" (etapa do desenvolvimento da libido, criada por esse autor, anterior à etapa oral primária de Freud). Como consequência, a libido não se desloca para as zonas erógenas periféricas como caminho para estabelecer uma circulação pulsional intersubjetiva, mas permanece aderida ao próprio corpo. Quando prevalece tal fixação, observamos uma tendência a processar os conflitos mediante a alteração interna, ou seja, mediante uma mudança na economia pulsional, que permanece em um estado de estase ou estancamento.

Uma das mais importantes contribuições de Maldavsky à clínica psicanalítica são seus estudos sobre as denominadas "patologias do desvalimento" (Maldavsky, 2004, 2007), uma expressão que cunhou para designar a clínica de pacientes com traços autistas, neuroses tóxicas e traumáticas, adições, transtornos alimentares, doenças psicossomáticas e outras manifestações psíquicas, como a promiscuidade, que do ponto de vista teórico e técnico diferem das neuroses, psicoses e perversões. Nessa teorização, um conceito central de Maldavsky é o de "depressão sem consciência", ou seja, sem qualificação afetiva. Explica o autor que a etapa evolutiva em que se cria o cenário que dá origem à depressão sem afeto é aquela que se considera do surgimento da vida psíquica a partir do encontro de um substrato neuroquímico, o recém-nascido, e um mundo extracorporal, a mãe e sua capacidade de entender as necessidades do bebê. Quando não existe empatia, a figura materna se inscreve na mente da criança como um interlocutor arbitrário que contraria a realidade. Maldavsky (1995) denomina esse objeto interno de "déspota louco", a cujo domínio absoluto o paciente sucumbe, tornando-se um ser desvitalizado, um vivo inanimado. Destaca o autor (Maldavsky, 2007) que os estados de desvitalização parecem ser o efeito de uma defesa contra Eros pela ação da pulsão de morte, que consiste em extinguir toda a tensão vital, o que equivale a dizer impedir ou degradar a energia de reserva. Como se sabe a partir de Freud, a ausência de energia de reserva impede o indivíduo de realizar ações específicas para tramitar as exigências pulsionais amorosas ou hostis, próprias ou do outro, despertando no eu uma angústia automática, a qual surge como corolário da desvitalização (libido estancada, que não circula em direção à periferia).

Outra abordagem de Maldavsky (1992) sobre as manifestações psicossomáticas encontra-se relacionada com as caracteropatias sobreadaptadas, cujo pré-consciente tem expressão em um discurso numérico. Esse tipo de discurso, também chamado de especulador, traz de volta a relação do mundo psíquico com as frequências. Por meio dos cálculos, o paciente procura se arrogar uma identificação com o poder econômico, tornar-se um indivíduo valioso e, dessa forma, defender-se de um estado de inermidade anímica. Mediante a especulação e o acúmulo de dinheiro, a pessoa procura se tornar alvo da ganância do outro com o fim de eludir o sentimento de não possuir nenhum valor. Por essa razão, esses pacientes apresentam a tendência de se identificar com pessoas e animais carentes, nos quais podem projetar seu desvalimento. Nesse tipo de discurso, os números substituem o conteúdo simbólico das palavras e servem para o desenvolvimento de uma atividade auto-hipnótica ou de uma sensorialidade autoengendrada, até certo ponto consoladora.

A atividade numérica, o envolvimento com as contas e todas as formas de especulação financeira tipificam os pacientes com manifestações psicossomáticas, os quais, alijados da riqueza proporcionada pelos símbolos, procuram encontrar valor na captação das diferenças numéricas. Contudo, alerta Maldavsky (1995), em momentos críticos, a atividade numérica como forma de manter um "apego desconectado" (outro importante conceito do autor nas patologias em estudo) pode fracassar, e o paciente sentir que não representa nada mais do que um número para as pessoas, até se tornar um zero à esquerda como expressão máxima do princípio de inércia.

Diana Tabacof

Diana Tabacof (2021), coerente com os postulados da Escola Psicossomática de Paris, da qual é uma das mais competentes e criativas representantes na atualidade, enfatiza a importância da "função materna" do psicanalista, configurando uma identificação sensório-motora primária. De acordo com esse pensamento, no desenvolvimento do aparelho psíquico, as excitações de origem somática se transformam em energia psíquica pulsional intermediadas pelo objeto. A organização psicossomática individual seria, portanto, tributária das capacidades de cada um em transformar as massas de excitações provenientes das fontes somáticas em formações psíquicas, ou seja, os afetos e as representações, os quais sustentam o pensamento, a simbolização, as fantasias e os sonhos.

Nessa linha, o trabalho do psicossomaticista é concebido no seu duplo registro: o de paraexcitação e o de libidinização. Por esse meio, busca resgatar uma organização psíquica destroçada por experiências traumáticas precoces ou inexistentes. Nesse processo transformacional, a partir do corpo biológico, o corpo erótico ou pulsional advirá, correspondendo ao que Marty chamou de "mentalização". O trabalho analítico, por esse meio, possibilita a transformação do sofrimento somático em sofrimento psíquico, instaurando um novo regime de funcionamento da organização psicossomática do paciente, no qual se observa no primeiro plano um regime essencialmente econômico, levando M'Uzan (1984/1994) a denominar esses pacientes de "escravos da quantidade".

Para Tabacof, permanece sendo fonte de inspiração a proposição de Marty segundo a qual o trabalho do analista psicossomaticista percorre um caminho que vai "da função materna à psicanálise". Nessa linha, mostra-se sumamente esclarecedora a descrição que realiza do caso Luc.

Refere a autora (Tabacof, 2021, pp. 47-64) que Luc consultou o Instituto de Psicossomática Pierre Marty (Ipso) devido às consequências de um AVC sofrido dois anos antes, após a traição do amigo que havia desviado uma elevada soma da empresa em que eram sócios.

Diz Luc: "Fui ver Albert (o antigo sócio que lhe enganara). Eu estava calmo. Assinamos os documentos (para desfazer a sociedade) e fui embora. *Voilá*. Resolvido".

"Você teve medo de perder a calma?", pergunta Tabacof, trazendo à baila o "não dito" pelo paciente, que prossegue: "Ah, sim, mas *voilà*, está resolvido. Isso me ocupou a cabeça, mas no dia seguinte já não pensava mais no assunto".

Tabacof registra o considerável aumento do nível de angústia de Luc quando diz "isso me ocupou a cabeça", o que foi, em seguida, barrado sem qualquer elaboração, como indica a frase "mas no dia seguinte já não pensava mais no assunto".

Observamos o manejo defensivo da angústia mediante a pausa buscada com a intercalação/repetição da palavra *voilà*, uma defesa que Maldavsky, numa conversa pessoal, chamou de "*muletitas*", frequente no discurso dos pacientes ameaçados de uma intensa angústia de castração.

No dia seguinte ao encontro com o ex-sócio, Luc se pôs a podar as árvores do seu jardim, atividade que resultou em fortes dores musculares.

Tabacof chama a atenção para a solução comportamental e física buscada pelo paciente, no lugar de uma solução psíquica do tipo regressivo ou depressivo, a qual poderia favorecer o trabalho de luto que o encerramento definitivo de sua empresa demandava.

Diz Luc em relação às dores musculares: "Agora estou pagando", indicando um funcionamento somático, regido não pelo princípio prazer-desprazer, mas pelo de tensão-alívio de angústia, sem qualificação, apenas quantitativo, como expressa a frase.

Observando seu nível de tensão, a autora fala ao paciente: "Talvez você pudesse tentar se apoiar um pouco melhor na poltrona", ao mesmo tempo que ela mesma se apoiava melhor em sua poltrona.

Luc procurou se colocar numa posição mais relaxada. Seguiram-se alguns momentos de silêncio.

A serra, os galhos das árvores caindo atravessaram o pensamento de Tabacof e criaram em sua mente uma imagem de mutilação de membros, indicando o teor aterrorizante da angústia de castração do paciente que ela olhava à sua frente.

Nessa sequência clínica, são claros os desdobramentos da *função materna* do analista, cujos componentes principais, segundo Marty, são a apreciação afetiva das necessidades e dos desejos do paciente, proporcionada por uma identificação profunda com ele; e o exercício de uma regulação dos tempos e dos modos de intervenção no nível das múltiplas modalidades de comunicação: verbais, não verbais ou infraverbais.

Ao se oferecer como espelho e realizar o movimento simétrico daquele que propunha ao paciente, uma identificação mimética era proposta, conferindo uma abordagem apoiada na experiência da autora com psicoterapia psicanalítica corporal.

Ela explica que, nesse enquadre, os apoios do corpo do paciente – nesse caso, sobre a superfície da poltrona – são utilizados como uma metáfora da *relação de apoio* com o analista, fazendo da superfície de contato um "objeto transicional".

O olhar, enfatiza Tabacof, é um operador essencial desse enquadre, pois, ao ver-se através do olhar do analista, o paciente poderá, pouco a pouco, dirigir seu olhar a si mesmo, em um movimento de reflexibilidade que consolida seu narcisismo.

Diante da pergunta "O que você poderia fazer para se sentir melhor", Luc responde que precisaria voltar a frequentar a sua "querida osteopata".

Tabacof exclama: "Um pouco de doçura neste mundo de brutos!".

Filho único de uma mãe depressiva e um pai alcoolista, ele rebateu: "Ah, sim, já que não tenho mais a minha mãezinha", encenando sua condição de "menino órfão".

Ao se referir à sua "querida osteopata", Luc dirigiu o movimento regressivo que se estabelecia entre ele e a analista a uma figura exterior, operando uma transferência lateral.

A autora diz que esse tipo de transferência é muito bem-vinda nesse tipo de tratamento, pois favorece um fracionamento e uma redução das cargas eróticas presentes, permitindo que as representações ligadas ao "deixar-se levar nos braços do objeto" se inscrevam num movimento de sexualização-dessexualização.

A frase da analista "Um pouco de doçura neste mundo de brutos" afirmou a importância do momento presente de "pulsionalização" das excitações em suspenso, ligando-as a representantes de afeto. Ao mesmo tempo, introduziu uma instância terceira, cultural, garantindo uma distância entre analista e paciente, evitando, dessa forma, o risco de uma sobrecarga da fantasia de sedução.

As técnicas inspiradas pelo psicodrama, diz Tabacof, são frequentemente utilizadas pelos psicossomaticistas e servem como um recurso para despertar ou criar capacidades fantasmáticas nos pacientes, apoiando-se em cenários criados pelo próprio analista a partir de vivências contratransferenciais. Utilizando seus próprios sistemas de sensibilidade, o analista oferece o seu funcionamento psíquico para elucidar as lacunas do funcionamento psíquico do paciente, podendo, dessa forma, mobilizar transformações econômicas notáveis.

Comentários sobre os autores

Assim como Karen Horney, Diana Tabacof observa e respeita em suas intervenções a vergonha e o medo desses pacientes de enfrentarem as vertentes das pulsões agressivas e sexuais do seu "caldeirão pulsional" e, assim como Joyce McDougall, entende que, se o analista mantiver a função clássica de superfície refletora diante das vivências somáticas do paciente, isto é, se ele conservar o espelho sempre no mesmo ângulo, não poderá refletir senão o nada de uma representação destruída e de um afeto sufocado. No relato do atendimento dos casos Georgette e Luc, observamos McDougall e Tabacof, respectivamente, empenharem-se para que o paciente consiga reeditar transferencialmente no cenário analítico as vivências traumáticas precoces que, na edição original, não alcançaram a representação por meios psíquicos. Para tanto, destaca Tabacof, uma relação confiável com o objeto analista é necessária para que as transferências eróticas e agressivas não sejam fontes de efração e possam ser ligadas pulsionamente e integradas no funcionamento psíquico do paciente. Sobretudo, não nos esqueçamos de que o verdadeiro operador desse trabalho será sempre o enquadre interno do analista, que funcionará como bússola nos momentos de turbulência dos movimentos transferenciais-contratransferencias da análise de um paciente psicossomático.

Apontamos nessas considerações as semelhanças na observação dos fatos psicossomáticos entre os integrantes da Escola de Paris, representados por Diana Tabacof, e Joyce McDougall. O reconhecimento clínico do elemento operatório parece aproximá-los, a ponto de McDougall reconhecer precisamente nos estados operatórios uma dimensão fundamental de carência, sentida pelo psicanalista em seu trabalho clínico. Mas o que a diferencia radicalmente da Escola de Paris é o valor dado à falta. Para Marty, a falta percebida clinicamente confirma um estado de desmentalização do paciente. Embora reconheça esse estado de desmentalização, para McDougall esse fato não exclui que no paciente operatório existam conflitos primitivos e profundos que construíram os fundamentos e as condições que determinam, na atualidade, um movimento de desmentalização. Seu ponto de vista, condizente até certo ponto com Horney e Maldavsky, é que a natureza desses conflitos primitivos reside em uma estrutura de relação muito particular, caracterizada pelo enquistamento do corpo da criança na psique materna. Essa forma estrutural se metaforiza pela noção de "mãe abismo" e "filho tampão". Em outras palavras, nesses pacientes partes ou funções do corpo são vividas, ainda que de forma inconsciente, como não pertencentes ao próprio sujeito, como propriedades do outro: a mãe primitiva dos primeiros momentos do bebê. Essa mãe interna é sentida como tendo uma necessidade vital de seu filho, apropriando-se de sua função libidinal como componente sexual ou extensão narcisista, correspondendo ao objeto interno denominado por Maldavsky de "déspota louco".

A partir dessa situação conflitiva arcaica, McDougall contempla um processo dinâmico-econômico que conduz à exclusão para fora do psiquismo, mediante, como também enfatiza Maldavsky, o mecanismo de desestimação de toda representação e de todo estado afetivo que provoca angústias de natureza psicótica, que essa mãe procura acalmar como se fosse uma droga, e não mediante a tranquilização do bebê. Essa exclusão impede a instauração do autoerotismo e a introjeção da fantasia de uma mãe-seio, prelúdio essencial para uma vida de fantasia e a criação de um mundo objetal interno, como também destaca Tabacof. Em casos extremos, a carência tem consequência mortífera, com a exclusão do indivíduo de toda a atividade libidinal da cadeia simbólica. O conjunto desses acontecimentos desestimados ou forcluídos retorna por meio do que McDougall chama de "atos-sintomas", nos quais os sintomas somáticos constituem um dos seus destinos. Outro destino é o desinvestir o sensório a fim de poder dormir, mas sob pena de que permaneça o vazio no espaço psíquico onde deveriam se delinear os primeiros traços de um objeto. A ausência da mãe é compensada psiquicamente, mas não deixa qualquer representação. Cria-se um abismo primordial entre o corpo e a psique (hiância), no qual o corpo se torna autista, incapaz de diferenciar o ser do outro, o dentro e o fora. Torna-se um elemento estranho a fazer movimentos por conta própria.

Nesse caso, seria possível ouvir esse corpo autônomo? Descobrir ou criar novos elos com a psique? Por trás do sofrimento psíquico, e mesmo em sua ausência, temos de resgatar representações destruídas, não recalcadas, e sim rejeitadas sem qualquer compensação. Estamos à escuta de um vazio deixado pela perda de alguns segmentos preciosos dos bastiões do eu, à cata de um objeto sutilmente perdido, objeto que não se apresenta por estar fragilmente inserido na identidade subjetiva. Para McDougall (1978/1983), o corpo e a vida somática interessam à análise principalmente na medida em que são capazes de se fazer representar enquanto objeto psíquico. Pode ser que o analista reaja ao inexplicável soma dos seus pacientes como uma afronta à sua onipotência interpretativa, o que o expõe ao perigo de subestimar o psicossoma quando o soma se comporta de maneira a colocar-se fora da esfera do processo analítico ou, no mínimo, dando a impressão de que é inacessível aos métodos tradicionais que são dirigidos aos setores não psicóticos da personalidade. Daí, pelo silêncio da escuta corre-se o risco da surdez contransferencial.

Final: nossa posição

Da mesma forma que em qualquer situação analítica, o paciente psicossomático procurará reproduzir com o terapeuta a modalidade vincular que desenvolve em sua vida cotidiana. Frequentemente, ele nos expõe a ficarmos localizados em algum daqueles lugares que Maldavsky descreveu há pouco: o lugar do déspota, que pretende expulsá-lo de sua vida anímica; de um especulador, a quem o paciente interessa apenas como um número a mais; ou de um personagem materno, desconectado de sua vida afetiva. É por isso que, diante de nós, costuma lançar um discurso sobreadaptado, acorde ao que supõe que queremos escutar, mostrando-se sem conflitos nem angústia, ou mesmo com uma verborragia catártica, que tampouco é representativa de seu mundo interno.

A palavra, para esses pacientes, não tem o mesmo valor que para o resto de nossos pacientes – nem quando a escutam e nem mesmo quando a proferem. Por isso é que se impõe uma escuta crítica e limitada que comece a dar forma a esse discurso, colocando certo limite à futilidade do seu discurso, em que ele (o paciente) não está representado nem fala de si mesmo. Em todo caso, reproduz a realidade ou as falas de outros, como nos ensina Horney.

Aprendemos com McDougall que a lesão orgânica é como um ato posto no corpo, uma marca que deverá chegar a constituir-se em uma palavra, e isso será uma possibilidade na medida em que a pulsão consiga projetar-se a partir de suas fontes e possa usar a representação da palavra para investi-la.

Dentre as metas clínicas a alcançar, consideramos com Tabacof que os pacientes possam iniciar a desenvolver uma função auto-observadora que lhes permita começar a ter uma atitude cuidadosa com respeito a si próprios e ao próprio corpo. Esse déficit está em relação direta com as falhas de suas alertas psíquicas – alertas sustentadoras das pulsões de autoconservação –, que fracassam a partir da recusa ou desmentida (*Verleugnung*) do juízo de atribuição acerca daquilo que é benéfico e do que é prejudicial ao eu. A estratégia está dirigida a operar sobre a defesa predominante, o repúdio ou desestimação (*Verwerfung*) dos afetos, cuja forma de aparição é a de apresentar-se como estados de depressão vazia, sem tristeza, de torpor e apatia, ou como transbordamentos de angústia automática.

Tecnicamente, é necessário implementar um elemento referido à postura frente a frente, como propõe Tabacof, a qual costuma ser de grande ajuda para se captar indícios de afeto que esses pacientes mostram por meio de certas respostas orgânicas (enrubescimento cutâneo, tensão postural, fricção dos olhos, mãos etc.), a partir das quais é possível emprestar-se como espelho e ajudá-los a reconhecê-las e, a partir daí, nomear seus estados afetivos. Igualmente com Tabacof, consideramos importante utilizar um ritmo modulado e, às vezes, mais lento nas sessões, para evitar que se produza um efeito de inundação no paciente, que, geralmente por sua postura sobreadaptada em combinação com a falha na função de filtro que deveria exercer a barreira de proteção antiestímulo, pode deixá-lo em um estado de abrumamento intoxicado. Propomos, ademais, uma atitude de escuta reflexiva e crítica que nos proteja dos processos intoxicantes que esses pacientes costumam gerar em quem os escuta. Assim, estamos expostos a manifestações do tipo estados de sonolência, embotamento ou mesmo, quando é a apatia que aparece no paciente, impulsos violentos que pretendem despertá-lo, como *furor curandis* ou interpretações em cascata (Costa, 2015).

Consignamos por fim que, para o psicossomático, não há um outro com quem se possa contar – um outro a quem possa dirigir-se com uma interrogação e com a confiança de que vai haver alguém ali com braços dispostos a contê-lo e a sustentá-lo. A partir daí, buscamos o estabelecimento de um vínculo empático que permita ao paciente sentir-se registrado afetivamente. Para desenvolver essa tarefa, em ocasiões, faz-se necessário incluir certas intervenções terapêuticas que não se costumam utilizar com pacientes neuróticos. Referimo-nos, por exemplo, aos contatos telefônicos ou por e-mail, ou à nossa concorrência a um lugar de internação, se essa se produzir, assim como a comunicação com outros profissionais que tenham a seu cargo a atenção médica de nosso paciente. De qualquer forma, o rumo que guiará nosso acionar terapêutico sempre será ir ao resgate da subjetividade do paciente, numa tarefa que visa ganhar espaço à pulsão de morte, buscando restabelecer o urdimento entre pulsões de autoconservação e sexuais, aliando nosso trabalho às pulsões de vida do paciente.

Referências

Costa, G. P. (2015). *A clínica psicanalítica das psicopatologias contemporâneas* (2ª ed.). Artmed.

De Mijolla, A. (1986). *Le visiteurs du Moi*. Les Belles Lettres. (Trabalho original de 1981).

Faimberg, H. (1987). Le télescopage des générations. *Psychanalyse à la Université, 12*(46), 181-200.

Freud, S. (1976). Inibições, sintomas e ansiedade. In S. Freud, *Edição standard brasileira das obras psicológicas completas de Sigmund Freud*. Imago. (Trabalho original de 1926)

Freud, S. (1977). Projeto para uma psicologia científica. In S. Freud, *Edição standard brasileira das obras psicológicas completas de Sigmund Freud*. Imago. (Trabalho original de 1950)

Freud, S. (1987). Repressão. In S. Freud, *Edição standard brasileira das obras psicológicas completas de Sigmund Freud*. Imago. (Trabalho original de 1915)

Green, A. (1993). A mãe morta. In A. Green, *Narcisismo de vida, narcisismo de morte*. Escuta. (Trabalho original de 1980)

Horney, K. (1952). The paucity of inner experiences. *American Journal of Psychoanalysis, 12*(1), 3-9.

Katz, G., & Costa, G. P. (2021). *Psicanálise das manifestações psicossomáticas*. Buqui.

Maldavsky, D. (1992). *Teoría y clínica de los procesos tóxicos: adiciones, afecciones psicossomáticas, epilepsias*. Amorrortu.

Maldavsky, D. (1995). *Pesadillas em vigília: sobre neuroses tóxicas y traumáticas*. Amorrortu.

Maldavsky, D. (1998). *Casos atípicos: cuerpos marcados por delirios y números*. Amorrortu.

Maldavsky, D. (2004). *La investigación psicoanalítica del lenguaje*. Lugar Editorial.

Maldavsky, D. (Ed.). (2007). *La intersubjetividad en la clínica psicoanalítica*. Lugar Editorial.

McDougall, J. (1983). *Em defesa de uma certa anormalidade: teoria e clínica psicanalítica*. Artes Médicas. (Trabalho original de 1978)

McDougall, J. (1989). Estados psicossomáticos, neurose de angústia e histeria. In J. McDougall, *Teatros do Eu*. Francisco Alves. (Trabalho original de 1982)

McDougall, J. (2018). *Teatros do corpo: o psicossoma em psicanálise*. Martins Fontes. (Trabalho original de 1989)

M'Uzan, M. (1994). Esclaves de la quantité. In M. de M'Uzan, *La bouche de l'inconscient*. Gallimard. (Trabalho original de 1984)

Tabacof, D. (2021). *Clínica da excitação: psicossomática e traumatismo*. Blucher.

10. Ação do masoquismo mortífero: somatização em um caso clínico

Eliana Rache[1]

Foi quando já havia passado um tempo de análise que me dei conta de que o caso de Ana mostrava o funcionamento da pulsão de morte em seu mais puro estilo, tendo invadido seu corpo por meio de somatizações contidas em sua queixa: poliartrite reumática com psoríase. Aliás, foram essas dores nas articulações dos dedos, nas mãos e nas ancas que trouxeram Ana para se cuidar, além de estar se percebendo mais ansiosa.

Ana (na casa dos 60 anos) é muito risonha, simpática, extremamente pequena e roliça, o que fica ainda mais claro pela forma como se senta na beirinha da poltrona. Pergunto se não quer ficar mais à vontade, e então percebo que, quando ela tenta se mover para trás, a poltrona a engole por completo. A figura que me vem é a da menina do conto infantil que, perdida na floresta, entra na casa dos três ursos e tenta achar lá dentro qual dos objetos

1 Membro da Asociación Psicoanalítica Argentina, doutora em Psicologia Clínica pela Pontifícia Universidade Católica de São Paulo. Autora de *Travessia do corporal para o simbólico corporal* (CLA, 2014) e coautora de *Roussillon na América Latina* (Blucher, 2017).

corresponde a seu tamanho. Minha poltrona estava muito grande, e por enquanto não havia nenhuma outra para ela experimentar...

No seu primeiro contato comigo traz uma descrição detalhada de sua artrite reumática, que tinha começado uns cinco anos atrás. Em seguida, conta que é cabelereira, apesar de ter chegado ao último ano da faculdade de Biologia. Nunca se casou, embora tenha tido uma relação estável com um companheiro, um publicitário, por sete anos, que acabou pelo fato de ele ser uma pessoa autodestrutiva. Conta que muitas vezes ia buscá-lo à noite, caído em lugares dos mais perigosos! Não teve filhos, embora tenha tido três abortos provocados de outras relações sem quaisquer significados.

Filha de pais judeus não ortodoxos fugidos do Holocausto, relata o fato de sua mãe ter sido estuprada diante de seu pai por soldados alemães.

Em sua história havia uma provocação, uma chispa sedutora que me instigava querer conhecê-la. A forma como me contou suas histórias chamou minha atenção, pelo descaso, pela banalização com a qual abordava situações candentes da vida. Falta de compromisso afetivo? Falta de ligação emocional até mesmo com esse que fora seu único companheiro? E por que escolher como parceiro essa pessoa tão fragilizada?

Ana tem saúde frágil e é assistida por diferentes médicos, os quais são convocados a compor o quadro de todos os começos de sessão. Apesar de estar me colocando a par de seu funcionamento físico, não é entediante a forma como traz esse assunto. Além disso, Ana associa livremente, o que vem a ser um fator importante para não ser considerada pessoa com um funcionamento mental de tipo operatório. Ao se referir ao psiquiatra que a acompanha, conta o quanto ele foi maravilhoso no caso do menino. "Não te contei essa história? Foi um rapaz que morou em minha casa pois não tinha onde morar. Ele era puro, maravilhoso tinha vindo pintar minha casa e quando terminou não queria voltar para a cidade de onde viera e não tinha para onde ir. Eu tinha uma edícula e falei que ele poderia ficar lá até arranjar um emprego. Ele era desiludido da vida, com seus 29 anos ele já não queria mais viver, tomava medicações e tinha tido um diagnóstico de esquizofrenia. Um dia chego em casa e a cena é horrível: tinha se enforcado." Ao contar esse episódio está um pouco mais tocada. Penso que era uma tentativa projetiva de Ana se cuidar no jovem tão maravilhoso, mas não falo nada, pois essa comunicação de Ana me causou uma estranheza que pensei em não reduzir a uma interpretação e aguardar.

As questões iam se apresentando: por que essas "escolhas" de Ana? Um companheiro tão autodestrutivo, um "menino" acolhido que se mata em sua própria casa, o relato de sua mãe estuprada pelos nazistas diante de seu pai?

Muitas vezes Ana me perguntava se não tinha me contado essa história, ou aquela, e assim muitas outras histórias foram se juntando, mas compunham-se numa toada única, repetitiva e constante que provocava em mim a vivência de um presente eterno. Pois, apesar de tantas histórias, Ana brindava-me com sua falta de continuidade existencial, presente nas ligações que a vida lhe oferecera e que ela rompera. Os investimentos em seus projetos de vida ficaram inacabados: não se casou, não teve filhos, não se realizou profissionalmente. Ana não aguentava situações que pudessem lhe exigir um sofrimento emocional "a mais": fugia. Sua história é uma história de rupturas cujos elos agora precisam ser refeitos na busca de uma continuidade temporal, de uma narrativa. A compreensão vai se impondo, pois se Ana buscava por meio de uma vida fútil com amigas fugir de seu vazio, não era o bastante para aplacar a solidão da qual sofria sua alma. Em tais períodos, que em geral precediam as somatizações, Ana comentava: "Não é fácil aguentar nas costas 6 milhões de judeus exterminados...".

Contava sobre como seu pai conseguira fugir dos campos de concentração numa atitude temerária, com sua mãe e sua irmã de 2 anos. Quando chegam ao Brasil, essa terra prometida, nasce Ana, trazendo consigo as insígnias da "filha esperança". Seus pais sempre procuraram dar-lhe a melhor educação, tendo Ana frequentado colégios caros, de onde vem o saldo de suas amigas "ricas". Sua mãe trabalhava muito, era a doçura em pessoa e era a relação mais forte de Ana. Seu pai, em contrapartida, era visto como "o neurótico de guerra": tinha acessos de fúria descabidos, medos: do barulho de rojões, do escuro, e todas essas situações tinham sobre Ana um impacto violento, pois na maior parte das vezes ela era sua vítima. Duas vezes apanhou tanto que pensou que fosse morrer, até que, aos 18 anos, fugiu de casa. Dizia: "Meu pai era advogado em seu país de origem, militava o socialismo e nunca conseguiu por causa da língua continuar em sua profissão aqui no Brasil. Fazia trabalhos braçais, depois foi fazer entregas com caminhão, era um derrotado, um infeliz". Se pensarmos na ruptura de identidade, nos anseios exterminados, na pátria perdida, nos laços enterrados do pai de Ana, compreendemos o quanto nunca mais conseguiu se refazer e o quanto desse ideal perdido estava depositado na filha. Os momentos traumáticos encapsulados, convertidos em "restos radioativos" (Gampel, 2016), não podiam ser simbolizados por esse sobrevivente do Shoá que, numa relação direta, transmitia à moda de transmissão transgeracional de forma invasiva, não representada, para sua filha o que ficava visível no vazio, na perseguição e no mal-estar sentidos por Ana, quando não em suas enfermidades somáticas. Se bem acreditamos no efeito da transgeracionalidade, deixando como herança o trauma, com sua marca histórica indelével sobre Ana, ainda assim a força da desintricação pulsional, com a consequente liberação da pulsão de morte, tornava-se um fator a mais para colocar Ana no território das somatizações. Valho-me aqui da segunda tópica de Freud por meio de uma leitura de B.

Rosenberg (2003) da teoria das pulsões de vida e morte e como estas se aplicam à teoria psicossomática psicanalítica da Escola de Paris. Segundo ele, a ação da pulsão de morte joga um papel fundamental na somatização, quando, ao se desintricar, vai introduzindo a predominância da ação do masoquismo mortífero em seu papel de estagnação na vida do sujeito. Perguntamos: como tal processo acontece? O masoquismo erógeno, masoquismo guardião de vida, não teria dado curso à sua ação, trazendo a libido necessária para arrancar a pulsão de morte de sua tendência à inação, à quietude, e, assim, não teria sido efetivo em empurrá-la para aguentar situações árduas da vida. Muitas vezes Ana era vista como mimada, pois largava seus projetos antes de finalizá-los. Mas era o contrário: não existia em Ana uma força *a mais*, uma excitação de vida, fornecida pelo masoquismo erógeno, que a fizesse aguentar a dor deste ou daquele projeto, que eram então largados tão logo tivessem sido engendrados. Percebia-se que suas pulsões deveriam ter sido intricadas de outra maneira, lhes faltava a participação do masoquismo erógeno inicial no domar de sua pulsão de morte para tal fim. Assim como o pai, com o qual guardava relação conflitiva, Ana nunca pode ascender profissionalmente: a cada ruptura prevalecia a força da pulsão de morte desligada, impondo sua força para além das gerações. A "menina esperança" não podia cumprir o desejo parental, havia outros mandatos de outras épocas que o antecediam.

Parece que a vida de Ana tinha se desenvolvido sob a égide do masoquismo mortífero, no sentido de que todo seu investimento era masoquisticamente dirigido ao sofrimento, ancorava-se no território do desprazer por excelência. Por que o único parceiro de vida fora tão autodestrutivo, a ponto de Ana ter de abandoná-lo? Por que adotar um jovem desconhecido esquizofrênico com risco de suicídio em sua casa até quando o encontra enforcado em seu quintal? Por que desdenhar de qualquer ajuda para completar seu curso universitário faltando um ano para terminar? É não só tornar suportável a excitação presente em todas essas circunstâncias, mas vivê-la como única forma de prazer – havendo a prioridade do prazer na vivência da excitação do que em qualquer outro tipo de descarga prazerosa enquanto satisfação objetal.

Cabem algumas explicações teóricas que compuseram a base de minha compreensão clínica. A partir de 1920, com o estabelecimento das duas novas pulsões psíquicas – a de vida e a de morte –, Freud foi levado a entender que se a pulsão de morte tende a excluir qualquer excitação da matéria orgânica, fazendo-a regressar ao inorgânico – era necessário, para que houvesse o começo de vida, haver uma intricação pulsional primária baseada no masoquismo erógeno, incumbido de trazer a excitação disparadora de vida. Cito Rosenberg (2003):

> *O masoquismo e o princípio de prazer são 'produtos' dessa intricação, dessa fusão-liga pulsional primária. São dois rostos, dois aspectos do mesmo momento psíquico. Trata-se do momento formador da primeira estruturação do eu arcaico que se constitui em torno do núcleo masoquista erógeno primário e da lei que rege seu funcionamento, o princípio do prazer. (pp. 80-81)*

A partir de "O problema econômico do masoquismo" (Freud, 1924/1976), o prazer se torna uma combinação de prazer e de desprazer que abriga em seu seio uma dose variável, mas inevitável, de masoquismo, processo complexo e unitário que compreende tanto a excitação (aspecto desprazer) como a descarga (aspecto prazer).

Quando Ana chega à análise com as somatizações em grande estilo, foi como falei no início: só depois de um tempo comecei a rastrear a pulsão de morte e a entender o masoquismo mortífero que havia imperado até então. Fiz a aposta terapêutica de que, se eu conseguisse acionar o núcleo primeiro de seu eu masoquista erógeno primário e tê-lo como aliado, conseguiria conduzir sua tendência ao masoquismo mortífero para um masoquismo erógeno. E se é verdade que o masoquismo originário é ponto de encontro do sujeito consigo mesmo, torna-se o lugar onde o sujeito nasce para si mesmo e onde o eu se constitui pela intricação pulsional primária, mediada agora por um outro objeto – no caso eu, a analista. Chamemos, com Freud, esse núcleo masoquista inicial erógeno, que permite o investimento da excitação (ligação), tornando-a aceitável, de masoquismo guardião de vida.

Do ponto de vista econômico da Escola de Paris, o trabalho pulsional, ao começar a se intricar novamente no processo terapêutico, deverá ir se apresentando por meio de relações objetais com características sadomasoquistas. Assim foi que Ana, mais à vontade comigo no início de uma sessão, se esforça para me mostrar algo em seu rosto. Vejo uma região lesionada roxa escondida debaixo da maquiagem.

Diante de minha pergunta sobre o que tinha acontecido, ela ri e diz: "Meu marido me bateu porque eu disse que estava grávida". Surpresa, eu pergunto: "O quê? Não entendi nada". Ela ri de novo, com ar de quem me fez um "*touché*" – ponto para ela – da luta de esgrima. Agora eu estava capturada, sob o poder dessa estranha história. O fato é que tinha levado um tombo e, para não cair de cara no chão, protegera-se, caiu de lado e ficou com o olho roxo. Por momentos me perguntei se ela de fato tinha marido, será que eu havia esquecido? "Sim", digo eu, "mas até agora não entendi por que o marido daria um soco em você por estar grávida." Rapidamente ela responde: "Não é assim que aparecem as mulheres nas redes sociais? Levaram surra do marido, aparecem todas roxas porque apanharam e é assim que se mostram. A sensação de estar caindo num chão sem fundo é desesperadora... isso eu não quero contar para ninguém – cair num chão sem fundo". Usando da recusa (*Verleugnung*), ela transforma a surra em exibição para que eu veja/não veja sua dor no roxo da pele escondida pela maquiagem. Plasmava-se na pele a dor de Ana ser um nada, uma insignificância, mas eis que transformava esse quadro de agonia num cenário provocador, no qual uma mulher foi ferida e um homem foi seu agressor – tema de brilho nas redes sociais.

A trilha deste trabalho de sadomasoquismo impõe-se desta vez fazendo-me perceber o uso que Ana fazia da exibição masoquista de suas dores recônditas. Não era difícil para ela ver no pai o sádico agressor, mas, com o trabalho analítico se aprofundando, outros aspectos dele foram surgindo em suas associações. Seu pai tinha perdido a possibilidade de trabalhar como advogado aqui no Brasil por causa da língua. Sua mãe, ao contrário, dominava muito bem os idiomas, dava aulas e não só ganhava mais que o marido, como também – e isto era o pior – era mais reconhecida que ele na colônia judaica. Ele, para se engrandecer, contava Ana, "quando estávamos todos à mesa para as refeições, principalmente se tínhamos visitas, punha-se a dar aulas de matemática, física, e era ridículo". Ana nem desconfia quanto ela mesma está identificada com esse pai no fracasso de sua realização profissional, e, como ele, ela também se exibe em suas conversas, fruto da transformação de suas próprias misérias e insucessos. Ela tem uma ferida narcísica e de castração, o que é muito claro em seu rosto, nesta marca na qual se estampa a falta de um marido e de filhos.

E assim Ana procura manter um equilíbrio psíquico, num arranjo sadomasoquista, de coloração exibicionista-voyeurista, para buscar contorno à sua pessoa. Com histórias que provocam certo suspense, Ana me torna sua vítima e por segundos domina a cena, o que demanda de mim alguma agilidade quase física. Parece que recebo um golpe, sou nocauteada, me recupero. Que teria acontecido? É uma história de excessos, que na onda da pulsão deveria atingir um objetivo e não consegue *mottu*, descrição contida na definição de Freud de reversão da pulsão. O resultado dessa operação pulsional é a figura perder a veracidade da vida, gerando um teatro de horrores caricaturais!

Procuro ir tecendo relações objetais mais verdadeiras e profundas, com o intuito de alçar Ana do pântano mortífero da pulsão de morte que a espreita com as perseguições e o sentimento de não valer nada, com os 6 milhões de judeus exterminados que tenho que carregar...

A culpa é grande, e Ana é pequena.

Apenas ofereço a ti, meu pai, minhas mãos enrijecidas, que não me permitem trabalhar como tu, que, com tuas mãos, me batia para não se sentir um canalha!

Referências

Freud, S. (1976). O problema econômico do masoquismo. In S. Freud, *Edição Standard Brasileira de Obras Psicológicas Completas de Sigmund Freud* (Vol. XIX, pp. 199-212). Imago. (Trabalho original de 1924)

Gampel, Y. (2016). Différents mouvements de transmission: transmission radioactive destructive – transmission radioactive créative. *Connexions, 106*(2), 135-142.

Trachtenberg, A. R. C. (2013). *Transgeracionalidade – de escravo a herdeiro: um destino entre gerações*. Sulina.

Rosenberg, B. (2003). *Masoquismo mortífero e masoquismo guardião da vida*. Escuta.

Homenagem a Gérard Szwec

11. Psicossomática da criança ao adulto, rigor e paixão: legado de Gérard Szwec (1947-2021)[1]

Cândida Sé Holovko

É com alegria e tristeza que inicio esta escrita, para homenagear nosso querido supervisor e mentor da Escola de Psicossomática de Paris, Gérard Szwec. Ele partiu, deixando saudades, no dia 13 de março de 2021, em Paris, dois meses após o lançamento na Sociedade Psicanalítica de Paris do seu último livro: *Au bout du rouleau* (O ponto do esgotamento).

Gérard era psiquiatra de adultos e crianças e um renomado psicanalista francês, teórico brilhante, analista didata rigoroso da Sociedade Psicanalítica de Paris e do Instituto de Psicossomática Pierre Marty, instituição da qual foi presidente. Foi diretor do Centro de Psicossomática da criança Léon Kreisler, contribuindo para a expansão das pesquisas e da clínica com crianças e adolescentes que apresentam distúrbios psicossomáticos. Era membro do conselho científico do Congresso de Psicanalistas de Língua Francesa. Foi cofundador da *Revue Française de Psychosomatique*

1 Trabalho apresentado na Jornada de Psicossomática Psicanalítica, em novembro de 2021, na Sociedade Brasileira de Psicanálise de São Paulo.

e editor-chefe de 1991 a 2010. Publicou numerosos artigos de referência e livros importantes, como:

- *La psychosomatique de l'enfant asthmatique*, 1993, PUF
- *Les galériens volontaires*, 2014, PUF
- *Les travaux forcés de la répétition* (coletânea), organizado por Jacques André e C. Chabert, 2015, PUF
- *La psychosomatique*, organizado com Félicie Nayrou, 2017, PUF
- *Au bout du rouleau*, 2021, PUF

Recebeu o Prêmio Maurice Bouvet, em 1996, um dos mais prestigiados da psicanálise francesa, pela concepção, com Claude Smadja, do conceito de procedimentos autocalmantes, que ele aprofundou em seu livro *Os galerianos voluntários*, largamente utilizado por psicanalistas de vários países. Clarisse Baruch, presidente da Sociedade Psicanalítica de Paris, escreveu em 2021, logo após o falecimento de Gérard: "Foi um colega muito estimado por suas qualidades humanas, pelo seu engajamento, por sua capacidade de trabalho, por sua inteligência e por seu senso de humor, que nos farão muita falta". Marilia Aisenstein, sua companheira de trabalho por quase 40 anos, refere-se a ele como um psicanalista apaixonado e apaixonante. Diz ela: "Nossas controvérsias eram passionais e às vezes violentas, mas tínhamos os dois o amor à verdade e um profundo respeito pelo paciente, tivesse ele 5 ou 75 anos". Marina Papageorgiou, editora da *Revue Française de Psychosomatique*, escreveu em 2021 uma homenagem: "Nós o sabíamos esgotado pela doença, mas sua morte nos parece ainda irreal, tal sua presença era viva, forte, generosa, engajada no exercício da psicanálise e da psicossomática, como nas relações humanas, tanto como colega, amigo, didata, clínico, editor da *Revue*...".

Essas palavras escritas por colegas franceses ressoam muito próximas da experiência que tive com Gérard. Conheci Szwec no Instituto de Psicossomática de Paris, e sua figura paradoxal me encantou desde os primeiros encontros. Na época, belo homem na casa dos 60 anos, chegava descontraidamente ao Ipso em sua motocicleta, jaqueta de couro preta, com seus fartos cabelos grisalhos permanentemente desalinhados. Ao entrar na sala onde aconteciam os seminários de quarta-feira, logo nos deparávamos com o psicanalista de ar compenetrado, inteligente, rigoroso nas observações fortemente marcadas pelo seu profundo conhecimento da teoria de Freud e dos teóricos e clínicos pioneiros da Escola de Psicossomática de Paris. Amante da controvérsia e dos desafios, estava sempre pronto para o debate com colegas, principalmente com seu interlocutor privilegiado, Claude Smadja, com o qual os participantes dos seminários no Ipso se acostumaram a vê-lo esgrimindo suas ideias criativas, desafiando o pensamento um do outro, em encontros férteis e potentes sobre teoria e clínica dos fenômenos psicossomáticos.

Nos encontros quinzenais de minha supervisão de formação, que duraram três anos, Gérard sempre esteve muito atento aos mínimos detalhes do meu relato clínico e alertava para a prudência do analista, nesta clínica tão delicada das somatizações, lembrando que deveríamos funcionar como os "desativadores de minas explosivas", como aconselhava Marty, no cuidado para não retraumatizar o paciente que já nos chega muito desamparado psiquicamente, com grandes déficits na constituição do narcisismo de vida. Muito generoso no envio de textos que expandiam nossas conversas e nas ricas explanações metapsicológicas dos fenômenos clínicos que discutíamos. Nesses momentos expunha com clareza contribuições preciosas de Freud, Pierre Marty, Michel de M'Uzan, Michel Fain, Denise Braunschweig, Ferenczi, Green, entre outros, que iluminaram o campo da psicossomática psicanalítica. Como formador-supervisor de colegas do Brasil, Rússia, Turquia e Inglaterra, levava também em consideração as variações culturais e os impactos na clínica dos contextos socioeconômicos e culturais, com as consequentes particularidades dos atendimentos em função do país em que vivíamos. Lembro de ele ter comentado comigo como na Rússia eram frequentes os relatos de violência doméstica e abuso de álcool, enquanto no Brasil notava a frequência nos materiais clínicos de sofrimentos narcísicos com a perda de poder econômico e de privilégios de classe social, muito diferente do que via normalmente na França.

Gérard concentrou suas pesquisas e escrita sobre alguns temas específicos, entre eles o estudo da organização ou desorganização do funcionamento psíquico de crianças e adolescentes com sintomatologias psicossomáticas, com afecções respiratórias, desordens do sono, doenças dermatológicas, entre outras, alargando os horizontes no Ipso também para o atendimento conjunto com seus pais.

Concebeu com Smadja um conceito original que lançou luz a muitas situações da clínica psicossomática, o dos "procedimentos autocalmantes", que aprofundou em vários de seus artigos e livros, inclusive em seu último livro de 2021. O título desse livro, *Au bout du rouleau*, remete a uma expressão francesa cujo sentido refere-se à experiência de estar esgotado e sem recursos. Nele aborda a clínica do esgotamento ou clínica do extremo.

No prefácio da *Revue Française de Psychosomatique* de 1993, toda ela dedicada ao tema dos procedimentos autocalmantes, Szwec e Smadja argumentam que os procedimentos autocalmantes fazem parte da psicopatologia da vida cotidiana de todos os indivíduos e de sua maneira de estar no mundo. Esses procedimentos muitas vezes sustentam a concentração do pensamento por uma certa descarga da coexcitação sexual ligada ao esforço intelectual

(Braunschweig, 1993). Afirmam que os exemplos são inúmeros, como a necessidade de andar enquanto se trabalha; fazer um rabisco ou desenho durante uma reunião, casos em que o procedimento parece facilitar a disponibilidade a pensar. Em outros contextos, ocupa um lugar excessivo no funcionamento psicossomático do indivíduo e emerge como defesa patológica do Eu. Para Gérard (1998): "o procedimento autocalmante é resultante da falha de constituição de um sistema psíquico de defesa contra o sofrimento, ligada a uma superexcitação não integrada, uma neurose traumática subjacente" (p. 40). Podem ser definidos como meios utilizados pelo Eu para se adaptar a certas conjunturas, parte das defesas que asseguram a proteção do Eu contra um perigo que ameaça sua integridade. Esses meios de defesa são opostos ao recalcamento e à produção de sintomas neuróticos.

Na concepção do que é calmante, os autores apoiam-se nos trabalhos de Michel Fain (1992) sobre a diferença entre o que é calmante e o que traz satisfação, que encontrou em bebês com insônia precoce. Fain cita as crianças que martelam violentamente a cabeça sobre uma superfície dura, de maneira repetitiva, como rito de adormecimento, gestos precocemente autodestrutivos. Ele formula a hipótese de que esses gestos são uma internalização do ninar da mãe ou cuidador, contêm a experiência da excitação-relaxamento no momento do adormecimento do seu bebê e carregam mensagens da inquietude da mãe e das pulsões de morte com fins de rebaixamento da excitação.

Diz Gérard (1998):

> *A mãe, adormecendo seu filho, transmite, como explica amplamente Fain, o que vai no sentido da vida, do erótico e das pulsões de autoconservação, ao mesmo tempo manifestações do instinto de morte. Quando predomina*

> *este último, o comportamento repetitivo que é seu herdeiro tende a substituir o pensamento. (Gérard, 1998, p. 18)*

Smadja (1993) constata que a questão do papel econômico das funções sensório-motoras na manutenção do equilíbrio psicossomático chamou a atenção dos psicanalistas há muito tempo. Lembra que as atividades psicomotoras do paciente nos contextos traumáticos utilizam, segundo Fain, as propriedades de redução da excitação da pulsão de morte.

Szwec (1993) afirma:

> *os procedimentos autocalmantes . . . me parecem mais comparáveis a uma mecânica em dois tempos que comporta um tempo de desligamento, deixando entrever a ação das pulsões desintricadas e um tempo de religação. Esta atividade não é psíquica, mas comportamental, . . . é a qualidade do ninar que foi interiorizada que dá aos procedimentos autocalmantes sua característica mais operatória . . . O modelo do ninar permite compreender como cada bebê constitui, nas trocas com a mãe, um tipo de código sensório-motor . . . O procedimento autocalmante, tipo de ninar atuado, é colocado em ação quando há um fracasso ou insuficiência da interiorização de uma mãe que acalma pela satisfação erótica . . . é colocado em ação quando a regressão psíquica é falha. (p. 35)*

Acrescenta ainda: "O procedimento autocalmante é um substituto do jogo de carretel, descrito por Freud, justamente pelo fato deste não ter podido se instaurar e permitir conservar no psiquismo traços da presença materna paraexcitante e cuidadora" (Szwec, 1998, p. 40).

No livro *Les galériens voluntaires* (1998), Szwec centra suas ideias sobre o funcionamento mental de esportistas compulsivos, que remam, correm, nadam até os limites de suas forças e depois recomeçam sob o efeito não de um prazer, mas de uma compulsão a repetir um comportamento idêntico. Sua tese principal, fruto de reflexão de muitos anos, é que esses esportistas compulsivos utilizam os procedimentos autocalmantes como estratégias defensivas antitraumáticas do Eu que emergem devido a falhas na estruturação do narcisismo primário. Essas atividades resultam de um superinvestimento da motricidade e do perceptivo, que visa esvaziar o aparelho psíquico de excitações do traumatismo não ligadas psiquicamente.

No artigo que dá origem a esse conceito, publicado na *Revue Française de Psychosomatique* com o título "Les procedés autocalmants par la recherche de l'excitation: Les galériens volontaires" [Procedimentos autocalmantes mediante a busca repetitiva da excitação: Os galerianos voluntários],[2] de 1993, Gérard evoca as atividades motoras e sensoriais que certos pacientes utilizam no estado de vazio de pensamento operatório. Apresenta o caso muito conhecido do adolescente Rocky, que toca freneticamente bateria com um fim autocalmante, e relatos de remadores que se aventuram solitária e perigosamente em alto-mar.

Vejamos o relato da experiência com esse jovem paciente.

Rocky, 14 anos, além do sério fracasso escolar, apresentava no plano somático fortes enxaquecas, dores abdominais e infecções do trato respiratório frequentes. Foi uma criança assombrada desde os 3 anos de idade pela imagem do instante em que sofreu um acidente e foi projetado para fora do carro, acidente no qual sua irmã de 5 anos veio a falecer. A partir dessa idade repete, por toda a infância, um jogo em que dois carros se chocam violentamente,

2 O texto faz parte deste volume, Capítulo 13.

expressando um estado traumático não integrado psiquicamente e funcionando em um registro de compulsão à repetição. A não integração dessa experiência traumática e a interrupção de cadeias de representação ligadas a ela, em Rocky, marcam as interações, no início da psicoterapia, com uma verbalização centrada na vida concreta do presente, sem ressonâncias afetivas, com pouca imaginação e pobreza de associações. Aos poucos, Rocky substitui o jogo com os carros pelo barulho ensurdecedor de um solo de bateria interminável. Aqui "a música é reduzida ao mínimo, em prol da velocidade e repetição, transformando seus braços em uma máquina rítmica, programada e automática" (Szwec, 1998, p. 16). Procedimento autocalmante que Gérard associa ao dos remadores solitários, maratonistas, esportistas do extremo, dançarinas incansáveis ou trabalhadores que nunca podem parar. A propósito deste tocar ininterrupto da bateria, diz Gérard:

> *Enquanto técnica ativa . . ., a bateria permite estabelecer um primeiro nível de ligação com sensações do corpo e da percepção sensorial de uma excitação traumática [violência do barulho do choque dos carros na hora do acidente e da visão dos ferimentos da irmã] até este momento não ligados por um sistema de representações de pensamento. (Szwec, 2013, p. 16)*

Para ele:

> *Os procedimentos autocalmantes, sobretudo em suas formas mais autoagressivas, podem comportar, antes do retorno à calma, um primeiro tempo de aumento de excitação (a contratura e a tensão muscular no exemplo de Rocky e dos remadores solitários) . . . podem curiosamente incluir uma parte de sofrimento físico,*

> *e podem mesmo às vezes até provocar novos traumatismos. Outras vezes, a calma é alcançada pelo esgotamento da máquina automática na qual o corpo foi transformado pelos comportamentos mecanizados submetidos a uma pressão de repetição.* (Szwec, 2013, p. 6)

Com o tempo, Rocky vai poder nomear a morte, escrevendo em seus blusões nomes das bandas (The Dead, Sepultura, Necrosis, Desctruction etc.) com as representações que lhe dão o *heavy metal*, os filmes de terror, podendo inscrever-se em uma identidade grupal cujos interesses por figuras sádicas e um determinado contexto mais musical mostram que a pulsão de morte vai se intricando com a pulsão de vida. Já sem necessidade do procedimento autocalmante, Gérard constata que a situação de Rocky melhora em todos os setores, tanto escolar como social. Aos 16 anos, trabalha para comprar uma bateria dos sonhos, é representante de classe com altas notas, interessa-se por diferentes músicas, as quais toca com novas nuances, começa um namoro com uma garota... Gérard conjectura que:

> *o barulho da bateria continha outras cenas, como aquela das brigas dos pais depois do acidente; a reconciliação deles materializada no nascimento de outra irmã; o barulho da cena primária; da ameaça de castração, todos esses temas foram representados psiquicamente, o que permitiu outras possibilidades de retorno à calma. Pode-se considerar que uma tal evolução mostra que o sistema de paraexcitação psíquico se torna apto a transformar a excitação exterior em excitação sexual.* (Szwec, 2013, p. 45)

No texto "Sobre o uso autocalmante do pavor", Szwec (2013) afirma que "a repetição pelo comportamento que realiza o procedimento autocalmante contribui para produzir excitação sexual . . . equivalente a um narcisismo secundário que vai reforçar o narcisismo primário falho".

A busca do medo não faz parte de todos os procedimentos autocalmantes, mas Gérard observa que esportistas do extremo, navegadores solitários conhecidos, que insistem em conviver com situações ameaçadoras e dolorosas, buscam lidar com o medo relacionando-o com perigos do mundo externo, como uma defesa contra o pavor do traumatismo irrepresentável, contra uma angústia de sofrimento difusa preexistente, numa tentativa de lhe dar uma forma, um nome (Szwec, 2013, p. 39).

Gérard Szwec, em comunicação pessoal, contou que uma atleta francesa de alto nível, campeã reconhecida na sua modalidade e que treinava muitas horas por dia, ao ficar grávida e ser privada de seu funcionamento autocalmante, apresentou uma desorganização somática, encadeando cinco doenças físicas durante sua gestação (diabetes, alopecia, pressão alta etc.). Essa pessoa não suportava perder os níveis físicos que havia desenvolvido antes da gravidez, pois estava aderida aos comportamentos como maneira de lidar com os impactos da vida, com poucas possibilidades de processá-los psiquicamente, e a ideia de uma criança dependente a remetia à passividade que havia recusado durante toda sua existência. O bebê que crescia dentro do corpo desta gestante a pressionava a vivenciar movimentos regressivos e acesso ao mundo interior, com suas memórias sensoriais, afetivas, necessitando espaço psíquico para acolhê-los. Szwec relatou que essa mãe, depois do nascimento do bebê, passava seu tempo dando o seio a seu filho, substituía assim o esporte pelo procedimento autocalmante de dar o seio.

Nesta conversa, Gérard lembrou de um artigo que tinha escrito (Szwec, 1998), no qual a mãe respondia apressadamente a qualquer desconforto do seu bebê ou aumento de tensão deste oferecendo o seio, em uma tentativa de acalmá-lo e a si mesma. O autor mostra como nesse caso este comportamento repetitivo da mãe produziu no seu bebê uma "nova necessidade", propondo uma amamentação no lugar de estabelecer as condições para o surgimento de uma sucção autoerótica. "A mãe usava seu filho como uma 'máquina de acalmar' e ela tornou-se para ele também 'uma máquina de acalmar' em uma amamentação mecanizada feita independentemente da satisfação da fome e do prazer" (p. 75).

Nas crianças, os procedimentos autocalmantes se distinguem das atividades autoeróticas que eles substituem, o que depende da qualidade das mensagens parentais que as crianças interiorizam, principalmente as da mãe.

Outro exemplo paradigmático dessa clínica do extremo é encontrado no último livro de Gérard, no capítulo que chamou "Sex machine" (2021). Nela, Gérard descreve o início de uma análise com um homem, a quem denominava de "*galeriano da ejaculação*", que não conseguia suspender sua atividade sexual porque esta se tornou seu único recurso de integração pulsional. Homem de 29 anos, com angústias difusas e descargas de cólera. Não menciona dados da infância e sua fala concentra-se nos acontecimentos do presente e em sua relação afetiva com a esposa. Um sonho de um avião que ao decolar se arrebenta no chão leva Gérard a interpretar ejaculação precoce, que é confirmada pelo paciente. O analisando revela que tem relações sexuais com sua mulher todos os dias de manhã e à noite e várias vezes no final da semana. Sempre ejacula precocemente na penetração e masturba-se de 15 a 20 vezes por dia, em casa e no escritório. Gérard associa, mais tarde, esses sintomas com um vínculo infantil persistente com a mãe, que abandonou marido e filho quando este era muito pequeno.

Uma noite a mulher deste analisando chega tarde em casa, após ser retida pelo diretor da empresa. O analisando não mostra sentimentos de ciúmes, mas apresenta na sequência febre e angústias difusas. Algumas semanas depois, é diagnosticado com um câncer em um testículo. Diz Szwec:

> *esse meu paciente tem uma inaptidão para encontrar o descanso depois da ejaculação na relação sexual e depois da masturbação, e precisa constantemente recomeçar, como se tivesse uma impossibilidade de experimentar suas tendências passivas e devesse sempre provar de novo sua virilidade . . . Com sua mulher, ele é invadido pela sua experiência infantil de rupturas brutais de investimento, a mãe que pode sempre partir, ameaça que o pressiona a se desembaraçar de representações ligadas à mãe, o que eu compreendo como um tipo de desobjetalização. Fazer amor com sua mulher é o remédio a seu abandono traumático, e, ao mesmo tempo, a reativação deste que ele deve fazer cessar o mais rapidamente possível . . . A masturbação se transformou em um procedimento autocalmante que não visa ao prazer na satisfação, mas ao esgotamento pela repetição. Pela excitação quase contínua que ela provoca, ele busca baixar a excitação gerada pela percepção de um objeto que atualiza a carência materna. A masturbação permanente é um substituto do autoerotismo . . . o paciente se tornou um tal galeriano do sexo que a sexualidade erótica ou autoerótica não tem sentido. (p. 30)*

Nesse paciente, segundo Szwec, a impossibilidade de viver a triangulação, de fantasiar e elaborar uma cena primária, somada a falhas nas possibilidades de ligação dos afetos e das representações, conduziria os afetos retirados da corrente associativa psíquica a se transformar em uma força destrutiva para o corpo somático. Diz ele:

> *do ponto de vista econômico, a relação entre as forças libidinais e aquelas que levam ao desligamento está desequilibrada. A aparição do câncer testemunha um defeito da organização da libido que conduz à destrutividade desligada para o soma . . . talvez a doença somática tenha aparecido assim que a situação real foi reencontrada, ou seja, transbordou suas defesas comportamentais e teve como consequência um abaixamento de suas defesas imunológicas, deixando a via livre para a somatização do câncer. (p. 32)*

Finalizando, podemos dizer que é admirável o interesse de Gérard por estes analisandos à beira do desespero, nessa clínica do extremo, das situações traumáticas, e que ele nos ilumina com sensibilidade e agudeza de raciocínio. Agradecemos seu legado, que continua nos inspirando a cada experiência clínica. Sentiremos sempre muita falta de sua pessoa marcante.

Para terminar, quero ler um pensamento que encontrei junto a uma grande escultura de Ai Weiwei, numa exposição em Lisboa, figurando os botes com emigrantes que se arriscam aos perigos do mar, porque não lhes resta saída a não ser um último lampejo de esperança de sobrevida, e que lembram as situações de precariedade psíquica em que vivem os galerianos descritos por Gérard e seus pacientes da clínica do extremo.

> *Continuei a cair, como um objeto atirado a um mar sem limites, sem margens e sem leito, cortado pelas águas quando começa a afundar, e pelo vento, se começar a flutuar. Sempre a afundar e a emergir, a afundar e a emergir entre o mar e o céu. Sem nada em que se apoiar, exceto os dois olhos. (El Saadawi, 2015)*

Referências

Braunschweig, D. (1993). Interventions sur les exposés de Claude Smadja et Gérard Szwec à propos des procédés autocalmants du Moi. *Revue Française de Psychosomatique: Procedés Autocalmants, 4.*

Chabert, C. (2021). Les égarements du corps et de l'esprit. In G. Szwec, *Au bout du rouleau.* PUF.

El Saadawi, N. (2015). *Woman at Point Zero.* Zed Books.

Fain, M. (1992). La vie opératoire et les potentialités de névrose traumatique. *Revue Française de Psychosomatique*, 2. PUF.

Papageorgiou, M (2021). Hommage Gérard Szwec. *Revue Française de Psychosomatique.*

Smadja, C. (1993). À propos des procédés autocalmants du Moi. *Revue Française du Psychosomatique: Procedés Autocalmants, 4.*

Szwec, G. (1993). Les procedés autocalmants par la recherche de l'excitation: Les galériens volontaires. *Revue Française de Psychosomatique: Procedés Autocalmants, 4.*

Szwec, G. (1998). *Les galériens volontaires.* PUF.

Szwec, G. (2013, março). *Sobre o uso autocalmante do pavor* [Conferência]. Colóquio de Psicossomática Psicanalítica Rio-Paris, Rio de Janeiro.

Szwec, G. (2017). La psychosomatique quelques débats après… In F. Nayrou & G. Szwec (Eds.), *La psychosomatique.* Paris.

Szwec, G. (2021). *Au bout du rouleau.* PUF.

12. Como nascem as fantasias?[1]

Anne Maupas

"O trauma é algo comum no bebê por excesso de prazer ou de desprazer".[2] Essa frase de Gérard Szwec nos mergulha imediatamente no pensamento econômico e nos leva a refletir sobre a maneira como o bebê será capaz de lidar com esse excesso comum de excitação, sentido diretamente no próprio corpo, para transformá-lo em pulsão, ou seja, em uma energia mais psíquica, a fim de mitigar o seu impacto traumático.

A questão "como nascem as fantasias?", título da minha apresentação, tenta responder a essa questão relativa ao trajeto da excitação até a pulsão.

Para Freud, a realização alucinatória do desejo só ocorre na ausência do objeto, isto é, quando a criança é desinvestida pela mãe. Em certas situações, entretanto, é a própria vivência de desinvestimento que leva a um excesso de excitação (de origem externa ou interna) que excede os meios de defesa psíquica.

---

1 Trabalho apresentado na Jornada de Psicossomática Psicanalítica, em novembro de 2021, na Sociedade Brasileira de Psicanálise de São Paulo. Tradução Vanise Dresch.

2 Tradução nossa de todas as citações do texto [N.T.].

É nessa circunstância que o procedimento autocalmante se instala como uma necessidade imposta pelo desamparo e não pela angústia objetal.

Gérard Szwec definiu os procedimentos autocalmantes como meios de esvaziamento do aparelho psíquico para torná-lo inerte. Eles se situam no registro *sensório-motor*; são comportamentos repetitivos sem conteúdo simbólico, sem o amparo da fantasia.

Situados além do princípio de prazer, tais procedimentos marcam o fracasso do estabelecimento do masoquismo erógeno, do autoerotismo edípico e da satisfação alucinatória do desejo.

Os procedimentos autocalmantes estão presentes em toda a clínica da criança e do adolescente.

Szwec fornece o exemplo de uma criança que repete incansavelmente o barulho feito por uma porta que abre e fecha, exatamente o oposto da brincadeira descrita por Freud em que a criança faz o carretel desaparecer e reaparecer como substituto para o objeto ausente enquanto diz *fort-da* (a criança elabora a ausência da mãe). A atividade motora de abrir e fechar a porta, contudo, não é acompanhada por uma representação. Pelo contrário, a criança elimina qualquer esforço de uma atividade representativa que diga respeito à vivência traumática da ausência da mãe. Ela busca o apaziguamento da excitação por meio da repetição da excitação. Nas palavras de Szwec (2014): "Na impossibilidade de suportar o desamparo decorrente da ausência materna por meio da alucinação, *a criança superinveste a realidade e repete um elemento perceptivo real* (o barulho da porta) relacionado com a partida da mãe" (pp. 79-83).

Szwec desenvolveu sua concepção de procedimentos autocalmantes a partir da ideia de que "o funcionamento psíquico está sempre enraizado no corpo de modo erótico ou de modo antierótico operatório". Citando o autor: "São os aportes do objeto aos cuidados maternos que determinam o modo predominante de enraizamento" (Szwec, 2022).

De fato, uma criança se apoia na função materna para interiorizar experiências de satisfação. Quando esse apoio (o paraexcitação e a satisfação das necessidades) falha, a criança internaliza um objeto incapaz de aliviar o seu sofrimento, tornando-a muito vulnerável a transbordamentos traumáticos.

Eis um exemplo: o bebê que não consegue dormir sem o seio materno. As mamadas, então, não satisfazem mais uma necessidade fisiológica (a fome), mas se tornam compulsivas. Essas crianças ávidas e insaciáveis são pequenos "galerianos" compulsivos que, confrontados com o insuficiente paraexcitação materno, organizam uma "*neonecessidade*" no lugar de uma atividade autoerótica. O seio pode ser substituído por uma chupeta que a criança utiliza freneticamente.

Encontramos o recurso a tal comportamento em bebês que Szwec chamou de "*bebê não carinhoso*". Trata-se de um bebê (ou criança pequena de 2 ou 3 anos) hiperativo, que nunca descansa (cai de cansaço e adormece por exaustão), agitado, que precisa de muitas fontes de estímulo para conseguir adormecer (música, luz... muitos brinquedos...). Essa criança utiliza a motricidade para se afastar da fonte de excitação permanente suscitada pela mãe.

Exemplos:

- Um bebê que se embala (*banging*) até à exaustão para obter calma e conseguir ficar sem a mãe; ele se coloca em estado de piloto automático mental e físico. Szwec pensava que esse mesmo autoembalar operatório pode ser encontrado em um remador que atravessou o Atlântico ou em um maratonista...

- Um bebê gravemente anoréxico que recusa qualquer alimento aos 5 meses e, aos 11 meses, aceita comer o pão que ele próprio esmigalha, ao preço do desenvolvimento de capacidades motoras finas e uma coordenação motora bastante incomuns na sua idade.

O bebê não carinhoso está sempre tentando progredir. Explora todos os cantos do recinto ou rasteja debaixo dos móveis. Essas condutas, às vezes beirando a *traumatofilia*, são precursoras daquelas de adolescentes que flertam com o risco ou de esportistas radicais que "amam o medo" (Szwec, 2013, p. 54) e beiram continuamente a morte para melhor dominá-la. Szwec os chamou de "sobreviventes": repetem uma situação traumática ou dolorosa de forma autocalmante (muito diferente do comportamento masoquista, que envolve uma boa coexcitação sexual) *sem o auxílio do objeto*. Conforme cresce, esse bebê hiperativo acaba prescindindo completamente do auxílio do objeto que se revelou inapto, insuficiente e frustrante, desenvolvendo uma autonomia prematura que, no Ipso, chamamos de "prematuridade do Eu".

No Ipso, servimo-nos de um conceito que amplia o que Freud disse a respeito da organização do *funcionamento alucinatório* e da criação dos sonhos. Trata-se do conceito de "censura da amante", teorizado por Michel Fain e Denise Braunschweig (1975), que envolve *a mãe, o parceiro (real ou fantasiado) e o bebê. Esse conceito toma como situação paradigmática o momento em que a mãe põe o filho para dormir. Ela o desinveste para reinvestir um parceiro sexual real ou fantasiado.*

Michel Fain (1971/1972-1973) escreve: "A censura estabelece um desinvestimento, uma descontinuidade, na relação entre mãe e criança, e coloca a criança na ordem simbólica" (p. 37), desinvestimento e descontinuidade que são necessários e não traumáticos quando resultam da atração exercida pelo desejo do pai em relação à mãe.

De fato, uma mãe que já satisfez todas as necessidades do filho precisa que ele durma para que possa estar com seu parceiro. Ela envia, desta forma, uma mensagem dupla à criança: "Você tem que dormir para crescer bem" (do lado da pulsão de vida) e "você tem que dormir para que eu possa me livrar de você" (do lado da pulsão de morte). Esse intricamento das mensagens permitirá à criança suportar ser desinvestida para poder entrar na regressão do sono. Isso leva Michel Fain (1971-1972/1973) a escrever: "Legalmente, a única forma que a mãe tem de se livrar do filho é colocá-lo para dormir" (p. 34)!

É possível observar o quanto, para esses autores, o estabelecimento da atividade fantasmática da criança depende da capacidade da mãe de responder ao desejo de um terceiro. Szwec insistiu no fato de que, neste momento da organização psíquica da criança, o pai ainda não é um segundo objeto para ela, mas "um terceiro ausente alucinável, uma pré-forma do pai da estrutura edípica". Ele é um "desejo que atrai o desejo da mãe" (Szwec, 2010).

A particularidade dessa censura está no fato de *desempenhar um papel de paraexcitação* tanto para a psique da mãe quanto para aquela da criança. Sua função é proteger a criança de excitações externas e internas excessivamente violentas, invasoras e traumáticas. A amante censura, mantendo inconscientes, as representações inconfessáveis da mãe, que retoma sua vida de mulher e é censurada enquanto fonte de excitação. A censura permite, assim, que a mãe dê vazão aos movimentos de ternura em relação ao filho. Ela embala suavemente a criança, levando-a aos poucos a relaxar e a adormecer, favorecendo, assim, a realização alucinatória do desejo, sob forma de sonho. Ela é, então, uma "*mãe satisfatória*".

Quando a censura da amante não é exercida e a mensagem entre a pulsão de vida e a pulsão de morte está desintricada, a mãe se torna o que Fain e Braunschweig chamam de "*mãe calmante*" (no sentido da administração de um calmante). Ou seja, ela *desinveste bruscamente o filho, embalando-o de forma contínua e operatória para que pegue no sono. A mãe calmante é excitante devido ao seu paraexcitação insuficiente.*

Contudo, muitas vezes é difícil distinguir quem, entre a mãe e a criança, tem dificuldade de separação. Em certos momentos, parece-me que é a mãe que se vê forçada a investir ininterruptamente o Eu do filho. Outras vezes, é a criança exigente que se agarra desesperadamente ao objeto prestes a se ausentar.

Esta configuração de três personagens (pai-mãe-criança) me leva a apresentar um caso da denominada terapia "conjunta", que praticamos muito no Ipso: trata-se de um *setting* em que a criança, a mãe e, às vezes, o pai estão em terapia, um *setting* que coloca em jogo os movimentos de investimento e desinvestimento que estão no centro dessa clínica.

Apresentação do caso de Luc

Luc tinha 3 anos quando chegou ao consultório pela primeira vez. Apresentava uma rara dermatite (eczema purulento) que marcava o seu rosto e o corpo com placas avermelhadas sanguinolentas. Luc foi hospitalizado várias vezes em idade muito precoce. Seguia uma dieta muito restritiva (o que acarretou um atraso significativo no crescimento) e tinha acompanhamento médico regular.

Desde o seu nascimento, tem tido grandes dificuldades de sono e para adormecer.

Ele é agitado, tem muita dificuldade na separação (berra todas as manhãs para ir à escola). A sua linguagem é confusa e ele é incapaz de organizar um brincar coerente. Devido à gravidade da situação, Gérad Szwec, responsável pelo primeiro atendimento, propôs rapidamente uma *terapia conjunta* pai-mãe-criança. Só a mãe veio, e eu só conheci o pai muitos meses depois do início.

A primeira vez que encontrei Luc, fiquei impressionada com o aspecto doloroso, até mesmo monstruoso, do seu rosto. Ele deve ter percebido no meu olhar o mesmo pavor que via regularmente no olhar das pessoas que encontrava.

Luc entrou no consultório colado à sua mãe. Durante muitos meses, ele não se dirigiu diretamente a mim e evitou a aproximação. Eu sentia no seu medo de excessiva proximidade na relação comigo a expressão mais de uma fobia do tocar do que de uma *fobia do estranho* bem organizada (nas investigações envolvendo crianças no Ipso, prestamos muita atenção ao surgimento de fobias infantis: o primeiro estágio sendo a angústia de estranheza do oitavo mês, tratando-se do segundo organizador de Spitz).

A senhora C. é uma mulher simpática, que me parecia ser um pouco excessivamente educada... Determinada a fazer a coisa certa, não se queixava, mostrava-se tolerante com a doença do filho e se aferrava a uma postura educativa. Ela tinha a postura do "bom soldado"!

Associava pouco, falava de maneira pudica e não espontânea, e permanecia muito fatual.

Não era hostil às minhas intervenções ou perguntas e logo demonstrou uma aliança comigo. Paradoxalmente, foi mais na atitude da mãe do que na da criança alérgica que identifiquei o tipo de "*relação objetal alérgica*" descrita por Pierre Marty (1957): ausência de conflito!

A senhora C. diz que não conseguia distinguir o rosto do filho até os 2 anos de idade, de tão coberto de crostas e sangue que estava. O filho sofria continuamente, exceto quando dormia, e ela se sentia impotente para aliviar a sua dor. Com lágrimas nos olhos, algo muito raro em todos os anos de terapia conjunta, ela relembrou o tempo em que Luc estava no seu ventre e não tinha nada na pele, "estava bem", insistia ela. (Nunca foi possível estabelecer se Luc nasceu com eczema ou se o eczema surgiu quando ele tinha 2 meses: é algo que ficou indefinido. A questão de saber se o eczema pode ocorrer no útero permanece aberta).

A senhora C. descrevia a hora de dormir como um momento extremamente complicado e penoso. Nesse momento, as sensações de irritação na pele eram fortemente sentidas, e Luc se agitava em todos os sentidos. A mãe o acariciava por cima do pijama e do edredom, no chão, porque ele queria dormir sobre algo duro, e qualquer contato direto com ela parecia doloroso ou excitante demais. Luc queria ser tocado, mas com rituais específicos que tentavam organizar algum contato entre ele e a mãe. Luc a obrigava a ficar imóvel ao lado da cama durante horas. Ele não tinha uma naninha, mas enchia a cama com carrinhos e outros brinquedos de metal duro, com que brincava até adormecer de exaustão. Ele caía, então, em um sono não protegido por um sistema alucinatório suficientemente eficaz para mantê-lo adormecido. Acordava muitas vezes durante a noite e começava a coçar o rosto até sangrar.

"Coçar-se" era uma resposta comportamental a uma excitação interna, não se tratando de uma espécie de autoerotismo desviado, mas de um comportamento do tipo "*procedimento autocalmante*" (Szwec, 1998/2013) que lhe trazia alívio temporário e devia ser repetido o tempo todo.

A senhora C. não conseguia encontrar o equilíbrio entre a excessiva excitação que irrompia e aquela insuficiente que leva à extinção. Quando desinvestia o filho para colocá-lo para dormir, adotava um comportamento operatório para lutar contra a excitação transbordante. Porém essa defesa operatória constituía, paradoxalmente, uma intensa fonte de excitação para o filho. Nesse sentido, quando o colocava para dormir, a senhora C. parecia agir como uma "*mãe calmante*". Vimos que, no processo de "censura da amante", uma mãe que põe o filho para dormir recorre ao terceiro sexual. Nessa situação, contudo, o pai de Luc tinha tomado o lugar de uma segunda mãe, sendo muito solidário e maternante, e não o pai do casal da cena primitiva.

Durante as sessões, Luc organizava brincadeiras com enredos pobres, repetidos acidentes de carro, para os quais eu propunha significados às vezes aproximados e nos quais tentava incluir, o máximo possível, a mãe. Ele trazia coisas de fora: carrinhos ou caminhões, pedacinhos de folhas e pedaços de madeira recolhidos na rua, balas que pegava da bolsa da mãe. Passava muito tempo recortando papel em pedacinhos que sujavam o chão e tinham de ser recolhidos no final da sessão, pequenos fragmentos de coisas deixadas para trás como crostas de sua pele ou cocô, o que seria consistente com uma analidade mal-organizada. Trabalhar com Luc era como trabalhar com quase nada. Sua enorme falta de mentalização me obrigava a explorar a menor coisa, o menor movimento, enquanto tentava não invadir a mãe e o filho com minhas representações.

Na minha frente, Luc e sua mãe demonstravam uma cumplicidade bastante terna, ainda que suas trocas fossem secas e conflituosas. Luc nunca relaxava no colo da mãe: ou ele escalava o corpo dela, agarrando seu rosto para um contato físico muito próximo, ou se afastava asperamente dela. Era espantoso o modo como a mãe não estabelecia limites claros ao filho quando ele "brincava" com o corpo dela (algo que, para mim, era difícil suportar), ao mesmo tempo que dizia a mim que não suportava que ele se grudasse nela. Muitas vezes, eu não conseguia identificar quem se agarrava a quem e quem rejeitava quem. O sobreinvestimento da atitude ativa em detrimento da passividade se reflete na atitude "onipotente" de Luc em relação à sua mãe nas sessões. Ele se agitava, gritava e batia nela quando não obtinha satisfação imediata no brincar.

Entretanto, não posso dizer que Luc era um "*bebê não carinhoso*" (como mencionei há pouco), uma vez que ele não estava nem evitando o objeto e nem buscando autonomia de forma prematura. Era uma criança agitada e sofrida que recorria à mãe (sem tréguas, mas tiranicamente) para encontrar a distância certa que ajudaria os dois a conter a excitação.

Às vezes, Luc se coçava de forma compulsiva durante a sessão. Eram momentos penosos para nós três. Essa atividade sensório-motora, que Luc chamava de "coça-coça", uma sensação muito dolorida "como picadas de abelhas", dizia ele, era uma *atividade autocalmante e autoagressiva* (doía e sangrava muito), que se impunha nos momentos em que a excitação ultrapassava seus recursos psíquicos e substituía a capacidade alucinatória. Enquanto se coçava, Luc não tinha fantasias ou devaneios. A mãe, muitas vezes perturbada, até constrangida com o meu olhar (que, na transferência, era o olhar crítico de sua própria mãe), oferecia-lhe uma compressa com água ou tentava acalmá-lo com palavras sensatas ("vai passar"), a distância, *sem tocá-lo.* A senhora C. sentia desconforto enquanto eu sentia dor, até mesmo repugnância (abrir a ferida repetidas vezes), e se mostrava eficiente e distante com o filho, enquanto eu teria desejado ser mais continente para aliviar a criança (algo que, é claro, eu não fazia, como vocês podem imaginar). Assim, eu nominava essa dificuldade que ambos tinham de suportar tais momentos. Podemos supor que a impossibilidade de aliviar as dores, por parte daqueles que o rodeavam, e a deficiência de integração do paraexcitação materno transbordaram as capacidades de coexcitação e tiveram efeitos desorganizadores sobre Luc. É por isso que, em vez da constituição do masoquismo erógeno, encontramos uma solução de descarga comportamental.

A questão dos cuidados com o corpo esteve muito presente durante toda a terapia. Por muito tempo, a mãe disse que Luc recusava os cuidados e que a vida cotidiana havia se tornado uma verdadeira queda de braços. Tocar/ser tocado fazia parte da dificuldade de estabelecer uma relação sadomasoquista satisfatória entre a mãe e o filho. A questão da ambivalência da senhora C. na hora de cuidar da pele do filho não pôde ser abordada na terapia conjunta. Contudo, em certos momentos, a fantasia de uma mãe "que maltrata" encobria a imagem da mãe aparentemente dedicada aos cuidados e necessidades da criança. De fato, muitas vezes, ela se mostrou seca, intransigente com Luc, inadequada e incapaz de compreender as demandas do seu filho.

Até hoje, a mãe ainda está muito presente em relação aos cuidados físicos e à escola (fazendo-o estudar todos os dias). A autonomia de Luc foi um tema central de discussão com o pai na sessão. Ele não entendia por que Luc, aos 8 anos de idade, ainda chamava a mãe para limpá-lo no banheiro... A sua palavra, porém, contava pouco enquanto terceiro entre Luc e a mãe.

Foi por isso que a posição de terceiro que eu ocupava nas sessões tornou possível atenuar a carga excessivamente excitante na relação mãe-filho, colocando uma distância entre eles.

Darth Vader ou o terceiro sexual

Parece-me que foi por meio desse personagem que surgiu o "terceiro sexual", que de certa forma inseriu Luc em uma filiação. Daí minha escolha de dar ao meu paciente o mesmo nome do filho de Darth Vader.

Essa sessão aconteceu um ano e meio depois do início da psicoterapia. Luc tinha 4 anos.

Nesse dia, Luc estava se queixando e reclamando do seu "dodói todo vermelho".

Em seguida, o personagem Darth Vader foi mencionado. Luc era muito pequeno para ter visto o filme *Star Wars*, mas ele assistia a um desenho animado com coelhos e um deles usava uma máscara de Darth Vader. Ele tinha medo da máscara usada por Darth Vader, nem ele nem sua mãe sabiam o que se escondia por trás dela. Como Luc mencionava cada vez mais esse personagem sombrio, contei a história de Darth Vader que, enquanto lutava contra seu mestre, caiu na lava de um vulcão e teve a pele do rosto completamente queimada, passando a respirar com grande dificuldade. A máscara é a condição de sua sobrevivência.

A senhora C., atônita com a aproximação que acaba de ser feita entre Darth Vader e seu filho, faz um movimento de retraimento. Luc vem e se agarra nela. Está muito animado, mas se queixa de seus "dodóis vermelhos" e se pergunta se Darth Vader é "mau ou bom". Nós três ficamos presos em um momento de confusão do qual é difícil sair.

Minha intervenção, sob forma de revelação, parece ter imposto de alguma forma uma representação sexualizada do terceiro em sua nudez crua, um terceiro sexual oculto e monstruoso.

Luc se aconchega na mãe. Eu lhe pergunto como se sente quando ele está assim, aninhado nela. Ela diz que parece um "bebê", mas não acrescenta nada sobre seus sentimentos.

Eu: Parece que ele está procurando contato com sua pele?

Ela: Não é algo insignificante.

Eu sustento esse momento regressivo em que Luc se funde com a mãe, como se quisesse acalmá-la, ou se acalmar, em resposta ao aparecimento do terceiro ameaçador entre eles. A senhora C. sai de seu torpor, se recompõe e fala rindo: "Olha, Luc, como a senhora Maupas está vestida, é a mulher de Darth Vader!". Fico surpresa por um momento e compreendo que a senhora C. está se referindo às cores vermelha e preta que estou usando naquele dia (as mesmas cores do vestido e da máscara preta e o vermelho das queimaduras e da espada a laser). Sou assim designada como a "amante" de Darth Vader, aquela que pode desinvesti-los a qualquer momento em prol do seu homem.

A senhora C. projeta em mim a carga excessivamente erotizada, provocada pelo surgimento do terceiro na sessão, e manifesta com humor seu desejo de me colocar a distância, do lado dos "vilões": uma manifestação silenciosa da sua transferência negativa.

A separação ou o tempo do desinvestimento

Luc tem 5 anos. Nessa época, ele estava cada vez mais integrado na escola e a sua linguagem estava se tornando mais rica e desenvolvida. Ainda tinha acessos de raiva muito intensos em casa, gritava, insultava e não tolerava nenhuma frustração. A alergia continuava devastadora, mas ele se coçava com menos frequência. Os pais estavam muito preocupados com a entrada de Luc na escola primária.

A mudança do *setting* terapêutico estava sendo trabalhada havia muitas semanas. O fim de uma terapia conjunta pode resultar na interrupção de qualquer tratamento (é o que acontece com maior frequência) ou na escolha de manter a criança ou a mãe (algo mais raro, pois estamos em uma unidade infantil).

Para a senhora C., era óbvio que a terapia continuaria para Luc. Eu não poderia abandoná-lo. Por outro lado, ela queria sair desse tratamento semanal que suportava cada vez menos. Sentia-se presa na sala entre ele e eu. Certo dia, de maneira inesperada, ela se levantou, foi até a porta e disse a Luc: "Você é grande agora, é hora de ficar sozinho com a senhora Maupas!". Esse impulso demonstrou sua ânsia de "se livrar" dele. Luc gritou, bateu na mãe, que começou a sair da sala e que eu precisei segurar, comentando o que estava acontecendo.

Várias semanas foram necessárias para temporizar este *acting*, chamar o pai, e para que Luc elaborasse um jogo com um avião de papel, um "avião bumerangue" que seu pai lhe ensinou a fazer: um avião que vai e volta! Luc organizou assim uma brincadeira de fort-da e exclamou que ele também era uma "criança bumerangue" que ia para a escola e voltava para casa.

Mas também foi necessário dar tempo para que a mãe pudesse associar sobre tudo o que isso lhe fazia sentir, a ideia de estar sozinha na sala de espera, excluída do que aconteceria entre mim e Luc na sessão e, além disso, privada da sua própria terapeuta (ressalto que, em terapias conjuntas, todos os protagonistas estão em terapia).

Ela me disse: "Não estarei sozinha, estarei com meu livro".

Tento, então, fazer desse livro, cujo título evoca uma história de amor, um terceiro fantasiado, dizendo: "Ah, você vai nos trocar por uma bela história de amor!". A senhora C. ri e reitera o prazer de poder ter tempo para si mesma novamente. Assim, começo a esperar que esse tempo seja usado para despertar seus devaneios eróticos.

Após a terapia conjunta, a senhora C. continuou a ser atendida (primeiro ambos os pais e depois ela sozinha) durante anos em consultas de apoio à terapia. Ela sempre permaneceu muito distante e factual com a psicoterapeuta. Não conseguiu realmente abordar a agressividade, as fantasias assassinas e a ferida narcísica diante dessa criança monstruosa, o "bebê da noite" do qual falam Michel Fain e Denise Braunschweig em *La nuit, le jour* [A noite, o dia] (1975), que carrega no rosto os traços da união incestuosa entre o pai e a filha. Assuntos totalmente inacessíveis por serem completamente suprimidos (e não recalcados) pela senhora C. Ela não tem nenhuma demanda para si mesma e precisaria de um espaço terapêutico dedicado a ela fora da unidade infantil do Ipso.

No ventre do vulcão ou a construção da fantasia

Luc tem 6 anos. Já se passou um ano desde que sua mãe deixou de vir às sessões.

Esta sessão marcou uma virada na psicoterapia de Luc, porque testemunhamos a construção de uma fantasia inconsciente alimentada pelas fantasias originárias da cena primitiva e da ameaça de castração.

Pela primeira vez, ele organiza a sessão inteira em torno de um desenho que retoma nossa história comum de Darth Vader, de dois anos antes, que foi deixada de lado durante esse tempo.

Ele pinta de vermelho o interior de um vulcão e faz bolinhas na boca do vulcão, dizendo: "as bolas vermelhas são um sinal de que vai sair". Ele parece estar tentando conter o momento da erupção pulsional.

Em seguida, desenha um boneco na lateral do vulcão, tendo o cuidado de contar os dedos de cada mão, que ele desenhou muito grandes. Luc diz que o boneco vai ver o que está acontecendo dentro do vulcão. Ele não tem medo da lava porque tem um traje especial. Infelizmente, o homem morre. O traje não o protegeu. A representação da penetração do homem dentro do vulcão está carregada de angústia e excitação. *Luc começa a se coçar freneticamente por baixo da camiseta. Mais uma vez, seus esforços de simbolização não são suficientes para canalizar a excitação.* Eu não digo nada sobre seu comportamento e continuo comentando o desenho, indignada com a pessoa que lhe vendeu esta proteção ruim Luc para de se coçar e pega novamente o lápis para continuar sua história. A passagem pelo comportamento foi breve e resultou em uma ligeira diminuição da sua agitação interna.

Ele desenha outro boneco com uma roupa e um capacete que, mesmo correndo o risco de ser engolido e queimado, salta dentro do vulcão com uma superproteção e sai dali ileso, até mesmo indestrutível.

Seu desenho, acompanhado pelo relato, é a primeira tentativa real de intricação que liga uma dor a uma representação.

O desenho do capacete e do traje simboliza a proteção do paraexcitação materno contra o transbordamento pulsional. Contudo, parece-me que se trata, acima de tudo, da constituição da fantasia inconsciente que proporciona a Luc a melhor proteção paraexcitante.

Ao imaginar um terceiro sólido e resistente (o homem com o traje certo), Luc se coloca em uma organização edípica.

Digo-lhe então que, na sua história, esse homem poderia ser Darth Vader, que desta vez teria a proteção certa e sairia ainda mais forte do vulcão. Ele sorri.

Sinto que, desta vez, foi o próprio Luc que tirou a máscara de Darth Vader, expondo suas teorias sexuais infantis. Minha intervenção do ano anterior, que tinha trazido o terceiro sexual de forma bastante direta, é retomada no *après-coup* e dá origem a um enredo de fantasias mais complexo. Luc imagina ter saído de uma cena primitiva sulfurosa entre um vulcanólogo e o vulcão. O vulcão pulsional, ou o ventre materno ameaçador, que teria marcado seu rosto da mesma forma que marcara o de Darth Vader, o pai, ao negar a sua filiação por um desejo de vingança.

O fato de ter podido ligar a dor a uma representação atenua seu impacto traumático e faz dela um evento psíquico.

Luc passa a mostrar menos as crostas na pele, mas fala de seu sofrimento com essa doença tão incapacitante: "Por que isso acontece comigo?", pergunta ele.

Essa interrogação impactante foi possível graças a todo o processo trânsfero-contratransferencial da mãe e da criança ao longo da psicoterapia. Ela deu acesso à questão das origens e das identificações e conflitualizou a relação com a mãe.

As condições para o surgimento do alucinatório pareciam se estabelecer aos poucos para que Luc pudesse organizar seu autoerotismo e elaborar as fantasias originárias, enquanto a mãe, por sua vez, continuava sua leitura, ou até mesmo sua *rêverie*, em uma outra sala.

Referências

Braunschweig, D., & Fain, M. (1975). *La nuit, le jour*. PUF. (Coleção Le Fil Rouge)

Fain, M. (1973). Prélude à la vie fantasmatique. *Revue Française de Psychanalyse*. (Trabalho original de 1971-1972)

Marty, P. (1958). La relation d'objet allergique. *Revue Française de Psychanalyse, 22*.

Szwec, G. (2010). L'enfant dormira bien vite... *Revue Française de Psychosomatique, 37*, 83-95.

Szwec, G. (2013). *Les galériens volontaires*. PUF. (Trabalho original dc 1998)

Szwec, G. (2014). Le retour de l'expérience traumatique. In G. Szwec, *Les galériens volontaires* (pp. 79-83). https://www.cairn.info/les-galeriens-volontaires--9782130628491-page-79.htm.

Szwec, G. (2022). La vie, mode d'emploi. *Revue française de psychosomatique*, (61), 123-135. https://doi.org/10.3917/rfps.061.0123.

13. Procedimentos autocalmantes mediante a busca repetitiva da excitação[1] (*Os galerianos[2] voluntários*)

Gérard Szwec

O campo dos procedimentos autocalmantes é muito vasto. Limitarei minha argumentação aos procedimentos que visam restabelecer a calma mediante a busca repetitiva de excitação. Quem recorre a tais procedimentos procura obter o que se pode chamar de "relaxamento", por meio de comportamentos motores ou perceptivos que podem incluir, curiosamente, uma parcela de sofrimento físico, chegando até mesmo, às vezes, à busca de traumas. Em certos casos, espera-se alcançar a calma pela exaustão da máquina automática em que o corpo foi transformado por comportamentos mecanizados submetidos a uma compulsão à repetição.

1 Relatório apresentado na jornada do Instituto de Psicossomática, em junho de 1992, e publicado pela primeira vez em 1993 com o título "Les procédés autocalmants par la recherche répétitive de l'excitation (Les galériens volontaires)" na *Revue Française de Psychosomatique* n. 4. Tradução de Vanise Dresch.

2 No original, *galérien*. No Antigo Regime, o escravo das galés ou galeriano era um homem condenado a remar nas naus do rei, chamadas galés. Por extensão, no francês, este termo significa condenado. Hoje, designa coloquialmente uma pessoa que tem uma vida árdua e difícil. No português, perde-se o sentido coloquial do francês, mas a metáfora se mantém [N.T.].

Em geral, aqueles que adotam tais procedimentos alcançam a calma, mas não a satisfação, e aprisionam-se em um sistema repetitivo que nunca gera satisfação.

As galés

Vamos começar citando as palavras pronunciadas por Gérard d'Aboville ao atracar, quando conclui sua travessia do Pacífico a remo: "Eu chego de um outro mundo . . ., agora, estou diante de um grande vazio. Não me atrevo a fechar os olhos e recordar o que vivi. Foi o inferno".[3]

Nos comentários de imprensa suscitados por sua façanha, uma questão surge com frequência. Ela diz respeito aos motivos que poderiam levar um homem a se transformar em galeriano.

Existe todo tipo de galerianos voluntários cujo comportamento é intrigante: maratonistas, bailarinos ou esportistas que se dedicam a um treino intensivo. O objetivo de realizar uma façanha dissimula com frequência outros objetivos, mais discretos, que são alcançados mediante a colocação do corpo e dos sentidos em uma tensão repetitiva, seguida de um retorno à calma, como no caso dos procedimentos autocalmantes.

Para ilustrar minha tese, tomarei o exemplo dos remadores solitários e descreverei, também, o caso de um adolescente, Rocky, que embarcou em um outro tipo de galé.[4] Rocky não rema, mas

---

3 As citações dos remadores solitários foram extraídas do jornal *Libération* de 22 de novembro de 1991 [N.A.]. Tradução nossa de todas as citações do texto [N.T.].

4 No original, a expressão *embarquer dans une galère* designa coloquialmente cair em uma situação penosa e difícil da qual não se consegue sair. No português, perde-se o sentido coloquial do francês, mas a metáfora das galés se mantém [N.T.].

toca bateria em cada momento livre. Estava em psicoterapia comigo havia dois anos, durante os quais presenciei o surgimento de seu procedimento autocalmante, e dois anos mais tarde constatei sua evolução em direção a outras funções sublimatórias, o que significa que seu procedimento autocalmante como tal desapareceu.

Retraçarei, então, a história desse procedimento peculiar e examinarei seu papel econômico e sua dinâmica, situando-o entre as modalidades de funcionamento que o precederam e aquelas que o sucederam.

Um estado traumático grave

Rocky me foi encaminhado, aos 14 anos de idade, em situação de completo fracasso escolar. Excluído do ciclo escolar comum por ter sido reprovado várias vezes, passou a frequentar o Curso Pré-profissional de Nivelamento (CPPN).[5]

No plano somático, ele sofreu de fortes enxaquecas e dores abdominais durante vários anos, teve uma mononucleose infecciosa aos 8 anos e foi submetido a uma cirurgia de apendicite com a mesma idade. Há muito tempo tem enfrentado de maneira repetida infecções otorrinolaringológicas e gripes muito frequentes.

O que aparece em primeiro plano em sua sintomatologia é um funcionamento semelhante àquele de uma neurose traumática, depois de um acidente de carro que causou a morte de sua irmã de 5 anos e meio.

Rocky tinha então 3 anos de idade e diz recordar-se de muitos detalhes. Atormenta-o, sobretudo, uma imagem repetitiva: aquela

5 Trata-se de um curso destinado a jovens em situação de fracasso escolar na França [N.T.].

do exato instante em que o carro tomba de lado e ele é projetado contra a porta. Essa cena é um verdadeiro pesadelo diurno e talvez, também, noturno, já que Rocky costuma despertar no meio da noite em estado de desamparo, sem saber a causa disso. Ele relata o acidente com muitos outros detalhes, alguns dos quais quase não devem ter sido remanejados. Ele vê nitidamente o carro surgindo na frente deles numa curva. Sua mãe, que estava dirigindo, sofreu ferimentos no rosto. As três crianças, incluindo ele, estavam no banco de trás. Rocky, sentado do lado esquerdo, teve ferimentos no couro cabeludo que precisaram de sutura. Seu irmão de 2 anos, sentado no meio, saiu ileso. Sua irmã, que estava à direita, faleceu logo após o acidente. Rocky foi expulso pela porta esquerda, que se abriu. É esse o momento que ele revê repetitivamente. Já os minutos seguintes lhe aparecem mais borrados. Mas ele se vê com nitidez depois do acidente, estendido na parte superior de um talude. Recorda-se também do interior da ambulância, com sua mãe debruçada sobre a irmã.

Em seu relato, certas lembranças devem ter sido deformadas na tentativa de atenuar o impacto traumático. Por exemplo, quando ele se descreve como espectador de si mesmo, em uma cena congelada, fixa, na qual se vê quase com os olhos de sua mãe, como a imagem em que aparece estendido no talude, ou dentro da ambulância. Tais imagens preenchem o vazio deixado em sua lembrança pelas representações que foram recalcadas.

Outras lembranças parecem, ao contrário, provir diretamente da percepção traumática ocorrida aos 3 anos, que, no entanto, se mantém ativa aos 14 anos. Essa percepção se apresenta como uma experiência vivida, tendo atravessado o período que deveria ter sido o da latência sem ter sido submetida a um trabalho suficiente de recalcamento. É o caso da repetição do momento em que Rocky foi projetado contra a porta.

O estado traumático também se manifesta na paralisação psíquica e em um comportamento de repetição em particular. Rocky passou toda a sua infância brincando de provocar indefinidamente um acidente com dois carrinhos. Essa brincadeira fracassou em sua função de ligação do trauma, operando apenas um deslocamento modesto e uma ínfima simbolização, e repetindo o acidente quase tal qual ocorreu. Em última análise, trata-se mais de um sintoma de neurose traumática que repete o acidente do que de uma brincadeira.

Uma parte das percepções do acidente parece, portanto, ter escapado à produção de lembranças encobridoras e à elaboração, ou simplesmente à produção de representações que pudessem estabelecer ligações com outras representações já constituídas ou por vir. Em vez disso, constituiu-se uma zona psíquica sem ligações das representações, funcionando mais em um registro de compulsão à repetição, de acordo com as modalidades de uma neurose traumática. Ser projetado contra a porta do carro é a repetição, na forma de neurose traumática, da percepção do acidente, repetição que substitui o recalque no inconsciente e a produção de pensamentos latentes.

A não integração dessa zona traumática e a interrupção das cadeias de representações imprimem às nossas trocas, no início da psicoterapia, grande pobreza e banalidade.

Os raros sonhos que Rocky me relata, num primeiro tempo de seu tratamento, são marcados por uma insuficiência do trabalho do sonho. Eles contêm, sobretudo, cenas tais quais vivenciadas durante o dia.

Para completar a descrição do funcionamento psíquico de Rocky nesse período, apresentamos alguns aspectos de suas dificuldades escolares. Ele é incapaz de fazer concordâncias em inglês e francês. Um sintoma que poderia estar relacionado com um período de total discordância e de terríveis desentendimentos entre os pais a respeito da responsabilidade pelo acidente. Tais desentendimentos persistiram de forma muito intensa até o nascimento de uma filha de substituição, quando Rocky tinha 8 anos. Certamente prolongaram seu trauma inicial e contribuíram para manter o peso traumático do acidente.

Com efeito, a dificuldade de Rocky com concordâncias não diz respeito somente às palavras. Ela é visível em todas as disciplinas e vem da impossibilidade de estabelecer relações. Assim, a palavra "variabilidade", empregada em geografia para descrever climas, é incompreensível para ele e provoca uma paralisação do pensamento. Ele tem dificuldades com tudo o que é passado, logo, com a história, a disciplina do passado, mas também, em francês, em concordâncias verbais e particípios passados. Só gosta do presente e do que é invariável. Apresenta, então, um quadro de inibição intelectual considerável.

No início de sua psicoterapia, Rocky fala pouco, apenas para responder às perguntas. Isso me leva a adotar uma técnica em que lhe proponho escrever eu mesmo textos livres ditados por ele. Nesses textos, ele conta, num estilo muito pobre, o que acabou de fazer: "fui a tal lugar", "fiz isto e aquilo". Nenhum afeto é perceptível. Seus comentários orais são limitados ao mais factual, sem expressar qualquer fantasia. Exemplo: "Fiz uma cabana, com tal amigo. Depois voltamos para casa. Só isso". Nada é dito sobre o amigo nem sobre a cabana. Se eu insisto, ele dá alguns detalhes complementares reais, sem qualquer imaginação.

Imaginar é ridículo!

As sessões, portanto, são penosas. Apesar de tudo, acabamos encontrando um assunto que o anima um pouco mais. Rocky tem um vizinho que toca bateria, que ele ouve ensaiar durante horas, sem que eu saiba que tipo de pensamentos ele pode ter nesses momentos. Durante um longo tempo, ele não tem nada mais a dizer a respeito. Ele começa a tocar também, e seus pais o matriculam em aulas de bateria.

Peço-lhe um texto sobre o tema "história de um baterista". Ele me dita isto: "É sábado à tarde, depois da minha aula de bateria, vou à casa do meu amigo Johnny. Às vinte e cinco para as quatro, vamos para o estúdio. Depois de uma hora de ensaio, ele faz uma pausa. Ensaia. Ensaia mais. Faz uma pausa. Depois, vamos embora".

Para Rocky, contar é me dizer "onde" e "quando", enquadrar num tempo e num espaço reais.

Falar mais sobre seu amigo? Ele é incapaz. Para ele, falar é descrever, e ele não consegue descrever sem ver, sem ter um suporte na realidade perceptiva. E quando tento fazê-lo expressar eventuais fantasias subjacentes, ele me diz: "Imaginar é ridículo!". Uma frase resume tudo. Ele não gosta de imaginar, nem de inventar. Não gosta de associar, nem de relacionar qualquer coisa com outra. Adere à realidade, e pronto.

O longo solo de bateria operatória

O treino de bateria adquire uma importância desproporcional em sua vida. Na verdade, substitui os acidentes provocados com os carrinhos. Rocky passa horas treinando, vive imerso em um barulho incessante. Treina sempre que pode, com violência e sem nuances, ritmos de *hard rock* que produzem uma barulheira, num movimento repetido interminável. Seu treino (chamamos de ensaio)[6] é como um longo solo de bateria que ocupa todo o seu tempo livre.

Ele não parece sonhar com fama ou shows em público. Toca bateria, só isso. Manifesta pouco interesse pela música e é mais um remador solitário do que um músico. Dá a impressão de se entregar a uma atividade repetitiva em um estado de vazio do tipo operatório.

Nessa época, sua atividade se caracteriza, para mim, por três aspectos principais:

- a atividade é repetitiva, automática, e deve ocupar o seu tempo integralmente;
- a atividade é motora;
- a atividade é sonora, envolvendo a percepção auditiva de barulhos violentos.

Rocky toca um tipo de *hard rock* que se chama *Death Metal* (a morte), o mais violento, o mais ensurdecedor e o mais repetitivo do *hard rock*. A música em si é reduzida ao mínimo, em proveito da velocidade e da repetição. Rocky transforma seus braços em uma máquina rítmica, uma máquina motora programada e automatizada.

A repetição do barulho ensurdecedor é de particular importância. A quantidade de baquetas que Rocky quebra mostra a violência dos sons que ele busca produzir, a brutalidade e o frenesi de sua atividade nas áreas motora e perceptiva. Sob o pretexto da música (ele vai se interessar um pouco mais por ela só mais tarde), seu comportamento repete, no barulho e na ação, o acidente não elaborado e não ligado no psiquismo. Ele tenta controlar assim,

---

6 Apontamos o duplo sentido da palavra *répétition* em francês, pois se trata de ensaio mas também repetição da cena traumática conforme desenvolve o artigo [N.T.].

de forma lúdica, a excitação que o trauma do acidente deixou sem ligação e que não teve outro destino a não ser a neurose traumática. Como técnica corporal e sensorial ativa, como barulho e ação, a bateria permite estabelecer um primeiro nível de conexão com sensações corporais e perceptivas de uma excitação traumática que, até então, não pôde ser ligada por um sistema de representações pensadas. Esta é uma característica dos procedimentos autocalmantes. Constatamos, também, que o procedimento adotado por Rocky lhe permite restabelecer um nível de funcionamento, uma forma de expressão em que a motricidade e a sensorialidade são colocadas em primeiro plano e permanecem indissociáveis.

As ligações e a circulação das representações mentais, como veremos, serão desenvolvidas mais tarde, mas, até então, Rocky consome toda a sua energia e todos os seus recursos nesse interminável solo de bateria.

A respeito dos remadores solitários

Encontramos, em cada gesto do baterista, uma ação em dois tempos que, como em outros procedimentos autocalmantes, lembra o aumento da tensão e o retorno à calma. Dois tempos que também podem ser encontrados na atividade motora repetitiva do remador solitário.

No preâmbulo de um artigo que introduz e descreve a noção de o que é "calmante", Michel Fain (1992) faz uma reflexão sobre os procedimentos de adormecimento do bebê que sofre precocemente de insônia, mediante o embalar materno. Essa incursão me parece muito pertinente, porque permite religar a questão dos procedimentos calmantes ao modo como são transmitidas da mãe à criança as mensagens de preocupação. Volto ao caso de Gérard d'Aboville, especificamente à forma como ele adormece, de acordo com a reportagem do jornal *Libération*:[7]

> *O cenário é muitas vezes o mesmo. A tempestade ameaça. É noite. D'Aboville tenta cochilar... As ondas se avolumam. Ele tomou o cuidado de se deitar com os pés para a frente do barco. Porque, quando a inclinação se acentua, é melhor amortecer com as botas do que com a nuca o impacto contra a parede. Na melhor das hipóteses, tudo dança lá dentro... Na pior, a água borbulha pela escotilha.*

D'Aboville recebe uma pancada a cada ida e a cada volta. Enfrenta, assim, um embalar muito peculiar. Trata-se de uma situação muito distinta daquela das canções de ninar entoadas com ternura, e a brutalidade desse adormecer não deixa de lembrar o comportamento de crianças que batem violenta e repetidamente a cabeça à guisa de um ritual de adormecimento. Essas crianças fazem gestos precocemente autodestrutivos. Michael Fain formula a hipótese de que esses gestos são uma "internalização do embalar". Internalização do embalar que, segundo ele, remete à "ideia da interiorização da excitação tranquilizante" desse embalar, "análogo, em seu exercício, a um puro instinto de morte".

Ainda segundo M. Fain, existe uma diferença entre "o embalar que, por sua excitação específica, visa atingir o menor nível de excitação, e os gestos de bater a cabeça, que "visam provocar uma dor física possivelmente atrelada a uma forma de masoquismo primário".

Nem sempre é fácil estabelecer essa distinção. O procedimento autocalmante, principalmente em suas formas mais agressivas,

---

7 Luc Le Vaillant e Patrice Roux.

pode comportar, antes do retorno à calma, um primeiro tempo de carga de excitação (contração e tensão muscular, como nos exemplos de Rocky, o baterista, ou dos remadores solitários). Essa carga pode chegar à busca da dor física, talvez até mesmo a um "além do sofrimento físico" que beira o prazer.

O procedimento autocalmante me parece, portanto, mais comparável a um dispositivo mecânico em dois tempos: um tempo de desligamento, sugerindo a ação das pulsões desintricadas, e um tempo de religação. Mas essa atividade não é psíquica, e portanto, como não é física, é comportamental.

É a qualidade do embalar internalizado que confere aos procedimentos calmantes seu aspecto operatório em maior ou menor grau, de acordo com Michel Fain. Seguindo essa ideia, haveria uma relação pessoal com o embalar que traz a marca da mãe, ou, ainda, a censura da mãe que voltou a ser amante. Uma censura que determina a existência de movimentos de regressão que darão lugar a uma atividade de pensamento, por oposição a uma regressão que permanece estritamente comportamental, expressando-se nos níveis perceptivo e motor.

Em outras palavras, cada indivíduo tem uma relação pessoal com o embalar materno, marcada pela natureza dual deste. Ao adormecer seu filho, a mãe transmite, como bem explicado por Fain, tanto aquilo que prima pela vida, pelo erótico e pelas pulsões de autoconservação, quanto manifestações do instinto de morte. Quando prevalece este último aspecto, o comportamento repetitivo, que é seu herdeiro, tende a substituir o pensamento.

O que resta desse pensamento? Qual é, por exemplo, o modo de pensar de Rocky enquanto toca bateria por horas a fio, sozinho, ao passo que, até onde sei, não parece ter uma atividade de devaneio muito desenvolvida?

O ciclista Gino Bartali desenvolveu uma técnica de pedalada em que desengatava a marcha pulando uma pedalada a cada dez. Ele passava, então, todo seu tempo contando, o que colocava provavelmente seu psiquismo no mesmo estado de programação, de automatismo e de repetição que o de suas pernas.

Creio que, de certa forma, o pensamento do baterista deve corresponder a esse modelo.

Quanto a Gérard d'Aboville, "automatismo" e "repetição" são palavras insuficientes para descrever uma atividade que consiste em dar 7 mil remadas por dia ao longo de 10 mil quilômetros, à razão de dezessete por minuto. Uma atividade físico-motora programada dessa natureza deve, convenhamos, ser acompanhada por uma atividade de pensamento análoga, permitindo uma espécie de pilotagem automática. Ele escreve: "Sempre o mesmo refrão, sempre a mesma cadência do metrônomo . . . o corpo trabalha como uma máquina e a mente funciona como uma calculadora. Ela mantém as contas".

É um modo de pensar que, como ainda explicou d'Aboville, consiste em estabelecer objetivos de curto prazo, como: "Chegar a um terço do percurso. À metade. A três quartos. A 9/10. A 99/100. E assim por diante".

Assim passa, como ele diz, "um outro tempo, em que os minutos são horas, as horas são dias, os dias, meses".[8]

8 Jornal *Libération*, 22 de novembro de 1992.

Voltar de longe

"Um outro tempo" que parece a eternidade, "um outro mundo que parece o inferno" – poderíamos pensar que é da morte que o remador solitário diz voltar.

A morte, *The Death*, foi mais tarde gravada em letras garrafais por Rocky em suas jaquetas e jeans, quando ele conseguiu nomeá-la e jogar com as representações que as imagens do *hard rock* lhe oferecem. Por ora, ela é esta força, o instinto de morte, que o transforma em máquina pré-programada, a mesma do remador solitário ou do embalar do bebê com insônia.

A bateria também equivale, para Rocky, à busca de um embalar. Talvez com menos nuances do que o balanço encontrado pelo remador solitário, às vezes suave, confortável e sexualizado, como aquele que o mar oferece em tempo calmo, às vezes brutal como aquele causado por violentas ondas de dez metros. Suave ou violenta, a busca da morte é um de seus componentes, a busca do "grande sono", como diz Michel Fain para designar um ideal de sono operatório obtido por um embalar operatório.

Essa dimensão está presente em muitos procedimentos autocalmantes, razão pela qual a referência ao embalar me parece essencial para abordá-los. Por um lado, porque esses procedimentos autocalmantes parecem constituir um prolongamento ou um substituto do embalar e, por outro lado, porque a dupla mensagem transmitida pelo embalar materno, mensagem erótica e manifestação da pulsão de morte, está no cerne de tais procedimentos.

A ideia de M. Fain de uma internalização das qualidades do embalar parece-me importante, porque ilustra o impacto daquilo que é transmitido pela mãe. No entanto, também cumpre situar essa relação com o embalar no contexto mais amplo da atividade sensório-motora de um indivíduo. O modelo do embalar permite compreender como cada bebê cria, nas trocas com a mãe, uma espécie de código sensório-motor pessoal. Essa seleção imprime sua marca em comportamentos que são potencialmente procedimentos autocalmantes a serem aplicados em caso de necessidade, se faltar a regressão mental.

Fracasso da fantasia de ser acalmado pela mãe e procedimento autocalmante

Acalmar a si mesmo é fazer o papel da mãe e da criança consigo mesmo. A mãe que o sujeito traz dentro de si embala a criança que ele também traz em si e lhe diz que "está tudo bem". Mas essa atividade fantasmática é funcional em maior ou menor grau. O procedimento autocalmante, uma forma de autoembalar agido, é desencadeado quando a fantasia de uma mãe calmante fracassa ou é insuficiente. Enquanto as duas partes da dupla mensagem do embalar materno estão ligadas no pensamento calmante, elas estão desligadas no ato autocalmante. *Na falta de uma ligação psíquica realizada pela fantasia, o procedimento autocalmante tenta estabelecer uma ligação, mas desta vez no nível comportamental, entre os aspectos pulsionais erótico e mortífero.* O procedimento não deixa de carregar a marca das pulsões desintricadas no plano psíquico e, quanto ao que nos interessa aqui, a "pura cultura de instinto de morte".

Trata-se, assim, de resgatar física e corporalmente, na realidade material, com a ajuda da percepção e da motricidade, o embalar materno que não resultou numa introjeção psíquica de qualidade suficiente.

O procedimento solitário

Quem faz uso de procedimentos autocalmantes encontra-se, portanto, em estado de regressão comportamental, diferentemente de uma regressão que resulta numa atividade de pensamento. Esse estado acompanha a ausência de possibilidades de comunicação e verbalização. É o caso de Rocky e do remador solitário. Às vezes, é difícil estabelecer uma comunicação com alguém que está em pleno comportamento repetitivo autocalmante. Pais de crianças que batem a cabeça dizem isso com frequência.

O depoimento de outro remador solitário mostra, na minha opinião, o que acontece quando o pensamento não se esvazia e a comunicação relacional é restabelecida. Trata-se do relato de Guy Lemonier, que fracassou por pouco na tentativa de atravessar a remo o Atlântico, em 1987:

> *A angústia vem na primeira noite. Você não dorme, ouve os sons . . . Durante cinquenta e seis dias no mar, passei trinta noites ouvindo possíveis ruídos de navio cargueiro. Um som surdo, abafado e distante. Eu me sentava para remar e esperava que o som se aproximasse. O nervosismo é desgastante.*

Lemonier também diz isto:

> *Você reflete, analisa a si mesmo, pensa nas pessoas que machucou, você se descobre como você é. A mínima coisa adquire uma importância louca, você fica hipersensível, ri e chora por nada. À noite, eu ouvia vozes. Achava que estava enlouquecendo, saía com a lanterna. Comecei a chorar quando soube que ia conseguir*

> *contato com minha mulher por rádio. Depois você chora por nada, por um pôr do sol.*

Esse é o relato de um perdedor. Um relato que talvez contenha alguns dos motivos de seu fracasso. Guy Lemonier descreve uma impossibilidade de se desconectar, quase poderíamos dizer, de criar uma espécie de autismo relacional; uma impossibilidade de parar de sentir, de parar de pensar, ou pelo menos, de não pensar nas relações com suas cargas afetivas. O pior inimigo do remador solitário, ousaríamos dizer, é ele mesmo. Seu fracasso resulta do fato de não conseguir, apesar da distância de todos os humanos, colocar-se em um estado psíquico próximo da clivagem, talvez mais próximo ainda de uma vida operatória.

Segue-se uma hipervigilância perceptiva dirigida a um perigo que se objetaliza e aciona o alarme. Ele assume a forma objetal de um cargueiro no meio da noite. Nesse sentido, há, talvez, uma diferença entre o que sentiu Lemonier e o estado de angústia-desamparo mais difusa do homem engajado na tarefa de se proteger contra as intempéries. Essa diferença é bem ilustrada pelo provérbio húngaro no qual Ferenczi vê um equivalente da teoria freudiana das angústias fóbicas: "Melhor o medo que o pavor" (Freud & Ferenczi, 1992, p. 6).[9]

A busca de um sentimento de medo não caracteriza todos os procedimentos autocalmantes. Ela está presente naqueles que mais evocam uma traumatofilia.[10] O que é visado, mediante o medo, é o sofrimento. Como um preço a pagar por finalmente recuperar um sentimento de segurança fugidio.

---

9 *Correspondance Freud-Ferenczi*, 3 fev. 1908.

10 Nota de 1998: hoje, penso que todos os procedimentos autocalmantes são traumatofílicos, como aparece mais claramente nos capítulos seguintes [N. A.].

Alguns, como Titouan Lamazou, navegador solitário, insistem nesse medo com o qual passam a viver e o qual aprendem a amar e a domar, e cujo controle proporciona um "bem-estar calmante".

Domar o medo relacionando-o com perigos que se encontram no ambiente pode ser, como vimos, uma defesa contra o pavor do trauma irrepresentável e uma tentativa de lhe dar uma forma, um nome.

Uma forma de dependência

Lamazou também faz alusão à compulsão do remador solitário a repetir sua experiência e a partir novamente em busca do medo e de seu apaziguamento. Ele fala disso como um drogado falaria de sua droga.

Para Frédéric Guérin, remador solitário: "Remar se tornou logo uma droga . . . terrível, impossível de esquecer, uma vez que você não tem escolha".[11]

O que permite aproximar o procedimento autocalmante traumatofílico do ato toxicomaníaco é o fato de que estas duas técnicas correspondem a uma regressão comportamental e acalmam sem prover satisfação. No entanto, não podemos assimilar o comportamento autocalmante a uma conduta aditiva.

Parece-me que a relação com os instintos de conservação é comparável e que quase poderíamos falar em "perversão" desses instintos em ambos os casos. Faço referência aqui, sem entrar em detalhes no âmbito deste trabalho, à noção de "neonecessidades", de Braunschweig e Fain, necessidades cujo caráter imperioso,

11 Jornal *Libération*, 22 de novembro de 1991.

devido aos instintos de conservação, reside na relação de dependência (Braunschweig & Fain 1975, p. 264).

Observamos com frequência, nas crianças que atendemos em consulta no Ipso, como a influência de um certo tipo de mensagem parental leva ao desenvolvimento de uma determinada apetência por este ou aquele procedimento de retorno à calma. O que é determinante é o modo pelo qual a influência parental promove ou inibe o desenvolvimento desta ou daquela forma de erotismo. Neste último caso, ele é substituído por uma ou outra atitude que a criança exige da mãe, para que ela atue de uma determinada forma. Essa exigência deve ser entendida como a marca de uma dependência em relação à mãe na qualidade de objeto externo real, ao mesmo tempo que a representação interna desse objeto fracassou em maior ou menor medida.

Exemplo: um bebê de 2 anos e meio que recebeu atendimento por causa de um eczema. Com hiperatividade motora, ele se movimenta incessantemente durante a consulta. Chupa uma chupeta que os pais lhe entregam sistematicamente, toda vez que ele começa a sugar o polegar. Convictos de que isso deformaria o palato, impediram a criança de sugar o polegar precocemente. Notamos também que a criança só vai para o colo da mãe quando está completamente exausta. A mãe lhe fala pouco, e a relação que prefere ter com o filho é caminhar. A criança busca a calma por meio da exaustão provocada pela atividade motora e exige uma relação centrada nessa atividade, o que, aliás, corresponde às preferências imprimidas pela mãe.

A neonecessidade assim criada na criança, como se vê, ocorre em detrimento da constituição de um autoerotismo.

Outro exemplo: um menino de 13 meses que sofria de episódios de espasmo do choro. Durante a entrevista, ele apresenta uma hiperatividade motora que o mantém sempre em movimento. O menino tem um desenvolvimento motor avançado. Não se acalma no colo da mãe nem no do pai. A mãe, pouco carinhosa, não o pega no colo quando ele dá sinais de cansaço, já que a entrevista ocorre no horário habitual de sua soneca. Como ele é acalmado em casa? A criança tem predileção pela música, e é com ela que os pais a adormecem. Recorrem a uma profusão de caixas de música e a todo tipo de objetos musicais, acionáveis por um mecanismo de dar corda ou semelhante. Os pais sempre carregam consigo um objeto desses. Trouxeram um radinho infantil, e observamos um retorno da calma quando o colocam em um volume bem alto perto da orelha da criança. O resto da entrevista confirma que a relação com a mãe não é calmante, e que só a excitação parece realmente ser capaz de acalmar essa criança.

Esse exemplo mostra, talvez, o que poderia ser a pré-forma de um futuro uso toxicomaníaco da música. O caso dessa criança levanta outra questão: a da constituição de um sistema de paraexcitação a tal ponto peculiar que poderia levar a uma traumatofilia.

O trauma voluntário

À sua maneira, Rocky também busca o trauma quando produz os sons com os quais preenche a cabeça. Desta forma, ele traz de volta o acidente e, pelo mesmo procedimento, o mantém apartado e o afasta do pensamento.

Às vezes, um procedimento pode substituir outro, desde que permaneça em um nível comportamental. O remador solitário Frédéric Guérin esclarece isso muito bem ao explicar o recurso que encontrou em um meio autocalmante substitutivo, quando já não podia contar com aquele que o remo lhe proporcionava. Ele ficava à deriva, sem qualquer meio de ação: “Depois de quatro dias com âncoras flutuantes, a fim de não ser levado à deriva para a direção errada, eu saía todos os dias para gritar com todas as minhas forças, para liberar a energia contida em mim".

Palavras, como podemos ver, que realçam o aspecto econômico e a necessidade de encontrar outra via comportamental de escoamento (e de manutenção) da tensão.

O relato do náufrago voluntário Alain Bombard evoca a sintomatologia de um estado traumático. Ele também descreve sua experiência como um retorno do inferno, mas o inferno continuou para ele depois de seu retorno. Sabe-se que ele enfrentou uma longa depressão, mas também uma desorganização somática. Bombard conta que sofreu de um distúrbio gástrico durante cinco anos e, principalmente, que perdeu para sempre sua capacidade de adormecer. Ele explica ainda que passou por um período de abandono da luta pela vida e de resignação à morte, até encontrar um derradeiro e decisivo sobressalto de sobrevivência. O sentimento de desamparo está presente em todo o seu relato.

Segundo ele, foi a experiência do naufrágio voluntário a causa do trauma que mudou tudo. Aquele que a neurose traumática congelou na repetição. Contudo, essa explicação de Bombard apaga tudo o que antecedeu sua aventura, em particular as razões que podem tê-lo levado a infligir-se tal trauma.

Não acredito que o estado traumático daqueles que se transformam em máquinas de remar repetitivamente seja apenas consequência da experiência da travessia solitária. Em certos casos, ele deve preceder essa experiência, cuja razão de ser consistiria em fornecer um objeto – o ambiente hostil – para uma angústia difusa de desamparo preexistente.

O sentimento de desamparo descrito por Bombard é o estado arcaico de angústia buscado por aqueles que tentam esse tipo de façanha, os adeptos de esportes radicais e de sobrevivência. O que eles querem dominar e exorcizar é o *Hilflosigkeit* ou, na tradução de J. Laplanche, *état de désaide* [estado de desamparo ou desassistência], justamente para mostrar que, mesmo tendo chegado a um estado em que nada mais pode ser feito para ajudarem a si mesmos, ainda conseguem fazê-lo, apesar de tudo. Os adeptos de esportes radicais podem estar seguindo o rastro de seus sofrimentos não solucionados de outrora, desordens muito arcaicas, numa tentativa de conjurá-los.

Do mesmo modo, os procedimentos autocalmantes são uma necessidade imposta pelo desamparo e não pela angústia objetal. O recurso a tais procedimentos está sempre ligado a uma superexcitação que não pode ser integrada, a uma neurose traumática subjacente que, aliás, pode afetar apenas uma parcela da atividade psíquica.

A existência de procedimentos autocalmantes decorre de uma falha na constituição de um sistema psíquico de defesa contra o desamparo, bem como do fracasso da função materna em amenizar a angústia de seu bebê. Correspondem a um fracasso da mãe em ajudar a criança a suportar a sua ausência, o que leva a um esforço para manter a percepção mediante o procedimento autocalmante.

No meu entendimento, *o procedimento autocalmante é um tipo de* Ersatz *do jogo do carretel, justamente porque este não pôde se instaurar e permitir a conservação dos traços da presença da mãe.*

Uma ligação entre a morte e o erotismo

O exemplo de Rocky nos permite examinar o processo que leva à modificação de seu procedimento autocalmante e o modo pelo qual se dá a passagem por uma mentalização.

Ele começa a colar fotos de capas de discos e a escrever nomes de bandas musicais em sua pasta. O prazer musical sempre parecendo secundário nesse paciente, é o caráter provocativo das imagens e dos nomes exibidos que parece lhe proporcionar um prazer que ele deseja compartilhar comigo, mostrando-me.

Os nomes dessas bandas de *hard rock* e as ilustrações têm a morte quase como único tema. Alguns exemplos desses nomes sugestivos: Death, Sepultura, Suicidal Tendencies, Necrosis, Carcass, Destruction, Victim's Family...

Os desenhos representam esqueletos, caveiras com capacetes e mortos-vivos. Cadáveres ameaçadores em decomposição saem dos túmulos e às vezes do inferno.

Rocky demonstra grande habilidade em desenhar esses personagens. Ele me traz seus desenhos, mas não consegue dizer muito sobre eles. Por outro lado, define-se cada vez mais por uma identidade social de grupo. Ele se autodenomina "*hardos*", isto é, um fã de *hard rock*, e busca a companhia de outros *hardos*, reconhecíveis pelas roupas, principalmente por jeans e jaquetas com nomes de bandas. Considerando quais são esses nomes, Rocky se torna uma espécie de homem-sanduíche da morte.

Mais tarde, o elo com o acidente pôde ser parcialmente explicitado. Mostrei-lhe como esse elo se estabelecia com representações da morte na fantasmagoria do *hard rock*. Nessa fase, seu interesse pelas figuras mais sádicas foi um sinal de que o instinto de morte se unia à pulsão erótica. Abriu-se, assim, uma saída para a expressão dos desejos edípicos.

Creepshow – Show de horrores

Rocky se interessa cada vez mais por filmes de terror. Apaixonou-se por *Creepshow – Show de horrores*, adaptado de Stephen King. Como eu também assisti ao filme, pude conferir a precisão do seu relato em sessão. Trata-se da história de uma mulher que, saindo de um encontro com seu amante, dirige em alta velocidade para não chegar tarde em casa e despertar as suspeitas do marido. Depois de atropelar um homem à beira da estrada, e pensando nas consequências de seu atraso, ela abandona o corpo da vítima no local. Enquanto ela prossegue em seu caminho, o homem ensanguentado ressurge à frente de seu veículo e tenta pará-la. Ela o atropela uma segunda vez, desta vez voluntariamente. Mas o homem despedaçado reaparece, ela o atropela de novo, e assim por diante. Numa atmosfera de perseguição crescente, o homem surge ora sobre o capô, ora dentro do carro. Demonstrando espantosa obstinação, a mulher tenta dar cabo desse espectro, cada vez mais reduzido a uma abominável massa de sangue, mas que nunca morre. Ele acaba ganhando o jogo.

"Um acidente na estrada com um morto que não está realmente morto..." Estabeleço uma relação com o acidente de seus 3 anos de idade. Rocky me responde com um novo relato dos fatos, com detalhes adicionais. Enquanto sua irmã derramava sangue pela boca e pelo nariz, a mãe, tendo entendido a gravidade do estado da menina, preocupava-se com ela. Mas não estava preocupada com ele. A reminiscência desses detalhes esquecidos, recalcados, servia, desta vez, de lembrança encobridora.

Nenhuma hostilidade com os membros da família havia aparecido até então nas sessões. Agora, aparecem a rivalidade com seu irmão, o fato de sua irmã mais nova, na condição de substituta, ser intocável. Conseguimos também abordar a dificuldade de assumir a condição de filho mais velho após a morte da irmã, e diferentes figuras do conflito edípico se manifestam.

A psicoterapia também permite verificar que outros lutos, anteriores ao acidente, não tinham sido feitos pelos pais, principalmente de crianças mortas entre os respectivos irmãos. Temas de medo do sexo feminino e de ameaça de castração podem ser depreendidos do tema da morte na iconografia do terror. E, como sugere o filme *Creepshow – Show de horrores*, um acidente de carro também pode fornecer uma representação de cena primitiva com consequências trágicas.

Como é comum na adolescência, o tema da violência reflete a violência pulsional, exacerbada pelo medo da realização de fantasias incestuosas e desejos de morte. A repetição traumática não faz mais parte da sintomatologia, tendo cedido lugar a uma fascinação pelo horror e pelo terror, um interesse mórbido pela destruição, mas combinado ao prazer lúdico, mesmo que sádico, e ao prazer da ficção "re-ligadora".

A situação de Rocky melhora em todas as esferas, até mesmo na vida escolar e social. Ele consegue um emprego que lhe permite comprar parte da bateria com a qual sonhava. Reinveste consideravelmente seus estudos, passa a ser o primeiro da classe no CPPN e é reintegrado ao sistema normal do Ensino Médio, onde novamente se posiciona entre os primeiros. Seus pais lhe compraram uma mobilete, que ele dirige com prazer, e ele tem um flerte duradouro com uma garota.

Na psicoterapia, um prazer com os diálogos substituiu seu discurso vazio e desprovido de afetos.

Seu modo de investir a bateria mudou. Rocky deixa de ser um autômato solitário e começa a treinar com outros músicos. Agora, ele se esforça para tocar com "nuances".

Atualmente, ele tem 16 anos. A obsessão de ser projetado contra a porta não o persegue mais e já não parece sustentar o gesto e o barulho da bateria. Sua visão traumática foi incorporada a uma fantasmagoria compatível com ela.

Rocky tem todos os atributos de um *hard-rocker*, mas, por trás do folclore, ainda subsistem motivos de preocupação quanto à sua evolução. Nos shows de *hard rock*, ele começa a subir ao palco para se jogar em cima do público. O orgulho com que ele me conta sua façanha não me tranquiliza muito. Seria uma nova etapa do percurso iniciático que deve ajudá-lo a atravessar a adolescência? Creio que sim, mas esse comportamento também tem indícios de compulsão à repetição que lembram o período anterior. Parece-me que ainda existe o risco de uma atração por atos violentos semelhantes àqueles de *Juventude transviada*, em que se flerta com a morte. Uma evolução para outros procedimentos calmantes, como o consumo de droga ou álcool, permanece possível. Contudo, sua forte agressividade autoerótica cedeu lugar a um sadomasoquismo mais relacional, que se manifesta no ato de saltar em cima do público. Masoquista, Rocky se lança em sacrifício sobre a multidão, ao mesmo tempo que, sádico, torna-se um projétil perigoso para aqueles que serão esmagados por ele.

O jogo com a morte

Esse fragmento da psicoterapia de Rocky mostra uma reintegração, no jogo de ligação-desligamento das representações no aparelho psíquico, de uma zona paralisada, mantida fora do trabalho de elaboração e operando até então conforme a modalidade da neurose traumática.

A bateria foi um procedimento autocalmante que possibilitou estabelecer uma conexão grosseira e restrita ao polo perceptivo-motor da percepção traumática. Cada batida da baqueta no tambor era uma repetição do choque e do barulho do acidente sofrido por Rocky. Uma repetição do trauma, portanto, em um gesto "representante" do acidente, mas sem fornecer uma representação simbólica efetiva para ele. Mais tarde, quando a atividade simbolizante do pensamento se desenvolve, a morte muda de *status*. Da ação exercida pelo instinto de morte sobre a psique até o jogar com a ideia da morte que acaba se instalando, o caminho percorrido é o de uma intricação pulsional que acompanha as reorganizações da adolescência.

As incontáveis baquetadas são como as milhares de remadas do navegador solitário. Cada uma delas realiza uma ligação e um desligamento, uma intricação e uma desintricação. Trata-se de um trabalho feito no corpo, em um registro perceptivo e motor, como um substituto para a atividade de ligação e desligamento das representações ausentes no aparelho psíquico. O corpo atua a intricação e a desintricação precisamente porque esse jogo com as pulsões não é feito no psiquismo. O corpo se transforma em uma máquina que pensa mecanicamente, uma máquina operatória que cumpre a dupla função de exorcizar o retorno de uma percepção traumática e dominá-la. No caso de Rocky, o procedimento autocalmante adquire outra dimensão quando a excitação traumática encontra ligações no plano mental, situação que se manifesta pelo recurso às imagens sádicas.

A mentalização torna-se mais evidente posteriormente. A batida das baquetas vai adquirir um valor mais simbólico, figurando e condensando, com a excitação traumática proveniente do acidente de carro, outros eventos traumáticos, mas ligados a representações psíquicas. O som da bateria vai carregar outras cenas, como aquela do desentendimento entre os pais após o acidente e também, talvez, a de sua reconciliação materializada em uma irmã substituta. Esse som também soará o alarme de uma ameaça de castração. Todos esses temas serão representados psiquicamente, oferecendo outras possibilidades de voltar à calma. Podemos considerar que uma tal evolução mostra que o sistema de paraexcitação se torna capaz de transformar a excitação externa em excitação sexual.

Os procedimentos autocalmantes substitutos do autoerotismo

Qual é o efeito da puberdade e das reorganizações da adolescência sobre os procedimentos autocalmantes?

Para responder a essa pergunta, cumpre fazer alguns esclarecimentos sobre a situação do procedimento autocalmante em relação ao autoerotismo.

Nem todas as formas de autoerotismo são procedimentos autocalmantes.

Em *Três ensaios sobre a teoria da sexualidade*, Freud faz do autoerotismo uma dimensão essencial da sexualidade, em uma teoria geral que primeiramente distingue as pulsões sexuais das pulsões de autoconservação.

A introdução da pulsão de morte em *Além do princípio de prazer* confere a Eros o caráter de uma força de coesão, de unificação, uma força vital. O autoerotismo é uma força vital, mas que visa ao prazer, à satisfação, ao nível zero da excitação. O autoerotismo tem uma dupla natureza: é tanto satisfação como excitação.

Os autoerotismos se inserem na continuidade dos cuidados maternos, inscrevendo-se como um trabalho sobre os limites internos e externos, sobre a diferenciação do eu e do objeto. Eles trabalham para proporcionar um sentimento de continuidade, apesar da descontinuidade dos cuidados maternos na presença e na ausência da mãe. Constituem, assim, um sistema de paraexcitação que possibilita o contrainvestimento.

Apenas o autoerotismo compulsivo é calmante, porque fornece uma descarga, mas não uma satisfação. Os procedimentos autocalmantes não proporcionam satisfação. Eles "paralisam a vida mental", diz Michel Fain (1992), "assim como também bloqueiam os efeitos permanentes do acontecido". O recurso a procedimentos calmantes decorre da necessidade de evitar o ressurgimento do acontecimento que teve inicialmente efeitos traumáticos. Tais procedimentos devem, portanto, ser entendidos como uma suspensão na e pela repetição.

Os procedimentos autocalmantes são, também, comportamentos que devem ser entendidos como meios de ação sobre a relação objetal, quando faltam os recursos psíquicos mentalizados.

Substituindo o autoerotismo, esses procedimentos cumprem uma forma de apego ao objeto externo, uma vez que o objeto interno não pode ser representado. Eles mantêm, portanto, a percepção do objeto externo no lugar da representação. Todo o jogo sobre os limites entre interno e externo, sobre a diferenciação do eu e do objeto, é substituído por um jogo fixo, que envolve a distância relativa ao objeto externo, o qual é aproximado e afastado indefinidamente. O procedimento autocalmante é um substituto necessário e revela uma grande dependência ao objeto externo.

A puberdade exacerba as dificuldades que dizem respeito à distância do objeto. Como os desejos incestuosos se tornam fisicamente realizáveis, surge uma necessidade urgente de encontrar meios para manter as relações à devida distância. Se o adolescente deixa a infância sem ter à disposição possibilidades de intricação da libido erótica e da pulsão de morte, se é dependente da presença do objeto na realidade, ele enfrenta uma situação ainda mais difícil.

Daí vem o risco de um recrudescimento dos procedimentos autocalmantes utilizados como substitutos do masoquismo erógeno. Daí também a busca de suportes identificatórios de socorro no entorno, que permitam manter um distanciamento na relação com objetos muito carregados de investimento e excessivamente próximos.

Em Rocky, esses suportes são encontrados na relação transferencial da psicoterapia, por um lado, e no grupo de *hard-rockers*, por outro. O grupo de adolescentes, por valorizar condutas sadomasoquistas, fornece um apoio social que pode ser uma etapa útil para a aquisição de uma melhor capacidade de representação interna e de ligação. Esse apoio social também permite a constituição de um supereu socializado, na falta de um supereu herdeiro do complexo de Édipo.

Quando é grande a falta de internalização desse objeto que permanece excessivamente real, a ponto de fazer fracassar os diversos esforços de distanciamento, um comportamento de autossabotagem pode ser mais um recurso para tentar esse distanciamento. Trata-se, nesses casos, de condutas como a anorexia, a bulimia ou a drogadição. Philippe Jeammet assinala o risco de que essas condutas se autorreforcem, e que se reconstitua, com elas, a mesma relação de dependência da qual a criança fugia com seus pais. Segundo o autor, "diferentemente das relações objetais, elas [essas condutas] não garantem qualquer reabastecimento narcísico, e . . . o benefício do controle que proporcionam só resulta no reforço permanente da conduta, enquanto crescem o vazio interior e a necessidade de objetos" (Jeammet, 1990, p. 70).

Em outras palavras, para manter o objeto a distância, tais condutas visam suprimir os vínculos com ele, se tornarem atividades deslibidinalizadas, cada vez mais mecânicas e sem atividade fantasmática subjacente.

A masturbação, em certos casos, pode corresponder a um comportamento do mesmo tipo. Tudo depende da atividade fantasmática consciente ou inconsciente que a acompanha. Quando um comportamento operatório substitui o autoerotismo, voltamos ao registro dos procedimentos autocalmantes, aquele do recurso à realidade externa e à percepção para compensar as falhas da representação mentalizada.

A impossibilidade de encontrar satisfação no prazer erótico devido à ausência de desenvolvimento de autoerotismo caminha ao lado da busca de sensações violentas para obter provas de vida. Essa busca reflete a impossibilidade de usar a satisfação alucinatória do desejo somente em benefício da busca de sensações corporais, numa atividade mecânica programada. Cabe a essas sensações substituir as representações mentais e os afetos ausentes. As sensações musculares e perceptivas dos procedimentos autocalmantes são diferentes daquelas buscadas na anorexia, na bulimia ou na drogadição, mas todas têm em comum essa função de substituir as representações e os afetos.

O autossadismo anobjetal

A busca da excitação calmante pode estar confinada à busca da dor física. Apesar de não trazer satisfações sadomasoquistas patentes, a busca de uma tensão muscular dolorosa pode ser um dos objetivos visados pelo maratonista, pelo baterista ou pelo remador solitário por meio de seus movimentos repetitivos.

Parece-me possível vislumbrar, aqui, uma espécie de autossadismo, entendido, porém, no sentido que Jean Gillibert (1997) atribuiu a esse conceito: uma forma de autoerotismo que visa recriar a unidade ao nível do próprio corpo. Não se trata de um simples retorno à própria pessoa do sadismo dirigido a um objeto – o que o reduziria a um destino pulsional –, mas, sim, da hipótese freudiana de um sadismo "anobjetal" que corresponderia "aos esforços da criança para se tornar dona de seus próprios membros". É o que Gillibert chama de tendência ao "membramento" (em oposição ao "desmembramento") da criança que junta seus próprios membros.

Desse ponto de vista, os procedimentos autocalmantes dos quais falamos podem ser entendidos em seus dois tempos, como uma espécie de jogo repetitivo que afeta a estruturação do espaço interno e externo, por meio de sensações produzidas no tônus muscular. O segundo tempo, o da junção, corresponderia ao "membramento" de acordo com Gillibert, devolveria ao remador, ao baterista, a todos os gêneros de galerianos, uma unidade dos pedaços desmembrados no tempo anterior.

Concordo plenamente com a concepção de um rito autoerótico autodestrutivo que permite, segundo Gillibert (1977), "após a exclusão do 'membro doente' (ou simplesmente 'afetado', 'atingido'), a retomada do reagrupamento em pedaços" (p. 893). A criança que bate a cabeça para dormir dá um exemplo disso, e, de modo geral, o "membramento" sádico parece ser um dos procedimentos de busca de calma na excitação.

Se os procedimentos autocalmantes são, simultaneamente, excitação e relaxamento, união e divisão, ligação e desligamento, intricação e desintricação, eles também visam controlar o desmembramento do pênis, o "membro dos membros", como diz Gillibert, e seu remembramento. Controlam, também, a união dos pais no coito e sua desunião, pela força do gesto da criança. Seguindo essa ordem de ideias, a hipótese de Gillibert de um autossadismo em resposta à percepção de uma cena primitiva sádica me parece pertinente. Em Rocky, o jogo repetitivo de criar um acidente de carro marcava uma tentativa de ligação e de elaboração tanto do acidente traumático sofrido aos 3 anos de idade como das percepções da diferença de sexos, do coito e de tudo aquilo que, ordinariamente, é representado em fantasias originárias e que, em seu caso, ficou circunscrito e congelado na repetitiva colisão dos carros. O peso do trauma do acidente dificultou a formação das fantasias originárias. O movimento dos procedimentos autocalmantes – a colisão dos carrinhos e, mais tarde, a bateria – marca um início de ligação e, ao mesmo tempo, uma suspensão no trauma. A falta de ligação psíquica entre a sexualidade e a violência é traduzida em uma resposta autossádica à percepção de uma cena sádica. É o gesto autocalmante autossádico que atua no corpo uma ligação da pulsão de morte com a pulsão erótica. Um gesto que atua, simultaneamente, um retorno à unidade primitiva mãe-filho e sua diferenciação, bem como a união dos pais combinados e sua separação. O gesto controla, ali onde o recalque falhou. *O procedimento autocalmante substitui a impossível fantasia de gozo pelo orgasmo por um substituto: a busca de acalmar-se.*

"Acalmar-se sozinho" não equivale a "gozar sozinho". O retorno à calma é apenas uma descarga, distinguindo-se do gozo que, além da descarga, comporta uma satisfação. *O procedimento autocalmante luta contra a excitação pelo retorno periódico a um estado de inexcitabilidade, um estado que não é duradouro.*

O procedimento autocalmante confunde a excitação com o ambiente. Na qualidade de substituto do recalque, ele coloca no ambiente o que deveria ter sido recalcado, como o acidente de carro, para Rocky, e outros traumas, no caso dos remadores solitários. O ambiente, assim tornado hostil, é o lugar de um retorno não do recalcado, mas da percepção traumática não representada que se traduz em angústia difusa, desamparo e pavor. Esse retorno cumpre a função do retorno do recalcado, e a sensorialidade e o corpo é que servem de sistema de paraexcitação.

O que me parece mais característico da forma como o ambiente é tratado nos exemplos mencionados é, sobretudo, a desmedida. Rocky preenche seu ambiente com um barulho desmedido. Os remadores solitários procuram a desmedida do oceano. Essa busca do gigantesco, do colossal, de uma relação espaço-temporal distorcida, se opõe à medida do princípio de realidade. Todas as noções de tempo e espaço são afetadas, incluindo aquelas de distância do objeto externo ou interno, e tudo se passa como se o ambiente tivesse de se conformar com a concepção que o eu ideal faz dele, no sentido de Pierre Marty. Lembremos que, segundo ele, "o eu--ideal representa a desmedida" e que "o percebemos de fora como um sentimento de onipotência do sujeito em relação a si mesmo, bem como possivelmente em relação ao mundo externo" (Marty, 1990). Tal relação com o mundo não é o produto de uma atividade psíquica mentalizada. Não é derivado de recalques, nem produto de uma interiorização, nem manifestação do supereu. O eu ideal, segundo P. Marty (1990), "testemunha um estado sem nuances de exigência do sujeito em relação a si mesmo, sem possibilidades de adaptação às circunstâncias externas além daquelas de uma realidade 'operatória'" (p. 47).

O procedimento autocalmante, nessas condições, fornece um recurso motor e perceptivo em caso de falta de atividade mental de regressão com finalidade adaptativa. Não se trata nem de autodestruição nem de autopunição do supereu em relação ao eu. Seu caráter autossádico corresponde antes à fase preliminar do sadomasoquismo, cujo argumento Marty encontra na segunda fase do estágio anal de Abraham. É uma fase autoerótica, "anterior ao duplo retorno, que dá origem ao sadomasoquismo", escreve Marty em *Les mouvements individuels de vie et de mort* [Os movimentos individuais de vida e de morte] (1976, p. 92), fase "durante a qual o sujeito goza de uma 'pulsão de domínio' exercida sobre si mesmo". Essa fase corresponde, como bem observou Gillibert, ao autoerotismo autossádico.

Numa discussão crítica a respeito do conceito de autossadismo, Braunschweig e Fain consideram que Gillibert segue a tendência de constituir um todo, apontada por Freud no que diz respeito ao sonho. Uma tendência ao remembramento, portanto, que, segundo eles, "desempenhará um papel na organização de facilitações que unem os traços pós-púberes aos traços mnésicos da sexualidade infantil e carregam, nesse movimento, os elementos ressexualizados do período de latência" (Braunschweig & Fain, 1977, p. 994). Esse ponto me parece essencial e encontra um exemplo clínico na adolescência de Rocky, marcada por uma tendência a reunir os traumas pré-púberes e a problemática pós-púbere em um todo que possa finalmente ser integrado no psiquismo.

Porém – e aqui Braunschweig e Fain se distanciam de Gillibert – o autossadismo não desempenha somente um papel na formação do complexo de castração. Ele age, também, de acordo com os dois autores, na clivagem do eu, que é um mecanismo de recusa da castração. Eles escrevem: "a clivagem do eu resulta na ligação ou mesmo no remembramento de duas proposições contraditórias. A clivagem do eu opera o remembramento do desmembrado" (Braunschweig & Fain, 1977, p. 995).

É um ponto de vista que esclarece as posições, situando o autossadismo como *substituto do autoerotismo edípico*, aspecto que o conceito de Gillibert não delimitava suficientemente. Nesta perspectiva, creio que o procedimento autocalmante pode ser considerado um procedimento de "remembramento do desmembrado". Ele não aparece quando a mensagem de perigo de castração é transmitida em boas condições pela mãe, com sua preocupação. Ele só se manifesta quando essa mensagem, sendo recusada pela mãe, continua produzindo excitação sexual.

Braunschweig e Fain consideram que é a ausência de uma resposta preocupada por parte da mãe à percepção de uma atividade autoerótica de seu filho que dificulta a transmissão da mensagem materna de ameaça de castração. Poderíamos estender essa concepção ao procedimento autocalmante, que se originaria também dessa falta de resposta preocupada. Onde falta a preocupação da mãe, o procedimento autocalmante constitui um modo de controlar a excitação, programado e marcado pela compulsão à repetição. Destina-se a exorcizar a excitação por meio de uma conduta motora específica. O procedimento autocalmante também fornece à percepção da falta uma espécie de resposta fetichista, como bem denota a expressão "remembramento do desmembrado".

Alguns indivíduos, não tendo conseguido estabelecer uma ligação entre o primeiro tempo edípico e o segundo tempo pós-pubertário, buscam garantir, mesmo assim e apesar de tudo, por meio de procedimentos autocalmantes, uma continuidade que passa pelo corpo e pela motricidade, visando ao mesmo tempo a uma descarga da excitação. Creio que este é o caso dos remadores solitários. Outros indivíduos, contudo, conseguem desenvolver as fantasias originárias que permitirão a integração da pressão pulsional à sexualidade. É o que ilustra o caso de Rocky, que passa do autossadismo ao sadismo – sinal de uma intricação pulsional, pedra angular do desenvolvimento psíquico mentalizado.

Referências

Braunschweig, D., & Fain, M. (1975). *La nuit, le jour*. PUF. (Coleção Le Fil Rouge)

Braunschweig, D., & Fain, M. (1977). Des mécanismes communs à l'auto-érotisme et à l'interprétation. *Revue Française de Psychanalyse*, 5-6.

D'Aboville, G. (1992). *Seul*. Robert Laffont.

Fain, M. (1992). La vie opératoire et les potentialités de névrose traumatique. *Revue Française de Psychosomatique, 2*. PUF.

Freud, S., & Ferenczi, S. (1992). *Correspondance 1908-1914*. Calmann-Lévy.

Gillibert, J. (1977). De l'auto-érotisme. Rapport au XXXVIIe Congrès des psychanalystes de langues romanes. *Revue Française de Psychanalyse*, 5-6.

Jeammet, Ph. (1990). Les destins de l'auto-érotisme à l'adolescence. In A. M. Alleon, O. Morvan & S. Lebovici (Eds.), *Devenir adulte?* (pp. 53-79). PUF.

Marty, P. (1976). *Les mouvements individuels de vie et de mort. Essai d'économie psychosomatique*. Payot.

Marty, P. (1990). *La psychosomatique de l'adulte, Que sais-je?*. PUF.

Série Psicanálise Contemporânea

Adoecimentos psíquicos e estratégias de cura: matrizes e modelos em psicanálise, de Luís Claudio Figueiredo e Nelson Ernesto Coelho Junior

O brincar na clínica psicanalítica de crianças com autismo, de Talita Arruda Tavares

Budapeste, Viena e Wiesbaden: o percurso do pensamento clínico-teórico de Sándor Ferenczi, de Gustavo Dean-Gomes

Clínica da excitação: psicossomática e traumatismo, de Diana Tabacof

Chuva n'alma: a função vitalizadora do analista, de Fátima Flórido Cesar, Marina F. R. Ribeiro e Luís Claudio Figueiredo

Da excitação à pulsão, com organização de Cândida Sé Holovko e Eliana Rache

De Narciso a Sísifo: os sintomas compulsivos hoje, de Julio Verztman, Regina Herzog, Teresa Pinheiro

Do pensamento clínico ao paradigma contemporâneo: diálogos, de André Green e Fernando Urribarri

Do povo do nevoeiro: psicanálise dos casos difíceis, de Fátima Flórido Cesar

Em carne viva: abuso sexual de crianças e adolescentes, de Susana Toporosi

Escola, espaço de subjetivação: de Freud a Morin, de Esméria Rovai e Alcimar Lima

Expressão e linguagem: aspectos da teoria freudiana, de Janaina Namba

Fernando Pessoa e Freud: diálogos inquietantes, de Nelson da Silva Junior

Figuras do extremo, de Marta Rezende Cardoso, Mônica Kother Macedo, Silvia AbuJamra Zornig

O grão de areia no centro da pérola: sobre neuroses atuais, de Paulo Ritter e Flávio Ferraz

Heranças invisíveis do abandono afetivo: um estudo psicanalítico sobre as dimensões da experiência traumática, de Daniel Schor

Histórias recobridoras: quando o vivido não se transforma em experiência, de Tatiana Inglez-Mazzarella

Identificação: imanência de um conceito, de Ignácio A. Paim Filho e Raquel Moreno Garcia

A indisponibilidade sexual da mulher como queixa conjugal: a psicanálise de casal, o sexual e o intersubjetivo, de Sonia Thorstensen

Interculturalidade e vínculos familiares, de Lisette Weissmann

Janelas da psicanálise: transmissão, clínica, paternidade, mitos, arte, de Fernando Rocha

O lugar do gênero na psicanálise: metapsicologia, identidade, novas formas de subjetivação, de Felippe Lattanzio

Os lugares da psicanálise na clínica e na cultura, de Wilson Franco

Luto e trauma: testemunhar a perda, sonhar a morte, de Luciano Bregalanti

Metapsicologia dos limites, de Camila Junqueira

Os muitos nomes de Silvana: contribuições clínico-políticas da psicanálise sobre mulheres negras, de Ana Paula Musatti-Braga

Nem sapo, nem princesa: terror e fascínio pelo feminino, de Cassandra Pereira França

Neurose e não neurose, 2. ed., de Marion Minerbo

A perlaboração da contratransferência: a alucinação do psicanalista como recurso das construções em análise, de Lizana Dallazen

Psicanálise de casal e família: uma introdução, com organização de Rosely Pennacchi e Sonia Thorstensen

Psicanálise e ciência: um debate necessário, de Paulo Beer

Psicossomática e teoria do corpo, de Christophe Dejours

Razão onírica, razão lúdica: perspectivas do brincar em Freud, Klein e Winnicott, de Marília Velano

Relações de objeto, de Decio Gurfinkel

Ressonâncias da clínica e da cultura: ensaios psicanalíticos, de Silvia Leonor Alonso

Sabina Spielrein: uma pioneira da psicanálise – Obras Completas, volume 1, 2. ed., com organização, textos e notas de Renata Udler Cromberg

Sabina Spielrein: uma pioneira da psicanálise – Obras Completas, volume 2, com organização, textos e notas de Renata Udler Cromberg

O ser sexual e seus outros: gênero, autorização e nomeação em Lacan, de Pedro Ambra

O tempo e os medos: a parábola das estátuas pensantes, de Maria Silvia de Mesquita Bolguese

Tempos de encontro: escrita, escuta, psicanálise, de Rubens M. Volich

Transferência e contratransferência, 2. ed., de Marion Minerbo